大学体育教程

主　编　赵　禹　付春香　赵森泉
副主编　李　耿　王青涛　陈志华　张梦娣
　　　　敦长兴　王学通　陈　新

科学出版社
北　京

内 容 简 介

本书根据《全国普通高等学校体育课程教学指导纲要》编写。全书共十四章，包括：体育与健康概述，体育锻炼的原则、内容、方法及计划，大学生体质健康标准的测定，田径运动，篮球运动，足球运动，排球运动，乒乓球运动，羽毛球运动，健美操，普拉提与瑜伽运动，武术运动，柔力球运动，以及毽球运动。

本书可作为普通高等学校公共体育课程教材，也可供体育爱好者阅读参考。

图书在版编目（CIP）数据

大学体育教程 / 赵禹，付春香，赵森泉主编. —北京：科学出版社，2018.9

ISBN 978-7-03-058792-3

Ⅰ. ①大… Ⅱ. ①赵… ②付… ③赵… Ⅲ. ①体育-高等学校-教材 Ⅳ. ①G807.4

中国版本图书馆 CIP 数据核字（2018）第 208064 号

责任编辑：胡云志 滕 云 纪四稳 赵晓廷 / 责任校对：王萌萌
责任印制：霍 兵 / 封面设计：华路天然工作室

科 学 出 版 社 出版
北京东黄城根北街 16 号
邮政编码：100717
http：//www.sciencep.com

石家庄继文印刷有限公司印刷
科学出版社发行 各地新华书店经销
*
2018 年 9 月第 一 版 开本：787×1092 1/16
2018 年 9 月第一次印刷 印张：14 1/4
字数：338 000

定价：39.90 元

本书编委会

主　编　赵　禹　付春香　赵森泉

副主编　李　耿　王青涛　陈志华　张梦娣　敦长兴　王学通　陈　新

编　委　郭红涛　初　春　郑欣欣　陈蓓蓓　靳晓丽　王　宇　胡　博　李一凡　张　娜　邓敏韬　董天新　封　彬　李　静　李春梅　郭　娟　马小龙　张占忠

前　言

为了顺应我国普通高等教育的迅速发展和人才培养的需要，努力推进体育课程和教材的国际化程度与水平，我们依据教育部颁布的《全国普通高等学校体育课程教学指导纲要》，参阅了大量国内外文献资料，并充分采集和借鉴近期学者的研究成果，编写了本书。

本书突出了时代性、实用性、人文性、主体性和以人为本的教育理念，是课堂教学的"教本"与"学本"的统一体，更是便于学生学习的"学本"。本书不仅为师生上课提供了教与学的平台和可靠的内容，使得教学能够系统地进行，而且可根据教程内容实施开放教学而不会出现偏误。

本书综合运用社会学、人类学、哲学、教育学、生命学、身体学等学科的观点，以多元的视角来探讨和研究普通高等学校体育课程的意义、特点与价值。运用调查研究和演绎归纳的方法，寻找我国普通高等学校体育教育的自身特色与魅力。体育这门学科，是最直接贴近"人"本身，贴近"生命"本身的，是世界上至高无上的身体与生命教育。

本书通过对学生实施田径、体操、球类等技能的传授，培养学生忠诚、勇敢、顽强和坚忍不拔的意志、毅力；塑造坚强的人格和体魄，也使他们有能力和意志完成各种使命与任务。培养学生的团队合作精神和阳刚之气，教他们在任何险境或困苦的条件下都能尽自己最大的努力，拼搏到最后。同时，通过竞技运动的激烈竞争，提高学生的竞争意识，以适应当代社会市场经济领域中的角逐。

本书通过体育课程教育，用美的观念和美的形态感染与陶冶学生的情操，培养学生"悦耳悦目""悦心悦意""悦志悦神"的审美能力，以美引善，提高学生的思想品德；以美启真，增强学生的智力；以美怡情，增强学生的身心健康，促进学生全面和谐发展。

本书在编写过程中，得到了学校领导和教务处的关心与支持；通过参与编写人员的通力合作，在完成初稿的基础上，由主编、副主编进行了统稿和定稿。本书还得到了科学出版社的支持，在此表示诚挚的谢意。

编者对本书体系进行了新的探索和追求，努力使它不落后于时代，但由于编者水平有限，不足之处，诚望读者不吝指正。

编　者

2018年6月

目　　录

第一章　体育与健康概述

第一节　健康新概念

一、何谓健康

健康是人类生存发展的一个最基本的要求，也是创造社会物质文明和精神文明的基础。古往今来，健康一直是人类共同追求的目标，是美好生命的象征、幸福的保证。然而，人们对于“健康”的解释也各不相同。过去，人们总认为无病痛即健康。殊不知，即使没有任何躯体上的疾病，在生活中还会有烦恼、抑郁等不良情绪的存在。长期以来，“没病就是健康”这种不全面的认识仍在社会人群中普遍存在，健康教育的重要任务之一就是向广大人民群众宣传和普及健康的新概念。

世界卫生组织（WHO）在 1948 年《世界卫生组织宪章》中明确指出，健康不仅是免于疾病和衰弱，还是在保持身体、精神上和社会方面的完美状态，这一定义准确地把健康的概念表达了出来，明显超出了疾病的范畴，把人的健康与生理、心理和社会等诸多因素紧密地联系起来。因此，健康包括躯体健康、精神健康与社会健康。

躯体健康就是身体强壮，没有病伤；精神健康，即保持良好的心理状态。这就是人们常说的身心健康，即要保持良好的心理状态、和谐的人际关系、积极乐观的生活态度，从而更好地适应社会生活。

社会健康有三个层次：一是个人对社会环境适应良好；二是要为家庭、他人、社区乃至全社会的健康做出积极的贡献；三是要发挥个人最大能力去实现生命存在的社会价值。因此，从积极的健康观出发，健康是生命存在的最佳状态。每一个人都积极地追求健康，都应对个人、家庭、社区乃至全社会的健康承担责任。

1978 年，国际初级卫生保健大会发表的《阿拉木图宣言》重申了世界卫生组织的健康定义，并进一步提出：“健康是基本人权，达到尽可能的健康水平，是世界范围内的一项最重要的社会性目标。”把对健康的认识提高到一个新的高度，即健康不仅是个人生活、家庭幸福的基础，而且是国家发达、民族昌盛的保证，是社会进步的一个重要标志。“人人为健康，健康为人人。”维护和促进健康不仅是卫生部门和医护人员的事情，也是政府和全社会共同的责任。这便是人们经常说的“大卫生观”。

面向未来，国际卫生机构和医学专家相继提出 21 世纪卫生工作和人类健康新的认识和理论。1994 年 6 月，为迎接 21 世纪，世界卫生组织提出了“健康新地平线”战略，明确提出未来医学和卫生工作的重点应该是“以人为中心，以健康为中心”，而不是以疾病为中心，作为人类发展的一部分，必须将重点放到有利于健康的工作上。

由此可见，健康没有上限，更不是一种静态标准。一个人如果想要达到真正的健康，就必须在身体和心理上保持健康状态，并且有良好的社会适应能力。显然，为使人类健康跃上新的水平，明确健康概念具有不可低估的作用。

二、健康的三要素

美利坚大学国家健康中心提出了一个比较完整的健康定义，即健康是人对环境适应后所达到的一种生命质量，个体只有在身体、精神和社会各方面达到完美状态才称得上真正的健康。1989 年世界卫生组织又进一步深化了健康的概念，健康由生理健康、心理健康和道德健康等方面组成。在人生的漫长过程中，不同的时期，健康的某一方面可能比另一些方面发挥更重要的作用，但长久地忽视某一方面又有可能存在健康的潜在危险。这几方面相互影响，相互联系。每一方面都要平衡发展，人才能称得上处于完善状态，并真正享有健康。因此，维护人体健康上述方面缺一不可。

（一）生理健康

生理健康是指一个人除了没有需要治疗的身体疾病外，还应有余力应付意外的挑战，并有足够的能力满足日常生活的需要。另外，生理健康主要还体现在形体匀称、眼睛明亮、头发有光泽、牙齿洁白、睡眠良好等方面。若想拥有一个健康的身体，可以采取科学体育锻炼的方法来达到这一目的。科学的体育锻炼不仅能够促进身体的健康，预防疾病，更可以起到延年益寿的作用。

（二）心理健康

心理健康不仅是指人的精神、情绪和意识方面的良好状态，还要求一个人必须具有情感认识、接受、表达、独立行为以及应对日常各种应急挑战等能力。心理健康包括情绪健康和思维健康。情绪健康是指情绪稳定乐观，意志坚强，行为规范协调，精力充沛。它涉及我们对自己和对他人的态度。它是以情绪的稳定性为主要标志的，主要是指个体能够从容不迫地应对日常生活中的人际关系和工作压力的能力。思维健康是指人们根据实际情况，认识世界，乐于承担责任，面对挑战做出积极的反应，能面向未来，充满信心，对生活采取理性策略的能力。

（三）道德健康

道德健康是指具有辨别真、善、美、荣、辱的能力，尤其重要的是能够按照社会道德行为规范准则约束自己，并支配自己的思想和行为，能与他人保持和谐的人际关系。这种能力可以使人具备自信感和安全感，在日常生活中，能使人始终保持良好的心情，有益于身心健康。

三、亚健康状态

亚健康是近年来提出的新概念。亚健康状态是介于健康和疾病之间的一种状态，又称

“第三种状态”或“灰色状态”。它是指机体在内外环境不良刺激下引起心理生理发生异常变化，但尚未达到明显病理反应的程度。从医学角度讲，亚健康状态基本上由机体组织结构的退化（老化）及生理功能减退所致，目前将人体衰老的表现也列为亚健康状态的一种类型。

亚健康在临床上常被诊断为疲劳综合征、内分泌失调、神经衰弱等。在心理上的具体表现为精神不振、情绪低落、反应迟钝、注意力不集中等症状。那么，造成亚健康的原因是什么呢？

（一）过度疲劳造成的精力、体力透支

生活、工作节律加快，竞争日益激烈，人们用脑过度，身心长期处于超负荷紧张状态，造成机体身心疲劳，表现为疲劳、精力不足、注意力不集中等。长此以往，必然会造成内脏功能过度损耗、机能下降而出现亚健康状态。

（二）人的自然衰老

人体成熟以后，大约从 30 岁就开始衰老。到了一定的程度，人体的器官就开始老化，这个时候人体虽然没有病变，但是已经不完全健康了，这种状态也属于亚健康状态。

（三）现代身心疾病

现代世界各国公布的造成人类死亡的主要的三种病因，几乎都与心脑血管疾病和肿瘤有关。在这些疾病发病之前的长时期里，机体也可能处于亚健康状态。

（四）人体生物周期中的低潮时期

即使一个健康的人，在某一特定的时期也可能处于亚健康状态。人的体力、精力、情绪都有一定的生物节律，有高潮也有低潮，脑力和体力都会有很大的反差，在低潮的时候，就会出现亚健康状态。

四、健康的评价

健康可能因为评价的视角不一，会有不同的评价方法和指标，从体育的角度评价健康，较常用的是“体质”这个指标。

体质（fitness）是从体育学角度评价健康的一个综合指标。体质是人体的质量，它是在遗传性和可获得性的基础上表现出来的人体形态结构、生理功能和心理因素的综合的、相对稳定的特征。简而言之，体质就是指机体有效与高效执行自身机能的能力，也是机体适应环境的一种能力，是众多参数的综合。不同的体质特征之间存在着相互关系，但又有区别。一个拥有良好健康体质成分者并不一定具有优秀的技能体质，技能体质还涉及一个学习过程，但是拥有优秀技能体质的前提是机体要有良好的健康体质。有些人体质发展会表现出不平衡性，如有时力量特别大的人并非一定拥有特别优秀的心血管机能，同样，协调性极佳的人可能没有好的柔韧度，这种现象的产生与个人的运动兴趣有关，指导者应予以正确引导。

良好的体质是机体具备身心健康的必要的身体生理基础。良好的体质有助于降低慢性疾病如冠心病的危险性及抑制其他慢性疾病发生或发展，提高机体免疫机能，抵御病毒侵害及细菌感染；还可使人们拥有更多的生命激情，积极地享受生命，感受生活，而利于心理健康；拥有良好的体质，使参与户外活动机会增加，并进一步增强体质，促成良性的健康循环。

（一）与健康有关的体质直接与个体从事日常生活和工作的能力有关

与健康有关的体质主要包括心肺血管机能、身体成分和肌肉骨骼系统机能（包括肌肉耐力、肌肉力量和柔韧度）。

心肺血管机能是指心脏、血管与呼吸系统协同工作的能力，提供给肌肉工作的燃料，它们的功能直接影响肌肉利用燃料长时间工作的能力。良好的心肺血管机能不仅能保证身体长时间有效地工作，同时可使机体工作后疲劳快速消除、机能有效恢复。

身体成分是指肌肉、脂肪、骨骼及其他组成机体成分的相对百分比。其中体脂是评价身体成分的主要方面，理想的体质应拥有适当的体脂百分比。

肌肉耐力是指肌肉重复工作的能力，耐力强的人可以长时间工作而不致过度疲劳。

肌肉力量是指肌肉抵抗外力或移动重物的能力，一定的力量可使个体胜任那些需消耗体力的工作与娱乐活动。

柔韧度是指关节活动的可能范围，由肌肉长度、关节结构及其他因素影响，良好的柔韧度可使关节在工作、娱乐中全范围活动。

这些与健康有关的体质因素从不同角度反映了机体的健康状况，与防止运动不足性疾病的发生更是直接相关。

（二）体质中与技能相关的参数

体质中与技能相关的参数是灵敏度、平衡性、协调性、爆发力、反应能力与速度。

灵敏度指人在一定的空间迅速、准确地改变整个身体运动方向的能力。例如，篮球、滑雪与摔跤运动就是需要较高灵敏度的运动。

平衡性指人在静止或运动状态维持身体平衡的能力。例如，滑冰、平衡木运动及建筑物上的高空作业就需要身体具有较高的平衡性。

协调性指人运用机体本体感觉在运动中流利、准确、协调地完成动作的能力。例如，杂技、高尔夫、棒球、足球等运动需要很好的协调性。

爆发力指人以最快的速度将身体能量转化成力量的能力。例如，铁饼与铅球或跳远的起跳等都需要良好的爆发力。

反应能力指人接受刺激与对刺激进行反应之间的时间间隔。通常讲“反应快”，就是说此人反应时间短。例如，赛车、短跑的起跑需要机体有灵敏的反应能力。

速度指人短时间快速移动的能力。例如，田径、足球、橄榄球等许多运动项目都需要此项素质。

（三）代谢性体质是近年来提出的新的体质参数

代谢性体质是近年来提出的新的体质参数，主要包括血糖、血脂、血胰岛素、骨密度等。

代谢性体质反映的是一种机能状态，它同许多慢性疾病的发生或发展直接相关，而且与运动锻炼的效果直接相关。通过运动锻炼降低血脂水平、控制血糖、提高骨密度等都能增强机体代谢性体质，减少各种运动不足性疾病的发生，并影响机体整体体质水平。

五、衡量一个人健康与否的十个标准

衡量一个人健康与否的十个标准如下。

（1）精力充沛，能从容应付日常生活和工作。

（2）处事乐观，态度积极，乐于承担责任。

（3）善于休息，睡眠质量好。

（4）应变能力强，能适应各种环境的各种变化。

（5）对一般感冒等传染性疾病具有一定的抵抗力。

（6）体型匀称，体重适当，身体各部分比例协调。

（7）眼睛明亮，思维反应敏捷。

（8）牙齿清洁，无损伤，无病痛，无出血。

（9）头发光泽，无头屑。

（10）走路轻松，肌肉皮肤具有弹性。

按上述十条健康标准评价，大部分人都介于健康和疾病之间的一种亚健康状态，表现为身体和心理上的不足，如疲乏无力、精神不振、焦虑、失眠、头痛等症状。在这种状态下，人的机能、免疫功能已经有所下降，容易患病。

第二节　影响健康的因素

健康是一个复杂的概念，是多种因素互相影响、互相制约的结果。一个健康人的身体机能及其工作环境都处在一个相对平衡的状态，如果这种平衡被破坏，就会影响人的健康。根据健康的整体观念，现代医学将影响健康的因素归结为四类：先天遗传因素、生活环境因素、医疗卫生服务因素、行为与生活方式因素。

一、先天遗传因素

遗传是指自然生物通过一定的生殖方式，将遗传物质从上一代传给下一代的生物现象。在遗传物质传给后代的同时，亲代的许多隐性或显性的疾病也传给了后代。现代医学发现，遗传病有 5000 多种，不仅种类多，而且发病率高。毫无疑问，每个人的健康都或多或少地受遗传和进化的影响或制约，众多疾病的发生都有一定的遗传因素作用。

近期的研究进展表明，遗传倾向不仅在普遍认为的先天性缺陷或遗传性疾病中起着重要作用，而且在后天的常见病，如冠心病、高血压、糖尿病、某些癌症和常见的精神障碍中也起着重要作用。遗传因素可能会使这些疾病提前发生。例如，最常见的阿尔茨海默病，

就是在家族中遗传的。现在还不能肯定癌症是否都会遗传，但是多达 10%～25%的乳腺癌和结肠癌病例显示与遗传因素有关。以往人们普遍认为冠心病是由环境因素引起的，最近对家族史的研究揭示了冠心病有遗传倾向。糖尿病病例中约 85%都为非胰岛素依赖性糖尿病（2 型糖尿病），这种糖尿病也有很强的家族遗传倾向。

二、生活环境因素

生活环境因素可分为物理性的环境因素（如环境气候、空气污染）和社会性的环境因素（社会、家庭、工作环境、人际关系、经济收入），都可从不同角度影响健康。

人类生活在自然与社会环境当中，健康状况自然离不开存在的环境。自然环境是人体生存的基础，包括天然形成的水、空气、土壤、阳光等生存系统。良好的自然环境对人体健康有着促进作用。如果自然环境恶劣，营养匮乏，卫生条件差，则会导致传染病和地方疾病的流行。因此，大学生更要加强环保意识，爱护一草一木，为营造良好的自然生态环境做出自己的贡献。

社会性的环境因素在人类健康和疾病方面也起着重要的作用。广义的社会性的环境因素包括心理状态、社会状态、文化状态、种族和职业环境等方面。过去几十年研究重点都集中在饮食、体育锻炼与生活方式以及行为对健康的影响方面。但社会条件在人类健康方面也起着重要作用。经济状况低下、缺乏社会支持会导致疾病已得到证实。营养不良、卫生条件较差、缺医少药也是影响健康的不利因素。失业、工作压力也会对健康有害。尽管社会和经济因素本身并不能创造健康，但它们为身体更加健康创造了条件。

三、医疗卫生服务因素

卫生服务是医疗卫生机构和专业人员为了达到预防疾病、促进健康的目的，运用医疗卫生手段向个人、群体和社会提供必要服务的过程。卫生服务的范围、内容与质量直接关系到人的生、老、病、死及由此产生的一系列的健康问题。因此，卫生服务的提供与利用对人的健康有着至关重要的作用。

四、行为与生活方式因素

生活方式是指在一定环境条件下所形成的生活意识和生活行为习惯的统称，包括人的“衣、食、住、行”，以及工作、生活、娱乐、社交等活动方式。生活方式对健康影响很大，并具有潜袭性、累积性和广泛性的特点。国内外大量研究表明，在现代社会里，不良的生活方式和有害的健康行为习惯已经成为危害人们健康、导致疾病的原因，如吸烟、酗酒、缺乏锻炼、不良饮食习惯是致使人群高血压、冠心病、糖尿病等“现代生活方式病”的患病率不断增高的危险因素。1992 年世界卫生组织估计，从全球看，生活方式导致疾病的，发达国家为 70%～80%，发展中国家为 40%～50%。

第三节　体育与健康的关系

一、体育的基本概念

“体育”是一个专业术语，相对于人类体育实践活动来说，它的出现比较晚。19世纪末20世纪初才传入我国，当时就是指身体的教育作为教育的一部分出现，与发展身体的各种活动相关的教育过程。发展至今，体育概念的外延逐渐扩大，它的目的与含义都已经超出了原来“体育”的范畴。当今世界上许多知名学者都试图在土语的“育人机制”上来探求其概念。美国的布切尔教授在1979年所著的《体育基本理论》中认为：“体育是整个教育过程的一个不可缺少的部分，是一个通过身体活动的方法努力达到提高人体技能的目的的领域。”苏联《体育百科全书》中提到：“体育，整个来说，是教育的一个方面，是身体能力全面发展，形成和提高人的生活的重要运动技能和本领的有计划的过程。”德国《体育百科全书》一书称：“体育是教育学的一个组成部分，其任务是通过运动或游戏激励人们去提高运动成绩和从事有意义的业余活动。”

体育是全面教育的一个组成部分。首先，体育是培养和完善人的一种有意识的活动或过程；其次，体育所借助的手段一般称为身体活动或过程；最后，体育不仅是通过身体，而且是针对身体所进行的教育。随着社会发展和人类生活水平的提高，人们对体育的认识还会进一步深化。现代体育已经不同于原来的身体体育，它包括竞技运动、健身锻炼等。体育简单解释就是以身体活动为媒介，以谋求个体身体健康、全面发展为直接目的，并以培养完善的社会公民为终极目标的一种社会文化现象或者教育过程。从学校的教育来讲，体育与德育、智育、美育相配合，成为教育的组成部分，它是有目的、有组织、有计划地促进身体全面发展，增强体质、促进身心健康，传授锻炼身体的知识技能与方法，培养道德品质和坚强意志的一个教育过程。

二、体育与健康的关系

人生最宝贵的是健康。人人都希望有一个健康的身体，以便更好地为社会服务。然而，健康的身体又受各种因素的影响，其中以体育运动和健康的关系最为密切。正像法国思想家伏尔泰说的：“生命在于运动。”我国也有句俗语：“健身之道，运动为妙。”可见，体育运动是增进身体健康的重要措施。在科学技术和精神文明高度发展的今天，体力劳动逐渐减少，脑力劳动越来越多，通过体育运动来增进身体健康更加不可忽视。

体育是通过身体运动的方式进行的，它要求人体直接参与活动，这是体育的本质特点之一，这个特点决定了体育有健康的功能，随着社会的进步，人们余暇的时间慢慢增多，丰富多彩、健康文明的体育活动不仅可以使人们在繁忙的劳动之后获得积极性的休息，而且可以陶冶情操，愉悦身心，培养高尚的品格。体育的一个重要目标正是要教会人们去合理、有效地利用、保护和促进身体健康。它是一种利用身体而又去完善身体的活动过程。

健康快乐的一生，除求助于身体锻炼以外，还需要热心于身体活动的兴趣与情绪。适度的身体活动，既健身，又悦心。

由此可见，体育是健康促进的重要内容和基础工作，它着重于增强体质，建立健康的信心，并要求最终落实到健康行为上；而健康已经超越了“教育”的范围，不仅是对个体的要求，更强调全社会力量的参加，在实现“人人享有健康”的历程中，体育锻炼显然具有更积极、更广泛的意义。

第四节　高等学校体育教育

学校是培养人的场所，“强身健体”是学校体育最基本的功能。良好的生长发育、正常的生理机能及将来承担社会一定工作后的适宜反应，是衡量健康层次的标准之一。人的健康状况和未来的工作效率，不能单纯取决于整个身体各器官、系统的功能和相互协调，而应取决于整个身体对自然、社会环境的适应能力。要获得对环境的适应能力和生存能力应是长期的、系统的、科学的锻炼结果。不同的年龄阶段、不同职业、不同种族的人，对环境适应能力是有差异的，除受制于不同的自然条件、生活环境、经济因素外，在相当程度上与体育锻炼息息相关。科学证明，体育锻炼是进行自我心理调节和增强体质的有效手段之一。高校学生由于经常处于紧张的学习状态，如果适当地参加一些体育锻炼，不仅能起到积极的休息作用，而且能使自己的身心得到良好的调节。众所周知，大脑是思维的器官，具有记忆、理解、分析、综合等各种机能。人体的一切活动都是在大脑的统一指挥下进行的。因此，在人体中大脑的物质代谢最为旺盛，如果持续用脑过久，人将出现疲劳、注意力不集中、头脑发昏的症状，进而影响全身各机能器官系统，对身体健康产生不良影响。如果在工作一定时间内参加一些体育锻炼，就会使人体各器官系统机能得到加强，新陈代谢更加旺盛，进而提高人体对疾病的抵抗能力和对外界环境的适应能力。体育锻炼的方法应多种多样，但必须量力而行，循序渐进，持之以恒，只有这样才能达到终身受益的目的。“生命在于运动”就深刻寓意了体育锻炼对身体健康所起的重要作用。

一、高等学校体育教育应具备的理念

（一）树立健康第一的思想

健康是人类生存发展最基本的自身条件，也是创造社会物质文明和精神文明的基础。健康一直是人们最关心的基本需要，同时是一个民族或国家整体素质与社会文明的重要标志。《中共中央国务院关于深化教育改革，全面推进素质教育的决定》指出：“健康体魄是青少年为祖国和人民服务的基本前提，是中华民族旺盛生命力的体现。学校教育要树立健康第一的指导思想，切实加强体育工作，使学生掌握基本的运动技能，养成坚持锻炼身体的良好习惯。”教育是立国之本，是提高整体国民素质的根本所在，学校体育作为教育的重要组成部分，在增进学生身心健康、提高学生综合素质方面具有不可替代的作用。随着人们认识的不断深入，健康已经作为一个生理、心理、社会等指标相统一的现代观念呈现给人类。

因此，面向全体学生，全面提高其身心健康水平是学校教育工作的基本内容，是学校体育工作的重心。学校体育应更突出“健康第一”的指导思想，要强调“体育是手段，健康是目的，体育为健康”的意识，教学内容应注重体育与健康教育的结合，理论与实践结合。体育教学内容的选择应是具有广泛群众基础的、大家喜欢的、有利于全体学生参加的、适合群体锻炼的体育项目。健康教育内容的选择应强调基础性和针对性。学生对体育学习要以积极主动的态度体会并掌握促进健康的基本规律，养成健康的生活方式和习惯。

（二）与素质教育接轨

素质教育是当今中国教育发展的主流。素质是在人的先天生理基础上，经过后天教育和社会环境的影响，由知识内化而形成的相对稳定的心理品质。素质包括思想道德素质、科学文化素质、劳动技能素质和身体心理素质。

素质教育就是以提高人的素质作为重要内容和目的的教育。素质教育有三点基本含义：一是要面向全体，实施素质教育是提高整个民族素质的基础，因此必须面向全体学生；二是要全面发展，素质教育是在教育方针指导下，从学生身心发展的不同特点出发，因地因校制宜，着眼于教育教学全过程与各个环节，运用多种方式着力培养学生学习的主动性和创造精神，促进学生在德、智、体、美等方面的发展；三是主动发展，主动发展既是一种个性教育，又是一种创新教育。创新是素质教育的灵魂。素质教育强调人个性心理素质的培养，注重发挥智力潜能，注重形成人的力量。

体育既是素质教育的重要内容，又是素质教育的手段。身体心理素质是素质教育的重要组成部分，而促进学生身心的全面发展、提高学生身体心理素质正是学校体育教育的基本功能和首要目标。体育方法和手段应符合素质教育的要求。学校体育应遵循素质教育所提倡的观念和方法，注意发挥体育对身体心理素质发展的内化作用，注重体育作为一种文化对人的身体心理素质的影响，强调体育作为手段对发展人的基本活动能力、社会适应能力、生活劳动能力以及培养竞争、友谊、合作、意志等方面的价值。

二、高等学校体育教育的目标

高等学校体育教育应以增强学生体质和身体健康、提高心理健康水平以及社会适应能力为目的。促使学生在校期间能顺利地完成学习任务，将来更好地为社会主义现代化建设和保卫祖国服务。为实现上述目的，高等学校体育教育必须完成以下任务。

（1）对学生进行国际主义、共产主义品德教育，增强组织纪律性，培养学生热爱祖国、热爱党、热爱社会主义的品质及勇敢、顽强、进取的精神，激励学生勤奋学习、勇攀高峰、勇于拼搏、勇于竞争的意志品质及团结协作的团队精神。

（2）全面发展身体素质，增进学生身心健康及社会适应能力，增强学生的体质，提高学生的机能水平。

（3）通过体育理论的讲授，使学生掌握体育基本知识，了解体育对增进健康的作用，树立对体育的需要感，培养体育意识，养成自觉锻炼的习惯，逐步形成终身爱好。

（4）传授实效性体育技能，培养学生体育运动能力和习惯，有目的、有计划、有组织地推进面向全体学生的生动活泼的课外体育活动。

（5）提高部分有专项特长学生的运动技术水平，为国家培养体育后备人才。

要达到以上目标，学生在体育学习的过程中，应有意识地遵循以下要求。

（1）掌握体育和健康的基本知识，提高体育活动的能力。学生在大学的体育学习过程中，应注重体育对促进健康的重要作用，掌握体育健身的基本原理，并能运用这些知识和原理指导自身的体育锻炼；要学会体育锻炼评价方法和身心健康的评价方法，把体育视为一种文化加以理解，培养自己的体育素养，注意提高自己的体育活动能力。体育活动能力的提高除了要掌握体育和健康的知识，还要学习一定的运动技能，要从增强体质的角度去学习运动技术，把运动技术和体育锻炼方法的学习过程看成增强体质、增进健康、传播体育文化的过程。

（2）养成坚持锻炼身体的习惯，形成健康的行为生活方式。学生通过体育学习，要培养自己的体育锻炼兴趣和意识，养成坚持锻炼身体的习惯，培养健康的行为生活方式，为终身体育奠定基础。

（3）培养自身的道德修养、合作精神和坚强毅力。学生的体育学习要注重利用体育的教育属性，培养自身的道德修养、合作精神和坚强毅力。道德教育是全面和谐发展教育的重要内容，是教育的灵魂，在全面和谐发展教育中处于核心地位。正如苏联著名教育理论家和教育实践活动家苏霍姆林斯基所说："和谐全面发展的核心是高尚的道德。"智育、体育、劳动教育与美育都不能脱离或忽视思想教育和道德品质教育。在道德教育中突出合作精神培养，强调"学会关心"，这是20世纪70年代初之后，教育观念、伦理观念和教育发展的又一次重大改变。

第二章　体育锻炼的原则、内容、方法及计划

第一节　体育锻炼应遵守的原则

生命在于运动，运动要讲究科学，按照运动固有的规律，遵循一定的原则，才能达到健身锻炼的目的，获得最佳的效果。体育锻炼的原则，是身体锻炼基本规律的反映，也是参加者安排锻炼计划，选择锻炼内容、运动锻炼方法要遵循的原则。因此，在锻炼中，应注意坚持以下几条原则。

一、自觉性原则

体育锻炼，是一种业余、自愿、需要克服惰性，运用体育的科学知识，坚持不懈的活动。它不同于人们劳动和日常生活中的一般躯体活动，更有别于动物所具有的自然的本能动作。人们所进行的体育锻炼是具有一定的目的性，并具有意识性的身体活动过程。因此，必须发挥自觉的主观能动性。必须把“要你练”变成“我要练”的长期的运动。“坚持在于锻炼，锻炼在于自觉”“欲图体育之效，非动其主观，促其对体育之自觉不可”，这是毛泽东同志早年就指出的。贯彻自觉性的原则，应注意以下几点。

（一）明确锻炼目的

学校是培养人才的地方。学生都应遵照“坚持四项基本原则”和德、智、体、美、劳全面发展的教育方针，把自己锻炼成为一个有理想、有道德、有文化、有纪律的人，将来更好地为人类的进步事业多做贡献。一个人只有树立起这一远大目标，才能使体育锻炼更具有长久的动力和自觉性。另外，参加体育锻炼更多的是带有直接目的和动机的。例如，为了丰富文化生活、调节情绪、活泼身心、陶冶情操、锻炼意志等，或是为增进健康，促进身体的正常发育和造就一个健美的形体，以及防病治病等。不管带着哪种目的和需求，只要是有目的地去锻炼，这种锻炼就更具有主动性和自觉性。

（二）应充分认识体育锻炼的特点和作用

体育锻炼的内容与形式是多种多样的，每个人都可以选择自己较喜爱的运动项目和形式，并有意识地培养锻炼的兴趣。当一个人对体育锻炼产生兴趣之后，他进行锻炼的情绪才是高涨的，感受才是积极的。但是，仅仅停留在兴趣阶段是不够的，而是应从兴趣入门，逐渐形成一种自觉行动和良好的体育锻炼习惯。

（三）经常检验锻炼的效果

如定期测试身体素质、形态，某些生理机能指标和运动成绩等方面的增长、变化及提高情况，也可用饮食、睡眠、精神状态以及学习时的注意力等情况的对比来检验锻炼的效果。这样不仅可以检查锻炼方法是否得当有效，而且可以看到锻炼的成效，从而使体育锻炼的兴趣与信心进一步增强，自觉性提高。

二、全面性原则

全面性原则是指体育锻炼必须追求身心全面和谐发展，使身体形态、机能、身体素质及心理素质等方面得到全面协调的发展。因为人体是统一的整体，人体各器官系统、各部位、各种身心素质与活动能力是相互联系、相互促进和相互制约的。锻炼身体时，若忽略整体的全面性，目的与活动单一，势必导致身体的片面发展，造成某些部位、器官系统、身心素质和技能的薄弱，既影响体质的增强和水平的提高，还容易发生伤害事故。体育锻炼能促进新陈代谢的普遍旺盛，使身体各系统、组织、器官和谐发展，达到身体相对的完善和完美。

那么如何才能做到锻炼全面的原则呢？在锻炼时应注意以下几个方面。

（1）身心的全面发展，要从适应环境、抵御疾病，改善机体形态、提高机体功能，陶冶心情、丰富文化生活等方面着眼。

（2）体育锻炼的内容、方法要尽可能考虑身体的全面发展，一般以一些功效大、兴趣较浓的运动项目为主，其他项目为辅进行全面锻炼。

（3）注意全身的活动，不要限于局部。

（4）在全面锻炼的基础上，有目的、有意识地加强专业实用性的体育锻炼。

三、循序渐进的原则

体育锻炼的循序渐进是指在学习体育技能和安排运动量时，要由小到大、由易到难、由简到繁，逐渐进行。不少体育爱好者在开始进行体育锻炼时，兴趣很高，活动量也很大，但坚持了几天，就失去锻炼热情，会出现各种不良反应。产生这种现象的原因可能有几种：开始活动量大，机体无法很快适应，身体疲劳反应也大，锻炼者受不了这么大的“苦”而放弃体育锻炼；对体育锻炼的期望值过高，认为只要进行体育锻炼就会立竿见影，结果锻炼几天后，未见身体机能明显变化，因而对体育锻炼大失所望；开始体育锻炼时活动量过大，身体不适应造成运动损伤等。所以进行身体锻炼应有目的、有计划、有步骤地实施，在安排运动负荷时应注意由小到大逐步提高，其原则是提高—适应—再提高—再适应。

如何在运动中贯彻循序渐进的原则呢？

（1）体育锻炼力戒急于求成，必须根据锻炼者自身的实际情况确定运动负荷的大小，做到量力而行，尤其要注意锻炼后疲劳感的适度。

（2）运动负荷应由小到大，逐步提高。开始从事体育锻炼或中断体育锻炼后恢复锻炼时，强度宜小，时间宜短，密度适宜。

（3）注意提高人体已经适应的运动负荷，使体能保持不断增强的趋势。一般应在逐步提高“量”的基础上，再逐渐增大运动强度，使之感到胜任的愉悦，然后进行相应的调整。随时加强自我监督，密切注意身体机能的不良反应。

（4）锻炼开始时，重视准备活动；锻炼结束后，做好放松整理活动。

（5）缺乏一定体育锻炼基础的人，或中断体育锻炼过久的人，不宜参加紧张激烈的比赛活动。

四、经常性原则

经常性原则是指应长期地、不间断地、持之以恒地进行体育锻炼。经常参加体育活动，锻炼的效果才明显、持久，所以体育锻炼要经常化，不能三天打鱼、两天晒网。虽然短时间的锻炼也能对身体机能产生一定的影响，但一旦停止体育锻炼，这种良好的影响作用会很快消失。一次性体育活动可以提高人体的免疫机能，增强人体的抗疾病能力，但这种作用在体育锻炼后的第二天或第三天就消失了。所以，要想保持身体的旺盛体力和精力，就必须坚持参加体育锻炼。以减肥为主要目的的体育锻炼，就更应该坚持不懈。因为一旦有了减肥效果，就停止锻炼，会使体重继续增加，体重的过多反复，会使体重出现“超量恢复”，不仅不能减肥，反而使身体更胖。经常参加体育锻炼应注意以下几个问题。

（1）一旦参加体育锻炼，并对身体产生良好影响，就应自觉地坚持下去，活动的内容和项目可以更换，但锻炼不能停止。

（2）经常参加体育锻炼，合理安排锻炼计划，如每周锻炼 3 次或每周锻炼 5 次等，只要长期坚持，就能保持锻炼效果。

（3）因气候条件不能在室外进行锻炼时，可改在室内进行，即使暂时变换锻炼内容，对锻炼效果也不会有太大影响。因工作繁忙，而不能按原计划进行体育锻炼者，可充分利用零散时间进行体育活动，一天进行几次短时间的体育活动同样会取得较好的健身效果。

五、安全原则

从事任何形式的体育锻炼都要注意安全，如果体育锻炼安排得不合理，违背科学规律，就可能出现伤害事故。为了保证体育锻炼的安全，锻炼者应做到以下几点。

（1）体育锻炼前做好充分的准备活动，各器官系统的机能进入活动状态后，再进行较剧烈的运动。

（2）体育锻炼要全身心投入，体育锻炼过程中不要开玩笑，这对于青少年尤为重要，有时稍不注意，就可能出现运动损伤。

（3）在进行跑步、健美操等体育锻炼时，最好不要在沥青马路和水泥地面上进行，以防出现各种劳损症状。

（4）对于有心血管疾病等慢性疾病的老年人来说，在体育锻炼时应注意控制运动量，因为老年人在进行体育活动时，虽然有时自我感觉较好，但身体并不一定能承受较大的运动量，如果盲目增加运动量，特别是运动强度，就很容易出现意外事故。

第二节　体育锻炼的内容及其选择

一、体育锻炼的内容

体育锻炼的内容很多，根据不同的锻炼目的和要求，主要分为以下几类。

（一）健身运动

健身运动是指一般健康者为增进健康、增强体质而从事的体育锻炼。这类内容主要是使身体正常发育，身体各部分协调发展，增强各器官系统的机能，提高身体素质和提高身体的基本活动能力，如走、跑、跳、投掷、太极拳、游泳、舞蹈、体操及各种球类活动等。

（二）健美运动

健美运动是指为了人体的健美而进行的体育锻炼。这类内容不仅可以增进健康，还可以培养审美能力和身体的表现能力，如举重、哑铃操、韵律操等。

（三）格斗性体育

格斗性体育是指掌握和运用格斗的攻防技术（包括军事技术）而从事的体育锻炼。这类内容既能强身，又能达到自卫的目的，如擒拿、散手、短兵、拳击、刺杀、射击等。

（四）娱乐性体育

娱乐性体育是指为了调节精神状态、丰富文化生活而采取的体育活动。这类活动能使人身心愉快，既锻炼了身体，又陶冶了情操，如活动性游戏、踢毽子、钓鱼、郊游、爬山、打台球等。

（五）医疗康复体育

医疗康复体育又称体育疗法，其对象主要是体弱有病者，目的是祛病健身和恢复功能。这类活动一般应在医生指导下进行，主要内容有散步、慢跑、太极拳、气功及各类保健操等。

二、体育锻炼内容的选择

选择体育锻炼内容时，必须从个人的年龄、性别、健康状况、体质状况和兴趣爱好等实际情况出发，注意实效性、季节性、全面性原则。同时，在内容上也要注意科学的组合，才能达到更佳效果。不同的体质和健康状况，身体锻炼内容的选择应各有侧重。

通常情况下，身体强健者对体育锻炼有着强烈欲望和热情，并能承受较大的运动负荷，可根据自己的实际情况和兴趣，选择1～2项运动作为健身手段。年轻人选择球类、举重、武术等；中老年人可选择跑步、游泳、网球、太极拳、气功等。身体既不健壮也无疾病者，往往缺乏锻炼的热情和持久精神，使锻炼流于形式，故体质一般。这类人最好选择形式活泼且锻炼有效的内容，以激发和培养锻炼的兴趣与热情。年轻人可选择球类、武术、健美等；中老年人可选择娱乐性体育项目为锻炼内容。体弱多病者为了增强体质、战胜疾病、增进健康，可选择慢跑、定量步行、气功、太极拳等内容恢复和锻炼身体。体重超过正常标准者可选择长跑、长距离游泳、健美运动及专治肥胖病的运动处方以达到减肥目的（但老人运动量不宜太大）；偏瘦者可选择举重、健美、体操等内容使身体健壮、丰满起来。

第三节 体育锻炼的方法

随着社会的发展，体育锻炼逐渐成为现代人类生活中不可缺少的内容，国内外体育界十分重视研究体育锻炼的科学性。体育锻炼的方法应根据人体发展的规律，运用各种身体练习和自然因素培育与发展体质，实现锻炼身体的目的。

体育锻炼的方法很多，这里介绍几种常用的方法。

一、提高身体素质的方法

它是最基本和常用的练习方法。运用这种方法能有效地提高身体素质，提高基本活动能力，促进内脏器官的功能，增强体质。

身体素质练习包括力量、速度、耐力、柔韧和灵敏性的练习，其中力量、速度、耐力尤为重要。

（一）发展力量的因素及发展力量的方法

1. 负荷

实践证明，开始练习时以身体最大负荷的60%～70%进行练习，增长力量效果最好，随着练习水平的提高，负荷量应不断增加。

2. 动作速度

在力量练习中，动作速度不同，练习效果也不同。例如，投掷需要爆发力，短跑需要快速力量，它取决于肌肉收缩的力量与速度。这就宜采用较少的负荷做快速的运动。

3. 训练间隔

开始训练时以隔日训练为好。实践证明，隔日训练的力量增长为77%，而每日进行力量训练增长只有47%。每次练习间隔以3～5min为宜。发展力量的内容（手段）很多，常见的有投掷重物、举重、引体向上、双臂屈伸、俯卧撑、跳跃、负重下蹲、负重跳等。

（二）发展速度的方法

（1）提高步频，主要是通过加快运动中枢兴奋和抑制的转换速度来提高的。

（2）增加髋关节柔韧性和腿部力量，其练习内容有高抬腿跑、小步跑、加速跑、跨步跑、后踢跑、折返跑、斜坡跑等。

（三）发展耐力的方法

进行耐力训练时，应注意以下几点。

（1）心血管的负荷量。为了提高耐力，使身体处于较长时间的运动状态下而不产生疲劳，首先应提高心血管的机能，赋予心血管系统一定的负荷和持续时间。在体育锻炼中应使负荷量达到心血管系统最大功能的70%，并要求至少持续5min。

（2）运动时应有一定的间隔时间。每次负荷之间的间隔时间，一般以脉搏频率恢复到90～120次/min，再进行下次负荷练习为宜（通常需要3～4min）。

（3）动作速率，即跑的速度。一般来说，进行中速运动或者匀速跑步而脉搏保持在150次/min的训练对耐力的增长较为有效。其练习内容有定时跑、折返跑、中长距离跑、马拉松跑、越野跑和爬山等。

（四）发展灵敏性的方法

（1）提高神经系统的功能，即通过信号刺激的训练提高大脑皮层的反应能力。

（2）提高力量素质，肌肉力量强大可使动作迅速、灵敏。

（3）熟练地掌握运动技能，消除动作的紧张和僵硬，达到动作灵敏、协调、精确、省力。

发展灵敏素质应采用多种方法练习。常言道：“熟能生巧。”动作技能掌握得越多、越熟练，就越灵敏。体操、各种球类活动、游戏以及一些专门性辅助练习，都是发展灵敏素质的有效手段。

二、民族形式锻炼方法

民族形式体育是指具有民族传统和民族特点的体育项目，如我国的武术、太极拳、气功等。

（一）武术

武术运动不受场地、器材等因素的限制，运动量可大可小，内容丰富多彩，是我国优秀的文化遗产。它的动作结构、技术要求、运动风格和套路特色各有不同，有较高的锻炼价值，适合不同年龄、性别和体质的人进行锻炼，并深受群众喜爱。

初学武术，应从基本功入手，学会一些简单的套路，边学套路边练基本功，经过一段时间练习后再学较复杂的套路和器械，然后学些对练。这样就能培养自己的兴趣、爱好，并逐步巩固和提高武术的运动技术水平。

（二）太极拳

太极拳是一种合乎生理规律的柔和、缓慢而轻灵的拳术，它不仅在我国流传甚广，在国外也广为传播。现已成为人们增进健康、防病、治病的医疗体育活动之一。

太极拳动作灵活协调，连绵不断，前后贯通，上下相连，虚实分明，重心稳定，意识引导动作，呼吸自然。久练之后，会使人全身血液畅通，身心舒畅，精神焕发，所以特别适合老年人、体弱和患有慢性疾病者锻炼。

（三）气功

气功是我国医学宝库的珍贵遗产，是具有民族特色的一种医疗保健体育活动。气功是通过练习者发挥主观能动作用，对身体进行自我锻炼的一种良好方法，是一种有效的“生理学预防疾病”的措施。任何一种气功的锻炼方法，都是从调身（调整身体形态）、调息（呼吸）、调心（神经状态）入手。长期坚持气功的练习，可以促进大脑皮质抑制的保护作用和低代谢生理状态的保护作用，调整身体的异常反应，改善生理机能的自我控制能力，增加对腹腔的“按摩”作用。

三、利用自然因素锻炼方法

人们赖以生存的自然界是千变万化的。人们为了生存和生活，对自然界的适应能力也是很强的。同时，自然界也包括许多对人体健康十分有益的因素。也就是说，人体不仅要适应外界环境的变化，而且应该利用各种自然条件进行锻炼，以进一步提高对外界的适应能力，增进健康和增强体质。

（一）日光、空气、水对锻炼身体的作用

日光、空气、水等自然条件对身体健康具有重要意义。例如，日光对机体的作用是多方面的，其中紫外线具有杀菌、抗佝偻病等作用，又能提高皮肤抵抗力和关节的灵活性。红外线能起温热作用，提高新陈代谢、改善组织营养等。又如，气温、湿度、气流对皮肤的刺激，特别是低温的刺激，可通过神经的发射作用，改善体温调节系统，促进血液循环。空气中的阴离子，对人体神经系统、血液循环、呼吸及内分泌活动等，都能产生良好的刺激作用。因为机体对外界环境具有巨大的适应性，变化了的环境条件作用于机体，大脑皮层立刻进行调节，使机体适应变化了的外界环境，保持机体与环境在新的条件下的平衡。新的刺激又形成新的反射，从而进一步提高机体的适应能力。

人们在生活中接触日光、空气、水的机会很多，由于城市中阳离子含量高，阴离子含量少，加之“三废”的污染，不利于人体健康，因此应该多组织一些野外活动。

水浴，主要是利用水的温度、机械力和化学作用来锻炼身体。水浴可以分为冷水浴、温水浴和热水浴。温水浴能起降低神经的兴奋性、减弱肌肉张力、扩张皮层血管等作用，能加速消除疲劳。热水浴效果会更加明显。冷水浴对健康更为有益，特别是对增强心血管系统和呼吸系统效果显著，还可以促进消化系统的功能和改善体温调节的机能。另外，冷

水浴不仅能提高人们的新陈代谢机能、洁净皮肤、增强体质，还能提高抵抗疾病的能力和锻炼意志，为适应低温严寒的自然环境创造十分有利的条件。

（二）冷水浴锻炼方法

冷水浴锻炼应从夏天开始，每周至少练习两次以上，时间以早晨为好，坚持经常锻炼，方法如下。

1. 冷水洗脸与洗脚

初练冷水浴，可以从冷水洗脸与洗脚开始，特别是洗脚，应泡在水中数分钟，用以提高对冷刺激的适应能力。每天最好晨起用冷水洗脸，睡前用冷水洗脚，洗后擦干。

2. 冷水擦身

冷水擦身伴随按摩动作，对初练者更为适宜。在擦身过程中，要不断地把毛巾在冷水中浸泡拧干再擦，擦身可作为淋浴、浸浴、冬泳的过渡。也可单练擦浴，每天最好睡前进行。

3. 淋浴与冲洗

淋浴与冲洗的水温，开始不要过低，在锻炼过程中可逐步降低，最后用冷水冲洗。冲洗前先用冷水拍打胸部，再淋上肢，然后从头向全身冲淋，时间不要超过 1min。经过一段时间锻炼后，再逐步延长时间，每天早晚均可进行。从夏秋开始，浴后用干毛巾擦遍全身。

4. 浸浴

浸浴在室内外均可进行。浸浴前先用冷水拍胸，浸水后用毛巾不断摩擦全身，特别是胸腹部要用力擦。浸泡时间根据个人情况而定，以不出现寒颤为宜。浴后用干毛巾擦腰、肩、膝关节部位，擦到发热为止。

5. 冬泳

冬泳在天然水域进行，是日光、空气、水的综合利用，也是冷水浴锻炼的最好形式。下水后不能停止活动，可以进行一定强度的游泳活动，然后在水中擦摩全身。冬泳的时间应根据个人锻炼的基础而定，以不出现寒颤为标准。由于冬泳能量消耗大，每天进行时间不宜过长，并适当控制运动量。出水后应迅速擦干擦热全身，并立即穿衣。

（三）冷水浴注意事项

（1）浴前要充分做好准备活动，使身体发热；浴后要适当做整理活动，以使身体尽快恢复温暖感觉。

（2）各种形式的冷水浴，都应从温暖季节开始，一经开始就要坚持，以免减弱效果。淋浴、浸浴、冬泳如因故中断，重新开始时，最好经过一个时期的擦浴后再继续进行。

（3）饭前饭后 1h 内，不宜进行冷水浴，否则，将会影响消化。

（4）剧烈运动和劳动后，体温较高，不宜立刻进行冷水浴，要适当休息后再进行。

（5）冷水浴虽然对某些慢性病有治疗作用，但必须征求医生意见，如有发烧、急性或亚急性疾病，以及严重的心脏病、肺结核等病症，都不宜进行冷水浴。

四、跑步锻炼法

（一）跑步锻炼对人体的好处

（1）跑步对于正在成长的青少年学生来讲，是发展速度、耐力、灵敏性、协调性等身体素质，促进运动器官和内脏机能的发展，增强体质的有效手段。对中老年人来说，跑步也是增强各器官系统的机能、延年益寿、强身祛病的最好方法。

（2）跑步可以锻炼心脏，保护心脏，预防冠心病。据观察，长期练习跑步的人，心肌的代谢比较正常，能保证有足够的血液供给心肌，不易发生缺血性心脏病。跑步可以活血去瘀，改善循环，防止下肢静脉瘀血和盆腔腹腔瘀血，从而预防痔疮和血栓性静脉炎。

（3）跑步还能促进代谢，控制体重，预防肥胖症。

（二）跑步的方法

开始练习跑步的体弱者，可先进行短距离慢跑。从 50m 开始，逐渐增至 100m、200m 以至更多。速度一般为 30～40s 跑 100m。体力稍好的可进行长跑，距离从 1000m 开始，适应后再逐步增加距离，一般可增至 3000～5000m，速度为 6～8min 跑完 1000m。

跑步最好早晨进行，运动量要根据跑步时每分钟最高脉搏数来掌握。

第四节　合理制订体育锻炼计划

制订体育锻炼计划，目的在于使自己的学习、工作和锻炼有一个科学合理的安排，做到德、智、体全面发展，避免盲目性和片面性。同时便于检查锻炼效果和总结锻炼经验。体育运动项目繁多，形式各异，对人体的影响也各不相同，人们的年龄、性别、锻炼基础、兴趣和爱好，以及环境、时间、场地器材等情况更是千差万别。因此，要想有效地增强体质，掌握运动技能和提高运动成绩，就必须从实际出发制订出切实可行的计划。只有这样，才能克服片面性和盲目性，做到心中有数，有的放矢，使体育锻炼有目的、有计划、有组织地进行。

一、制订锻炼计划的依据

（一）制订锻炼计划要遵循从实际出发的原则

在制订计划时，要考虑主观因素和客观因素，如年龄、性别、体质、基础、场地、器材、气候、时间等因素，定出切实可行的计划。通过反复，不断修改充实，使计划更科学、更完善。

（二）合理的锻炼计划还要遵循全面锻炼、循序渐进的原则

在制订计划时，必须考虑自己的体质条件、素质水平和爱好等因素，既要注意全面

发展，又要注意自己的特点和弱点，既要考虑自己的爱好，又要注意锻炼的效果。在整个计划的内容安排上应遵循由简到繁、由易到难的原则；在运动量的安排上应遵循从小到大、逐步增加的原则。做到既科学，又全面，既要达到增强体质的目的，又不要影响一天的学习与工作。

（三）达标与体育课学习相结合

锻炼内容要与“国家体育锻炼标准”和体育课内容相结合，这样既能通过一段时间的锻炼，达到“国家体育锻炼标准”，又能使体育课所学内容得以复习、巩固和提高。

（四）自我监督和医务监督

在制订和执行锻炼计划时，要注意自我监督和医务监督，最好能写锻炼日记，以便及时发现问题，及时加以调整，使锻炼计划不断完善，锻炼效果不断提高。

二、锻炼计划的内容

体育锻炼计划一般可分为长远计划、阶段计划、每周计划和每次计划。对学生来讲，做到阶段计划、每周计划和每次计划就可以了。

（一）阶段计划内容

（1）确定阶段计划的时间。对学生来讲，最好以一个学期为一个阶段，这样便于安排和检查。

（2）任务和要求。根据每个人的情况，确定每个阶段的锻炼任务，如田径项目中的短跑、球类项目中的足球等，并明确要求，以便于检查。

（3）内容和办法。根据自己的爱好和特长，结合季节的气候特点，逐项进行安排，并提出具体的实施办法。

（4）锻炼时间。根据课表安排，确定在什么时间锻炼，切实落实。

（5）检查措施。要制订出切实可行的检查措施及成绩考核办法。

（二）每周计划内容

（1）本周锻炼的任务和要求。确定本周以发展某项身体素质为主，以及学习有关基本知识等。

（2）锻炼时间。确定早操与课外体育活动的次数及每次锻炼的时间。

（3）检查措施。星期六下午安排一定时间写锻炼日记。

（三）每次计划内容

（1）确定内容。根据每周计划确定每次的锻炼项目，拟定练习的具体动作和方法、练习的时间和重复次数等。

（2）科学分配和安排。在具体安排练习时，一般先安排重点项目。就身体素质而言，先练速度和灵敏项目；就运动量而言，先小后大；就技术而言，应先易后难；就锻炼部位而言，应当上下肢搭配；如有类似项目，应当间隔练习。

（3）写出实施办法。主要是要写出每次锻炼计划表。该计划表要包括准备活动、主要内容和整理活动三个方面，并在时间分配上做合理安排。身体锻炼持久，体质也会逐步增强。因此，在主要锻炼内容的负荷安排上也应逐渐增加，不能总停留在同一运动负荷上。

第三章　大学生体质健康标准的测定

第一节　大学生体质健康测定简介

一、体质

体质是人体的质量，它是在遗传性和可获得性基础上表现出来的人体形态结构、生理功能与心理因素的综合的、相对稳定的特征。

体质是生命活动和劳动能力（包括运动能力）的物质基础。它在形成和发展过程中具有明显的差异和阶段性，不同的人的体质差异表现在形态发育、生理机能、心理状态、身体素质和运动能力、对环境的适应以及对疾病的抵抗力等方面，包括从最佳功能状态到严重疾病和功能障碍等各种不同的体质水平。同时，在人生命活动的各个阶段，从青少年到中老年，体质状况不但具有某些共同的特征，而且是在不断变化的。

遗传是人的体质形成的重要因素，对体质强弱与发展有重大影响。但是，遗传对体质的影响只提供了可能性，而体质强弱的现实性，则有赖于后天的环境条件。

在后天的环境中，影响体质的因素很多，诸如物质生活条件、劳动条件、社会因素、气候、生态平衡、风俗习惯、卫生环境、教育状况、体育锻炼等，体质的强弱和发展在很大程度上取决于后天环境和能动的塑造。

中国体育科学学会体质研究划定的体质范畴，主要包括以下内容。

（1）身体形态和结构的发育发达水平。即体格、体型、身体姿势、营养状况及身体组成成分等方面。

（2）生理生化功能水平。即机体的新陈代谢功能及各器官、系统的工作效能等。

（3）身体素质和运动能力水平。即速度、力量、耐力、灵敏性、柔软性、协调性等身体素质和走、跑、跳、投、攀登、爬越等身体基本活动能力。

（4）心理发育发展水平。即人体的感知能力、判断力、意志力、智力、情感、行为、个性、性格等方面。

（5）适应能力。即对自然环境、社会环境的心理适应能力，对于疾病和其他有碍健康的不良应激源的抵抗能力等。

二、大学生体质健康标准的项目、指标和运用

（一）各年级阶段的测试项目

大学生体质健康标准里设置了符合我国学校实际情况、简便易行的测试项目，如表 3-1 所示。在学校体育方面的多年实践，证明它们具有可靠性、有效性、客观性和可操作性等特点，而且这些测试项目涵盖了人体形态、机能等身体素质的各个方面。

表 3-1　各阶段测试项目分类表

学段	必测项目	选测项目	备注
初中	身高	台阶试验、1000m 跑（男）、800m 跑（女）	男生从台阶试验、1000m 跑中选测一项，女生从台阶试验、800m 跑中选测一项
高中	体重	50m 跑、立定跳远	男、女生从中选测一项
大学	肺活量	坐位体前屈、握力、仰卧起坐（女）	男生从坐位体前屈、握力中选测一项，女生从坐位体前屈、握力、仰卧起坐中选测一项

（二）各年级阶段的评价指标

大学生体质健康标准中对不同的年级规定了不同的评价指标，如表 3-2 所示，这些指标都是根据规定测试项目的测试值来进行评价的。有的则是直接利用测试值进行查表评分，如立定跳远，有的需要进行计算，如肺活量体重指数和握力体重指数；身高标准体重是根据测得的身高和体重查表进行评分的。

表 3-2　各阶段评价指标分类表

学段	必评项目	选评项目	备注
初中	身高	台阶试验、1000m 跑（男）、800m 跑（女）	男生从台阶试验、1000m 跑中选测一项，女生从台阶试验、800m 跑中选测一项
高中	体重	50m 跑、立定跳远	男、女生从中选测一项
大学	肺活量 体重指数	坐位体前屈、握力体重指数、仰卧起坐（女）	男生从坐位体前屈、握力体重指数中选测一项，女生从坐位体前屈、握力体重指数、仰卧起坐中选测一项

（三）评分表的使用

使用评分表对学生的测试结果进行评价可分为两部分，首先是对各项结果分别评分，得出相应的评价指标的等级和得分；其次是对每一个学生给出一个总的得分和等级。各项评价指标的权重系数如表 3-3 所示。

表 3-3　评价指标的权重系数表

测试对象分组	评价指标	权重系数
初中 高中 大学	身高标准体重	0.15
	台阶试验、1000m 跑（男）、800m 跑（女）	0.20
	肺活量体重指数	0.15
	50m 跑、立定跳远	0.30
	坐位体前屈、仰卧起坐（女）、握力体重指数	0.20

（1）用百分位数相应的百分值乘以权重系数得到的分值作为学生在各项评价指标上的评分值。评分表里已经将权重系数折算在内，使用时可以不进行计算。

（2）按年级、性别找到对应的评分表，使用该表查出相应的指标所在的位置及其得分。如果需要对学生的总体进行评价，就需要用查出的分数进行下一步的计算。

（3）等级评价是将各项指标的得分进行相加，用总分进行等级评价，评价一共可以分为四个等级：优秀，总分 85 分以上；良好，总分 75～85 分；及格，总分 60～75 分；不及格，总分 60 分以下。

（四）体质测定与评价的目标和意义

体质测定与评价的目标就是掌握学生体质的状况及其发展变化，检查、评定体育教学和体育锻炼对增强体质的效果，分析研究影响体质强弱的各种因素，并从加强科学的体育教学和锻炼以及改善营养、卫生条件等方面，及时采取适宜的措施，从而可以更有效地增强体质。体质测定与评价具有重要意义。

（1）可以方便学校和有关部门及时了解并掌握学生体质的现状，通过测定和评价获得的数据，经过分析研究，了解学生体质变化的内在规律，并制订相应适宜的教学计划。根据数据，衡量体育教学和身体锻炼对增强体质的效果。

（2）为制订切合实际的体育教学大纲和计划，确定适宜的教育内容和方法提供科学的依据，同时为制订科学的锻炼计划提供客观的依据。

（3）可以让学生很方便地了解自己的发育程度、身体机能水平、身体素质和运动能力以及各个时期体质状况的变化与发展，增强学生关注自己体质状况的意识，激发和培养学生的科学锻炼身体的自觉性和积极性。

（4）体质测定和评价过程中收集与积累的数据资料，能促进学校体育卫生工作的科学研究。

（5）能更有效地改善学校体育、卫生、营养、生活制度和学习负担等工作的管理，从而进一步增强学生的体质，提高健康水平。

第二节　测试项目与评价指标概述

《国家学生体质健康标准》中反映身体素质和运动能力的评价指标与测试项目继承了“国家体育锻炼标准”测试项目的基本精神，并对评价指标和测试项目进行了精选。其目的在于以运动项目为主，通过测试和评价促进学生积极参与体育运动，提高体质健康水平。另外，为适应时代发展的要求，根据目前学生体质健康的实际状况增加了形态、机能的项目和指标。

一、身高标准体重

身高标准体重是将身高和体重综合起来，以每厘米身高的体重分布，确定学生的体形匀称度，可反映学生是营养不良、正常体重，还是超重和肥胖。它以大规模调查的统计数据为依据，采用了以学生的每厘米身高为单位，利用标准差，增减间距为 1cm，以 Z 离差法方式，制定了对身高、体重进行综合评价的评分表。

进行指标评价时，身高的单位为 cm，体重的单位为 kg，测试时均保留 1 位小数，然后用测试值直接查表评分。该指标对于学生形成正确的身体形态观具有非常直观的作用。

二、台阶试验

台阶试验是一项定量负荷机能试验，主要用以测定心血管系统的功能，也可以间接推断机体的耐力。由于台阶的高度和频率是固定不变的，对测试者来说，台阶试验是在固定时间内完成的固定载荷，根据心跳频率的恢复快慢计算指数来反映心脏对运动载荷的承受能力。评分表中台阶试验是整数，因此在计算台阶试验指数时只保留整数进行评定。

三、肺活量体重指数

肺活量是指在不限时间的情况下，一次最大吸气后再尽最大气量所呼出的气体量，是反映人体生长发育水平的重要机能指标之一。

肺活量体重指数=肺活量/体重。

测定中肺活量的单位为 mL，保留整数；体重的单位为 kg，保留 1 位小数，计算出指数后，舍去小数，用整数查表评分。

四、50m 跑

50m 跑是国际上通用的测试项目，通过较短距离的高强度跑测试速度素质。速度素质的测试可以反映人体中枢神经系统的机能状态和神经与肌肉的调节机能，也可以综合地反映人体的爆发力、灵敏性、反应力、柔韧性等素质。测评时以 s 为单位，保留 1 位小数，如 9.02s 就按 9.0s 查表评分。

五、立定跳远

立定跳远是测试爆发力的项目，爆发力要求在最短时间内发挥最大的力量。爆发力的大小不仅取决于力量，而且取决于力量和速度的综合，在人们日常生活、劳动中有重要的意义和作用。测定中以 cm 为单位，小数点后四舍五入，保留整数，如 184.7cm 就按 185cm 查表评分。

六、50m×8 往返跑、1000m 跑（男）、800m 跑（女）

耐力是衡量人的体质健康状况和劳动工作能力的基本因素之一，是从事各项运动必不可少的一种运动素质，因此耐力水平的测试对于评价学生体质健康状况有着非常重要的意义。

2000 年全国学生体质与健康调研表明：与 1995 年相比，我国学生的速度素质、耐力素质、柔韧性素质、爆发力素质、力量素质等都出现明显的下降。有关专家指出，要想阻止学生的运动素质继续下降，首先要阻止耐力素质的进一步下降。这三项测试都是旨在提高学生的耐力素质，测试和评价以 min、s 为单位，记录成绩。

七、坐位体前屈的测定

坐位体前屈是人体躯干及腰部弯曲的幅度。坐位体前屈幅度一方面反映躯干部和腰部、臀部以及大腿后部有关肌肉、韧带的伸展、柔韧程度，并反映这些部位的有关骨关节的活动情况，另一方面反映其神经的支配作用以及肌肉的紧张与放松的协调能力。

坐位体前屈是柔韧素质的具体内容之一，躯干和腰部的柔韧性同人们的日常生活和许多体育运动项目有着最为密切的联系。测试结果以 cm 为单位记录，精确到小数点后 1 位。测试时测试 2 次，取最好成绩。

八、握力、握力体重指数

握力用于反映受试者的力量素质。研究表明，握力能够间接反映一个人的健康状况，握力增长或维持在较高水平时，健康状况就好，握力下降时健康状况就不好。握力与体重有关，为公平起见，采用握力体重指数进行评分。

握力体重指数=握力/体重×100。

计算时，握力的单位为 N，保留 1 位小数，体重的单位为 kg，保留 1 位小数。计算出指数后，舍去小数，如计算出的指数为 55.3，按 55 查表评分。

九、仰卧起坐（女）

仰卧起坐是测定腰腹力量的一个项目，测试的方法很简单，在学校的锻炼和测试中一直受到重视，尤其是女生的腰腹力量测试对她们将来身体发育等方面都有着很重要的作用。其测试和评价以次/min 为单位，测试值直接查表评分。

第三节　大学生体质健康标准测试的操作方法

在实施大学生体质健康标准的过程中，掌握各项目正确的测试方法是所有体育教师需要了解的内容。测试工作必然和所使用的测试仪器有一定的关系，现在测试器材多种多样，有全手工操作的，也有电子仪器。但无论使用何种仪器，对测试人员的基本操作要求是一致的，本节将对大学生体质健康标准中各个项目基本的测试方法及其操作要求进行介绍。

一、身高

（一）测试目的

测试学生身高，与体重测试相配合，评定学生的身体匀称度，评价学生生长发育及营养状况的水平。

（二）场地器材

身高测量计。使用前应校对 0 点，以钢尺测量基准板平面至立柱前面红色刻度的高度是否为 10.0cm 为准，误差不得大于 0.1cm。同时应检查立柱是否垂直，连接处是否紧密，有无晃动，零件有无松脱等情况，并及时加以纠正。

（三）测试方法

受试者赤足，以立正姿势站在身高测量计的底板上（上肢自然下垂，足跟并拢，足尖分开约成 60°角）。足跟、骶骨部及两肩胛区与立柱相接触，躯干自然挺直，头部直立，耳屏上缘与眼眶下缘呈水平位。测试人员站在受试者右侧，将水平压板轻轻沿立柱下滑，轻压于受试者头顶。测试人员读数时双眼应与压板水平面等高进行读数。记录员复述后进行记录。以 cm 为单位，精确到小数点后一位。测试误差不得超过 0.5cm。

（四）注意事项

（1）身高测量计应选择平坦靠墙的地方放置，立柱的刻度尺应面向光源。

（2）严格掌握“三点靠立柱”“两点呈水平”的测试姿势要求，测试人员读数时两眼一定与压板等高，两眼高于压板时要下蹲，低于压板应垫高。

（3）水平压板与头部接触时，松紧要适度，头发蓬松者要压实，头顶的发辫、发结要放开，饰物要取下。

（4）读数完毕，立即将水平压板轻轻推向安全高度，以防碰坏。

（5）测试身高前，受试者不应进行体育活动和体力活动。

二、体重

（一）测试目的

测试学生体重，与身高测试相配合，评定学生的身体匀称度，评价学生生长发育及营养状况。

（二）场地器材

杠杆秤或电子体重计。使用前需检验其准确度和灵敏度。准确度要求误差不超过 0.1%，即每百千克误差小于 0.1kg。检验方法是：以备用的 10kg、20kg、30kg 标准砝码（或用等重标定重物代替）分别进行称量，检查指标读数与标准砝码误差是否在允许范围。灵敏度的检验方法是：置 100g 重砝码，观察刻度尺变化，如果刻度抬高了 3cm 或游标向远处移动 0.1mm 而刻度尺保持水平位，则达到要求。

（三）测试方法

测试时，杠杆秤应放在平坦地面上，调整 0 点至刻度尺水平位。受试者赤足，男性受试者身着短裤；女性受试者身着短裤、短袖衫，站在称台中央。测试人员放置适当砝码并移动游标至刻度尺平衡。读数以 kg 为单位，精确到小数点后一位。记录员复述后将读数记录，测试误差不超过 0.1kg。

（四）注意事项

（1）测试体重前受试者不得进行剧烈体育运动和体力劳动。

（2）受试者站在称台中央，上下杠杆秤时动作要轻。

（3）每次使用杠杆秤时均需校正，测试人员每次读数前都应校对砝码重量避免差错。

三、台阶试验

（一）测试目的

测试学生的心血管机能。

（二）场地器材

台阶或凳子、节拍器（或录音机及磁带）、秒表、台阶实验仪。

（三）测试方法

初中以上男生用高 40cm 台阶（或凳子）；女生或四年级以上的小学男、女生用 35cm 台阶（或凳子）；1～3 年级的小学男、女生用 25cm 台阶（或凳子）做踏台上、下运动。测验前测定安静时的脉搏，然后受试者做轻度的准备活动，主要是活动下肢关节。上台阶（或凳子）的频率是 30 次/min，因而节拍器的节律为 120 次/min（每上、下一次是四动）。受试者按节拍器的节律完成试验。

受试者从预备姿势开始：①受试者一只脚踏在台阶上；②踏台脚伸直成台上站立；③先踏台的脚先下地；④还原成预备姿势。用 2s 上、下一次的速度（按节拍器的节律来做）连续做 3min。做完后，立刻坐在椅子上测量运动结束后的 1～1.5min、2～2.5min、3～3.5min 的三次脉搏数。另外，用下列公式求得评定指数，计算结果包含小数的，对小数点后的 1 位进行四舍五入取整评分。

评定指数=踏台上、下运动的持续时间（s）×（100/2）×3 次测定脉搏的和。

（四）注意事项

（1）心脏有问题的不能测试。

（2）按 2s 上、下一次的节奏进行。当受试者跟不上节奏时应及时提醒，如果三次跟不上节奏应停止测试，以免发生伤害事故。

（3）上、下台阶时，膝、髋关节都应伸直。

（4）受试者不能自己测量脉搏。

（5）如果受试者不能完成 3min 的负荷运动，以实际上、下台阶的持续时间进行计算，计算公式和方法同上。

四、肺活量指数

（一）测试目的

测试学生的肺通气功能。

（二）场地器材

电子肺活量计。

（三）测试方法

房间通风良好；使用干燥的一次性口嘴（非一次性口嘴，则每换测试对象需消毒一次。每测一人需将口嘴朝下倒出唾液，并注意消毒后必须使其干燥）。肺活量计主机放置在平稳的桌面上，检查电源线及接口是否牢固，按工作键液晶屏显示“0”即表示机器进入工作状态，预热5min后测试为佳。

首先告知受试者不必紧张，并且要尽全力，以中等速度和力度吹气效果最好。令受试者面对仪器站立、手持吹气口嘴，面对肺活量计站立试吹1～2次，首先看仪表有无反应，还要试口嘴或鼻处是否漏气，调整口嘴和用鼻夹（或自己捏鼻孔）；深吸气（避免耸肩提气，应该像闻花式的慢吸气）；深吸气后屏住气再对准口嘴尽力深呼气，直到不能呼气，防止此时从口嘴处吸气，测试中不得中途二次吸气。

受试者进行一两次较平日深一些的呼吸动作后，更深地吸一口气，向口嘴处慢慢呼出至不能再呼出，吹气完毕后，液晶屏上最终显示的数字就是肺活量毫升值。每位受试者测三次，每次间隔15s，记录三次数值，选取最大值作为测试结果。以mL为单位，不保留小数。

（四）注意事项

（1）电子肺活量计的计量部位的通畅和干燥是仪器准确的关键，吹风筒的导管必须在上方，以免口水或杂物堵住气道。

（2）每测试10人及测试完毕后用干棉球及时清理和擦干气筒内部，严禁用水、酒精等任何液体冲洗气筒内部。

（3）导气管存放时不能打折。

（4）定期校对仪器。

五、50m跑

（一）测试目的

测试学生速度、灵敏素质及神经系统灵活性的发展水平。

（二）场地器材

50m 直线跑道若干条，地面平坦，地质不限，跑道线要清晰。发令旗一面，口哨一个，秒表若干块（一道一表）。秒表使用前应用标准秒表校正，每分钟误差不得超过 0.2s，标准秒表的选定，以北京时间为准，每小时误差不超过 0.3s。

（三）测试方法

受试者至少两人一组测试。站立起跑，受试者听到“跑”的口令后开始起跑。发令员在发出口令的同时要摆动发令旗。计时员看到旗动便开表计时。受试者躯干部到达终点线的垂直面停表。记录以 s 为单位，精确到小数点后一位。小数点后第二位数按非 0 进 1 原则进位，如 10.11s 读成 10.2s，并记录。

（四）注意事项

（1）受试者测试时最好穿运动鞋或平底布鞋，赤足亦可，但不得穿钉鞋、皮鞋、塑料凉鞋。
（2）发现有抢跑者，要当即召回重跑。
（3）若遇风，则一律顺风跑。

六、立定跳远

（一）测试目的

测试学生下肢肌肉爆发力及身体协调能力的发展水平。

（二）场地器材

沙坑、丈量尺。沙面应与地面平齐，如无沙坑，可在土质松软的平面上进行。起跳线至沙坑近端不得少于 30cm。起跳地面要平坦，不得有坑凹。

（三）测试方法

受试者两脚自然分开站立，站在起跳线后，脚尖不得踩线（最好用线绳做起跳线）。两脚原地同时起跳，不得有垫步或连跳动作。丈量起跳线后缘至最近着地点后缘的垂直距离。每人试跳三次，记录其中成绩最好的一次。以 cm 为单位，不计小数。

（四）注意事项

（1）发现犯规时，此次成绩无效。三次试跳均无成绩者，再跳直至取得成绩。
（2）可以赤足，但不得穿钉鞋、皮鞋、塑料凉鞋测试。

七、50m × 8 往返跑

（一）测试目的

测试学生速度、灵敏度及耐久力的发展水平。

（二）场地器材

50m 跑道若干条，道宽 2～2.5m，地面平坦，地质不限。在起（终）点线前 0.5m 和 49.5m 处各立一标杆，杆高 1.2m 以上，立于跑道正中，秒表若干块，使用前校正，要求同 50m 跑。

（三）测试方法

受试者至少两人一组进行测试，用站立式起跑。当听到“跑”口令后开始起跑，往返四次，往返跑时就逆时针方向绕过标杆，不能碰扶标杆，不得串道。测试人员发出“跑”口令的同时开表计时。当受试者躯干部到达终点线的垂直面时停表，以 min、s 为单位记录成绩，不计小数。

（四）注意事项

（1）测试人员应向受试者报告剩余往返圈数，以免跑错距离。
（2）测试人员应告诉受试者在跑完后继续走动，不要立即停下，以免发生意外。
（3）受试者不得穿钉鞋、皮鞋、塑料凉鞋测试。
（4）对 min、s 进行换算时要细心，防止差错。

八、800m 跑（女）或 1000m 跑（男）

（一）测试目的

测试学生耐力素质的发展水平，特别是心血管呼吸系统的机能及肌肉耐力。

（二）场地器材

400m、300m、200m 田径场跑道，地质不限。也可使用其他不规则场地，但必须丈量准确，地面平坦。

发令旗一面，秒表若干块，使用前需要校正，要求同 50m 跑。

（三）测试方法

受试者至少两人一组进行测试，站立式起跑。当听到“跑”口令后开始起跑。计时员看到启动开表计时。受试者躯干部到达终点线的垂直面停表。

注意事项和成绩记录方法同 50m×8 往返跑。

九、坐位体前屈

（一）测试目的

测试学生在紧张状态下的躯干、腰、髋等关节可能达到的活动幅度，主要反映这些部位关节、韧带和肌肉的伸展性、弹性以及学生身体柔韧素质的发展水平。

（二）场地器材

坐位体前屈测试计。

（三）测试方法

受试者两腿伸直，两脚平蹬测试纵板坐在平地上，两脚分开 10～15cm，上体前屈，两臂伸直向前，用两手中指尖逐渐向前推动游标，直到不能前推。测试计的脚蹬纵板内沿平面为 0 点，向内为负值，向前为正值。记录以 cm 为单位，保留 1 位小数。测试两次，取较好成绩。

（四）注意事项

身体前屈两臂向前推游标时两腿不能弯曲。

十、握力

（一）测试目的

测试学生上肢肌肉力量的发展水平。

（二）场地器材

电子握力计或合格的弹簧式握力计。

（三）测试方法

受试者两脚自然分开成直立姿势，两臂自然下垂。一手持握力计全力紧握（此时握力计不能接触衣服和身体），记下握力计指针的刻度（或握力器所显示的数字）。用有力（利）手握两次。取最大值，以 kg 为单位，测试时保留 1 位小数。

（四）注意事项

保持手臂自然下垂姿势，手心向内，不能触及衣服和身体。

十一、仰卧起坐

（一）测试目的

测试腹肌耐力。

（二）场地器材

垫子若干块（或代用品），并铺放平坦。

（三）注意事项

（1）若发现受试者借用肘部撑垫或臀部起落的力量起坐，则该次不计数。
（2）测试过程中，观测人员应向受试者报数。
（3）受试者双脚必须放于垫上。

第四节 大学生体质健康的评分标准

《国家学生体质健康标准》规定的学生体质健康评分标准如表 3-4～表 3-7 所示。

表 3-4 大学男生体质健康评分标准

项目	优秀				良好				及格				不及格	
	成绩	得分	成绩	得分	成绩	得分	成绩	得分	成绩	得分	成绩	得分	成绩	得分
台阶试验	≥59	20	≥54	17	≥50	16	≥46	15	≥43	13	≥40	12	≤39	10
1000m 跑	≤3′39	20	≤3′46	17	≤4′01	16	≤4′18	15	≤4′29	13	≤5′04	12	≥5′05	10
肺活量体重指数	≥75	15	≥70	13	≥64	12	≥57	11	≥54	10	≥44	9	≤43	8
50m 跑	≤6.8	30	≤7.0	26	≤7.3	25	≤7.7	23	≤8.0	20	≤8.4	18	≥8.5	15
立定跳远	≥255	30	≥250	26	≥239	25	≥227	23	≥220	20	≥195	18	≤194	15
坐位体前屈	≥18	20	≥16	17	≥12.3	16	≥8.9	15	≥6.7	13	≥0.1	12	≤0.0	10
握力体重指数	≥75	20	≥70	17	≥63	16	≥56	15	≥51	13	≥41	12	≤40	10

表 3-5 大学女生体质健康评分标准

项目	优秀				良好				及格				不及格	
	成绩	得分	成绩	得分	成绩	得分	成绩	得分	成绩	得分	成绩	得分	成绩	得分
台阶试验	≥56	20	≥52	17	≥48	16	≥44	15	≥42	13	≥25	12	≤24	10
800m 跑	≤3′37	20	≤3′45	17	≤4′00	16	≤4′19	15	≤4′30	13	≤5′03	12	≥5′04	10
肺活量体重指数	≥61	15	≥57	13	≥51	12	≥46	11	≥42	10	≥32	9	≤31	8
50m 跑	≤8.3	30	≤8.7	26	≤7.3	25	≤7.7	23	≤8.0	20	≤8.4	18	≥8.5	15
立定跳远	≥196	30	≥187	26	≥178	25	≥166	23	≥161	20	≥139	18	≤138	15
坐位体前屈	≥18.1	20	≥16.0	17	≥13.0	16	≥9.0	15	≥7.8	13	≥3.0	12	≤2.9	10
握力体重指数	≥57	20	≥52	17	≥46	16	≥40	15	≥36	13	≥29	12	≤28	10
仰卧起坐	≥44	20	≥41	17	≥35	16	≥28	15	≥24	13	≥20	12	≤19	10

表 3-6　大学男生各身高段标准体重　　（单位：kg）

身高段/cm	营养不良 7 分	较低体重 9 分	正常体重 15 分	超重 9 分	肥胖 7 分
165～165.9	<46.5	46.5～56.3	56.4～64.0	64.1～66.5	≥66.6
166～166.9	<47.1	47.1～57.0	57.1～64.7	64.8～67.2	≥67.3
167～167.9	<48.0	48.0～57.8	57.9～65.6	65.7～68.2	≥68.3
168～168.9	<48.7	48.7～58.5	58.6～66.3	66.4～68.9	≥69.0
169～169.9	<49.3	49.3～59.2	59.3～67.0	67.1～69.6	≥69.7
170～170.9	<50.1	50.1～60.0	60.1～67.8	67.9～70.4	≥70.5
171～171.9	<50.7	50.7～60.6	60.7～68.8	68.9～71.2	≥71.3
172～172.9	<51.4	51.4～61.5	61.6～69.5	69.6～72.1	≥72.2
173～173.9	<52.1	52.1～62.2	62.3～70.3	70.4～73.0	≥73.1
174～174.9	<52.9	52.9～63.0	63.1～71.3	71.4～74.0	≥74.1
175～175.9	<53.7	53.7～63.8	63.9～72.2	72.3～75.0	≥75.1
176～176.9	<54.4	54.4～64.5	64.6～73.1	73.2～75.9	≥76.0
177～177.9	<55.2	55.2～65.2	65.3～73.9	74.0～76.8	≥76.9
178～178.9	<55.7	55.7～66.0	66.1～74.9	75.0～77.8	≥77.9
179～179.9	<56.4	56.4～66.7	66.8～75.7	75.8～78.7	≥78.8
180～180.9	<57.1	57.1～67.4	67.5～76.4	76.5～79.4	≥79.5
181～181.9	<57.7	57.7～68.1	68.2～77.4	77.5～80.6	≥80.7
182～182.9	<58.5	58.5～68.9	69.0～78.5	78.6～81.7	≥81.8
183～183.9	<59.2	59.2～69.6	69.7～79.4	79.5～82.6	≥82.7
184～184.9	<60.0	60.0～70.4	70.5～80.3	80.4～83.6	≥83.7
185～185.9	<60.8	60.8～71.2	71.3～81.3	81.4～84.6	≥84.7
186～186.9	<61.5	61.5～72.0	72.1～82.2	82.3～85.6	≥85.7
187～187.9	<62.3	62.3～72.9	73.0～83.3	83.4～86.7	≥86.8
188～188.9	<63.0	63.0～73.7	73.8～84.2	84.3～87.7	≥87.8
189～189.9	<63.9	63.9～74.5	73.6～85.0	85.1～88.5	≥88.6
190～190.9	<64.4	64.4～75.4	75.5～86.2	86.3～89.8	≥89.9

表 3-7　大学女生各身高段标准体重　　（单位：kg）

身高段/cm	营养不良 7 分	较低体重 9 分	正常体重 15 分	超重 9 分	肥胖 7 分
150～150.9	<39.9	39.9～46.6	46.7～56.2	56.3～59.3	≥59.4
151～151.9	<40.3	40.3～47.1	47.2～56.7	56.8～59.8	≥59.9
152～152.9	<40.8	40.8～47.6	47.7～57.4	57.5～60.5	≥60.6
153～153.9	<41.4	41.4～48.2	48.3～57.9	58.0～61.1	≥61.2
154～154.9	<41.9	41.9～48.8	48.9～58.6	58.7～61.9	≥62.0
155～155.9	<42.3	42.3～49.1	49.2～59.1	59.2～62.4	≥62.5
156～156.9	<42.9	42.9～49.7	49.8～59.7	59.8～63.0	≥63.1
157～157.9	<43.5	43.5～50.3	50.4～60.4	60.5～63.6	≥63.7

续表

身高段/cm	营养不良 7 分	较低体重 9 分	正常体重 15 分	超重 9 分	肥胖 7 分
158～158.9	＜44.0	44.0～50.8	50.9～61.2	61.3～64.5	≥64.6
159～159.9	＜44.5	44.5～51.4	51.5～61.7	61.8～65.1	≥65.2
160～160.9	＜45.0	45.0～52.1	52.2～62.3	62.4～65.6	≥65.7
161～161.9	＜45.4	45.4～52.5	52.6～62.8	62.9～66.2	≥66.3
162～162.9	＜45.9	45.9～53.1	53.2～63.4	63.5～66.8	≥66.9
163～163.9	＜46.4	46.4～53.6	53.7～63.9	64.0～67.3	≥67.4
164～164.9	＜46.8	46.8～54.2	54.3～64.5	64.6～67.9	≥68.0
165～165.9	＜47.4	47.4～54.8	54.9～65.0	65.1～68.3	≥68.4
166～166.9	＜48.0	48.0～55.4	55.5～65.5	65.6～68.9	≥69.0
167～167.9	＜48.5	48.5～56.0	56.1～66.2	66.3～69.5	≥69.6
168～168.9	＜49.0	49.0～56.4	56.5～66.7	66.8～70.1	≥70.2
169～169.9	＜49.4	49.4～56.8	56.9～67.3	67.4～70.7	≥70.8
170～170.9	＜49.9	49.9～57.3	57.4～67.9	68.0～71.4	≥71.5
171～171.9	＜50.2	50.2～57.8	57.9～68.5	68.6～72.1	≥72.2
172～172.9	＜50.7	50.7～58.4	58.5～69.1	69.2～72.7	≥72.8
173～173.9	＜51.0	51.0～58.8	58.9～69.6	69.7～73.1	≥73.2
174～174.9	＜51.3	51.3～59.3	59.4～70.2	70.3～73.6	≥73.7
175～175.9	＜51.9	51.9～59.9	60.0～70.8	70.9～74.4	≥74.5
176～176.9	＜52.4	52.4～60.4	60.5～71.5	71.6～75.1	≥75.2
177～177.9	＜52.8	52.8～61.0	61.1～72.1	72.2～75.7	≥75.8
178～178.9	＜53.2	53.2～61.5	61.6～72.6	72.7～76.2	≥76.3

注：身高低于表中所列出的身高下限值时，身高每低 1cm，实测体重需加上 0.5kg，实测身高需增加 1cm，再查表确定分值。身高高于表中所列出的身高上限值时，身高每高 1cm，实测体重需减去 0.9kg，实测身高需减去 1cm，再查表确定分值。

第四章 田 径 运 动

第一节 田径运动概述

一、田径运动的概念

百余年来，世界各国的田径运动定义大同小异，对田径运动的称呼也不尽相同，但是，田径运动内容基本相同。田径运动由人们进行竞技和锻炼身体的走、跑、跳跃、投掷等身体练习组成。通常把在田径场跑道上或自然环境中进行竞技与锻炼身体的走和跑等身体练习称为径赛项目；把在田径场中间或临近场地上进行竞技与锻炼身体的跳跃和投掷等身体练习称为田赛项目。

田径运动是由田赛、径赛、公路赛、竞走和越野赛组成的运动项目，它包括人们走、跑、跳、投等基本活动方式，因此很容易被人们接受和掌握。目前，它是世界上最为普及并易于开展、推广的体育运动项目之一。田径运动以发展和表现人们的体能为主，同时以众多的单个项目的不同技术体现出田径运动独特的体育技艺。虽然它包括竞走、各种奔跑、跳跃、投掷及全能等项目，且各个项目都有自己的技术特点，但是人们还是以多年传统的习惯把它概括起来统称为“田径运动”。

随着田径运动的广泛开展和普及，越来越多的人开始从事田径运动的锻炼，以增强体质。现代奥运会不断增加田径运动的男、女竞赛项目，使女性享有和男性同样锻炼与比赛的权利。到目前为止，列入奥运会比赛的田径项目已达到46项（还有30余项没有列入），田径运动已成为各项体育运动中项目最多的一项体育运动。现代奥运会使现代田径运动得到了迅猛的发展。

二、田径运动的分类和项目

田径运动包括走、跑、跳跃、投掷以及由跑、跳跃、投掷的部分项目组成的全能运动等，包括国内外通常进行的成人各类竞赛项目和我国进行的少年甲组（16、17岁）、乙组（15岁）各类竞赛项目。被列为正式国际田径比赛的项目包括以下内容。

（一）竞走

（1）场地赛：5km、10km。

（2）公路赛：20km、50km。

（二）跑

（1）短距离跑：男子组100m、200m、400m；女子组100m、200m、400m。

（2）中距离跑：男子组 800m、1500m、3000m；女子组 800m、1500m。

（3）长距离跑：男子组 5000m、10000m；女子组 5000m、10000m。

（4）跨栏跑：男子组 110m 栏（1.067m）、400m 栏（0.94m）；女子组 100m 栏（0.84m）、400m 栏（0.762m）。

（5）障碍跑：3000m 障碍跑。

（6）马拉松：男子组 42.195km；女子组 42.195km。

（7）接力跑：男子组 4×100m、4×400m；女子组 4×100m、4×400m。

（三）跳跃

男、女同为跳高、撑竿跳高、跳远、三级跳远。

（四）投掷

（1）推铅球：男 7.26kg；女 4kg。

（2）掷标枪：男 800g；女 600g。

（3）掷铁饼：男 2kg；女 1.5kg。

（4）掷链球：男 7.26kg；女 4kg。

（五）全能项目

（1）男子十项全能。第一天：100m、跳远、铅球、跳高、400m；第二天：110m 栏、铁饼、撑竿跳高、标枪、1500m。

（2）女子七项全能。第一天：100m 栏、铅球、跳高、200m；第二天：跳远、标枪、800m。

三、田径运动的价值与特点

田径运动是在人类基本运动形式的基础上产生，在人类对它的不断认识中发展起来的。随着田径运动的日益普及，它的价值越来越受到重视，其特点也更加突出。

（一）田径运动的价值

1. 田径运动的教育价值

田径运动和各项目都要求运动员在具有一定限制与条件下表现出最大的能力，要始终保持必胜的信心，要有克服一切困难和正视一切挑战并实现自己目标的勇气，因此它能培养人的勇敢顽强、拼搏进取的意志品质。

运动员通过个人努力才能取得优异的成绩，这一成绩与集体荣誉连在一起，因此它能使人遵守纪律，增进责任感和集体主义精神。

田径运动是个人项目，更多地依靠自己独立完成任务。在比赛中，要有应变能力、自我调控情绪去排除各种干扰的能力。因此，它有助于个性的形成，有利于心理素质的培养。

田径运动的技术变化小，单一重复的动作较多，训练量大，相对枯燥死板。因此，从事这项运动能培养吃苦耐劳、坚忍不拔的精神。

2. 田径运动的健身价值

田径运动的不同项目对提高身体的有关能力、相应的身体素质以及人的健康水平有明显的作用。

（1）短距离跑，是人体在无氧条件下进行的一种运动，它能使有氧系统酶的活性增加，能提高人体的最大摄氧量，同时有助于提高中枢神经系统兴奋和灵活性，它是快速运动能力和提高无氧代谢水平的重要手段。

（2）长距离跑和竞走，能增进心脏和呼吸系统的工作能力。由于人体在有氧情况下运动，在运动中消耗的能量较多，能防止人体内脂肪储存过多，它是提高心肺功能和发展人体耐久力的有效手段。

（3）跳跃，是人体在短时间、高强度神经活动和肌肉用力克服障碍的运动，能使人的感觉机能得到提高和加强，它是提高身体控制和集中用力能力，发展协调性、灵敏性的有效手段。

（4）投掷项目，是表现人体力量的运动，能使人体肌肉发达，力量增强，改善人体灵活性。旋转类项目能使神经活动具有高度的均衡性，能使前庭分析器具有很高的稳定性，是提高肌肉力量、改善神经过程和发展力量素质的手段。

3. 田径运动的竞技价值

在竞技体育中，田径是公认的大项，它的奖牌最多，素有“得田径者得天下”之说。各种大型综合运动会，最后一项比赛一般都是田径项目比赛，往往在最后田径比赛的角逐中决出人数团体的胜负。田径训练一般要求的条件不高，选材面广，参加人数多，而且是个人项目，投资少，效益高，所以，田径项目一直被列为竞技体育中选择的重点。

田径运动在提高身体素质方面效果显著，很多竞技体育项目都把它作为发展全面身体素质的重要手段。为较客观地衡量身体训练水平，检验身体训练的效果，一般都选用田径项目制定测验标准，并作为常规性测验指标。

（二）田径运动的特点

1. 广泛的群众性

田径运动是最普及、参与人数最多的运动项目。在学校体育中，它是教学的重点内容；在群众体育中，它最受欢迎且最容易被接受。

田径运动针对性强，可选择余地大，它对提高人体健康水平和发展全面身体素质效果明显，参加田径运动的人可根据自己的兴趣和爱好选择不同的项目，还可根据个人的身体状况和需求确定适合个人的项目，有计划、有目的地安排不同的项目，可使人体健康水平得到全面发展。

田径运动条件限制因素少。从事田径运动通常只要在室外有一定的活动空间，如在田间、公路、公园等地，就可以作为活动场所，而且受时间、气候影响小，可安排在任何闲暇时间进行。田径项目的器材比较简单，参加运动时可根据条件，因陋就简，还可自行制作。基层运动会可在各种非正规场地上进行，有些器材和设备可简化或用近似的器材和设备代替。

田径运动可参与性强。田径运动适合不同年龄和性别的人，不同身体状况的人也都能够选择适合自己的项目。在运动中，可控制运动的量和强度，不易受伤害，不受参加人数的影响。大部分田径项目均可在短期训练后参加比赛。

2. 激烈的竞争性

田径运动竞赛是能力、技术和心理的较量，特别是在高水平的比赛中更为明显，运动员的成绩越来越接近，你追我赶，相持不下，经常以微弱之差决定胜负。田赛项目的成败取决于瞬间运动员发挥的水平，而径赛项目运动员同在一条起跑线开始，进行全程的拼搏。因此，田径运动竞赛非常紧张而激烈，运动员不仅要精力高度集中，还要不畏强手，充分表现出自己的最高水平。田径运动的竞赛在实力的较量中，将激烈的竞争气氛贯穿全过程。

3. 能力的多样性

田径运动的基本动作形式为走、跑、跳、投，有个人项目和集体项目，它们反映了人的速度、力量、耐力等方面的能力。每个项目都有其本身的特点，突出地反映某一方面的能力，优秀运动员训练和比赛大多围绕一个专项。较全面地参加田径项目，可使人的运动能力普遍得到提高。

第二节 走类运动

田径中的走类运动包括普通走和竞走，是人们日常生活中最基本的活动方式之一。人们通过走可以锻炼身体，提高活动能力和生产劳动、生活的基本技能。例如，经常散步可以消除紧张工作和学习所造成的神经系统的疲劳与紧张。快速走不仅能提高人们生产劳动和生活的基本能力，而且对人体的循环系统、呼吸系统、肌肉系统等具有明显的促进作用。经常进行竞走的锻炼，可以有效地增强心血管系统和呼吸系统的功能，培养吃苦耐劳、坚忍不拔的意志。普通健身走和竞走不受年龄、性别、季节等条件的限制，练习时既安全又经济，且饶有情趣，因此是一项开展非常广泛的运动。

一、普通走的正确姿势及意义

走是人体水平位移的最基本方式，是单脚支撑和双脚支撑交替进行的周期性运动。走的正确方法和姿势是：躯干正直，自然挺胸，头部与躯干保持一致，目视前方，两臂靠近体侧自然前后摆动；迈步时膝关节和脚尖都要正对前方，两脚内缘基本沿一条直线向前迈步；脚着地时以脚跟先着地并迅速过渡到全脚掌，脚着地后脚尖向前略偏外。

走的正确方法和姿势，不仅反映一个人的美育和体育的素养，使人们建立一个美的形象，还能促进人体各器官正常的生长和发育。

走时的身体姿势基本上是由骨骼来决定的。但是，走时的身体姿势也影响着骨骼和内脏器官的发育。例如，一个人在走时，躯干能保持正直并能挺胸抬头，他的脊柱和胸廓就会发育得正常，肺部就能自由呼吸，心脏也不会受到压迫，从而保证全身各个器官的正常生长和发育。又如，如果一个人在行走时，两脚尖向外分得太开或者向内扣得太近，经过一段时间还会形成外八字脚或内八字脚，不仅影响美观，而且会影响下肢骨骼、关节、肌肉的正常发育和行走能力的提高。因此，无论从美育的角度来说，还是从促进人体正常发育的角度来说，都应该重视对走的正确姿势的培养。

二、普通走的练习方法

走不仅具有生活的实用意义，而且可以利用走或变换形式的走来锻炼身体。下面介绍几种可以作为锻炼身体手段的走的形式，便于大家练习。

（1）散步。上、下坡走，倒退走，踏步走等。

（2）足尖走。用于发展小腿三头肌和拇趾屈肌，增强踝关节和足弓的力量。

（3）弓箭步走。能全面发展下肢的屈肌和伸膝肌，增强下肢，尤其是髋、膝、踝三关节的力量。

（4）半蹲走。这是一种在弓箭步走的基础上进一步加大负荷的走法。半蹲走除了与弓箭步走有同样的锻炼价值之外，由于走时要求躯干伸直，还能增强背部、腰部肌肉力量。

三、竞走的基本技术

竞走是从普通走发展起来的，但竞走的速度很快，距离较长，有专门的规则要求。因此，竞走技术必须既实效、省力，又符合规则的要求。

（一）腿部运动

腿部动作是竞走技术的主要环节。竞走可分为单脚支撑和双脚支撑两个时期，单脚支撑又有前蹬和后蹬两个阶段。当身体处于垂直部位时，支撑腿完全伸直，全脚着地，如图 4-1 所示，摆动腿还在摆动，其膝关节比支撑腿的膝关节略低，大小腿间的角度略大于直角，骨盆的横轴稍有倾斜，如图 4-2 所示。

图 4-1　单脚支撑之前蹬

图 4-2　单脚支撑之后蹬

当身体重心前移超过垂面时，开始后蹬。摆动腿屈膝向前摆动，带动骨盆沿上下轴向前转动，小腿依靠大腿向前摆动的惯性而前摆，逐渐伸直膝关节，并用脚跟先着地，从而加大步幅。在摆动腿的脚跟和地面接触时，形成了刹那间的双脚支撑。这时要两腿伸直，防止重心下降。当摆动腿的脚跟着地时，后蹬腿的脚尖立即蹬离地面，从而结束后蹬动作。

（二）上体姿势和两臂动作

竞走时，上体基本上是正直的，眼视前方，臀部自然放松。为了配合两腿的迈步动作以维持身体平衡和保证身体重心轨迹接近直线前移，上体和肩部也要沿身体纵轴稍加转动，即随着摆动腿向前迈步，摆动腿异侧的上体和肩部也要沿身体纵轴稍向前转动。另外，为了配合骨盆沿前后轴转动，防止身体重心左右摇摆，在由双脚支撑过渡到垂直支撑时，肩轴也要沿前后轴稍加转动，使摆动腿异侧肩略低于摆动腿同侧肩。

竞走时要求摆臂有序、节奏性强、后蹬有力、步幅大、步频快。竞走时一般是用鼻子和半张开的嘴同时呼吸，通常是两步一呼气、两步一吸气，呼吸要自然。

（三）身体重心的移动

在竞走过程中，当身体垂直时，身体重心处在最高点，双脚支撑时，身体重心所处的位置最低，重心轨迹上下起伏。身体重心变化不但与竞走技术有关，而且与速度有关。应尽量防止出现重心离开直线的轨迹而向左右摇摆的现象。

四、竞走的练习方法

（1）沿直线做普通大步走（脚跟先着地）。

（2）沿直线做直腿走（体会脚跟着地和后蹬动作）。

（3）慢速和中速竞走（100m～200m～400m），逐渐加大动作幅度和骨盆转动，增大步幅（体会在身体垂直部位时向前迈步）。

（4）骨盆扭转的专门练习。原地做骨盆回环转动练习；交叉步走，使骨盆前后转动；原地交换支撑腿（两脚平行站立，体重由一腿移到另一腿）。

（5）摆臂练习。原地摆臂练习；结合竞走做摆臂练习（要注意和腿部动作协调配合）。

（6）改进和提高竞走技术练习。由普通大步走过渡到竞走；较小步长的慢、快步竞走；较大步长的中速竞走；变速竞走（100m快、100m慢交替进行）；快速竞走（200m、400m）要特别注意由直道转入弯道的技术。

竞走练习时，要在掌握正确技术的前提下逐渐加快走的速度，不能一味地追求走的速度而忽视竞走技术。

五、竞走比赛的规则

（一）核心规则

竞走运动员使用与众不同的步法，看起来很特别，但这种步法是规则规定的。首先，一个竞走运动员必须始终保持有一只脚落在地面上。其次，从前进脚落地的一刻起直到腿部达到垂直的姿势，腿部必须保持直线，膝盖不能弯曲。有 9 名裁判分布在比赛线路上监督任何运动员的犯规动作。他们不使用电子设备帮助判断，因为规则规定裁判要由裸眼监督。当裁判看到竞走运动员将要犯规时就提醒一次。提醒一般是通过在道路两边向犯规者出示白色标志来表示的，此后裁判会通知主裁判。如果三个裁判都警告了同一运动员，则这名运动员就会被罚出局。

（二）其他规则

比赛中裁判可以将推撞或者阻碍他人的运动员罚出。跑道径赛中运动员自愿离开跑道的不可以继续比赛。跑道径赛过程中除了 5000m 以上长度的比赛以外，运动员不能接受帮助或者建议。5000m 以上的比赛如果天气情况允许可以提供饮料和海绵。

第三节　跑步类运动

一、短跑

400m 和 400m 以下的跑步类竞赛项目称为短跑，短跑是人的快速反应能力的重要标志，是在人体大量缺氧状况下持续高速跑的极限强度运动。

（一）100m 跑的技术特点

100m 跑技术可分为起跑、起跑后的加速跑、途中跑、终点跑四部分。

1. 起跑

起跑过程包括“各就位”“预备”“鸣枪”三个阶段。

听到“各就位”口令后，下蹲，两手的 4 指并拢与大拇指呈八字形置于起跑线后沿，两脚依次踏在前后起跑器上，脚掌紧贴起跑器，脚尖触地面。背、颈部自然放松，两臂伸直同肩宽，后腿膝部支撑身体。

听到“预备”口令后，臀部抬起，与肩同高或稍高，肩部稍超出起跑线，体重主要落在两臂和前腿上，前后小腿趋于平行，两脚紧贴起跑器抵足板，整个动作要求连贯、协调而有力，注意力高度集中。

听到枪声后，两手迅速推离地面，两臂屈肘有力地做前后摆动，两腿依次用力猛蹬起跑器，使身体向前上方运动，后腿迅速屈膝向前上方摆出，同时前腿快速有力地蹬伸髋、膝、踝三个关节，以较大的前倾姿势把身体向前推进。

2. 起跑后的加速跑

起跑后的加速跑是从后腿蹬离起跑器，到途中跑之间一个跑段，这段距离一般为 25～30m。起跑后，两臂加快用力摆动，摆幅较大，两腿交替用力蹬伸，步长不断增加，步频逐渐加快，两脚着地点逐渐合于一条直线上，上体逐渐抬起自然进入途中跑。

3. 途中跑

途中跑的任务是继续发挥和保持高速度到终点。跑是周期性活动，在一个跑的周期中，包括后蹬与前摆、腾空、着地缓冲等动作阶段。

（1）后蹬与前摆阶段：当身体重心移过支点垂直面时，就进入了蹬地腿的后蹬与摆动腿的前摆阶段，这时，摆动腿的膝关节（大小腿折叠姿势）超越支撑腿开始，迅速有力地向前上方摆出，并且带动同侧骨盆前送，大腿与水平面成 15°～20°，支撑腿在摆动腿积极前摆的配合下，快速有力地伸展髋、膝、踝关节，蹬离地面，如图 4-3 所示，形成支撑腿与摆动腿协调配合动作。这是途中跑的关键。

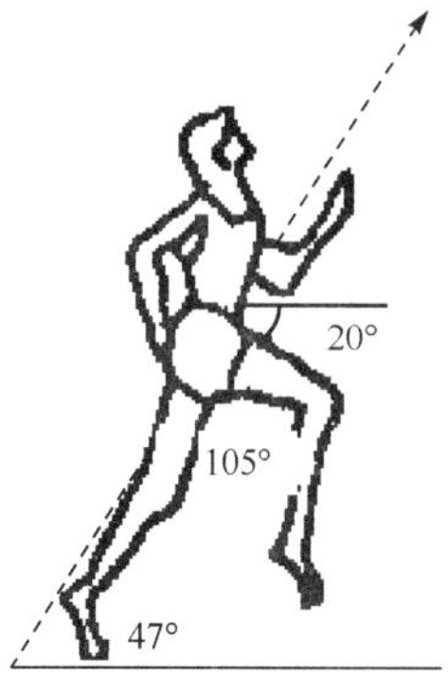

图 4-3　后蹬与前摆示意图

（2）腾空阶段：当结束后蹬，即进入腾空阶段时，小腿随着蹬地后的惯性和大腿的摆动，迅速向大腿靠拢，形成大小腿折叠前摆的动作。与此同时，摆动腿以髋关节为轴积极下压，膝关节放松，小腿随摆动下压的惯性自然向前下方伸展，准备着地。

（3）着地缓冲阶段：当摆动腿的前脚掌着地的瞬间，即开始了着地缓冲阶段，着地位置约距身体重心投影点的一脚半处，着地动作应是非常积极的。腿部各关节（特别是踝关节）缓冲过程不应是消极的，应主动用力来加速身体重心的前移，随即转入后蹬。

在途中跑时，头部正直，上体稍前倾。两臂以肩为轴，自然、轻快、有力地前后摆动。

4. 终点跑

终点跑包括终点线前 15～20m 的最后用力和上体撞线两个阶段。终点跑的技术是保持上体前倾角度，加快两臂摆动的速度和力量，保持或发挥最大速度。在距离终点线一步时，上体急速前倾用胸部或肩部撞终点线，跑过终点后逐渐减速，切不要突停。

（二）200m 跑和 400m 跑的技术特点

200m 跑和 400m 跑技术，同 100m 跑技术没有本质上的区别，不同的是有一半以上距离是在弯道上跑，为了适应弯道跑，必须改变跑的身体姿势以及后蹬与摆动的方向。同时，在赛跑时，应合理分配体力。

1. 弯道起跑和起跑后的加速跑

为了便于加速，起跑后开始一段距离应沿着直线跑，起跑器安装在跑道的右侧沿，正对弯道切点方向。弯道起跑后的加速跑距离短，较大前倾的身体要早些抬起。

2. 弯道跑

进入弯道时，身体向内倾斜，后蹬时右腿用前脚掌的内侧用力，左腿用前脚掌的外侧用力。右肘内扣，右臂摆幅加大，前摆时稍向内，后摆稍向外，左臂稍离开躯干。弯道跑的蹬地与摆动方向都应与身体向圆心方向倾斜一致。

（三）短跑的练习方法

1. 跑的专门练习

（1）小步跑：体会跑时膝关节放松和脚“扒地”动作，改进落地技术，发展跑的频率。

要点：两臂自然下垂，上体保持正直或稍前倾，大腿积极下压，膝关节放松，小腿顺惯性前摆，用前脚掌积极向后下方“扒地”。其练习形式可采用以下方法。

①两手扶器械或原地做脚尖不离地的交换支撑腿练习。

②由原地逐渐前移过渡到小步跑 20～30m，要求动作由慢渐快。

③小步跑过渡到途中跑 40～60m，要求大腿逐渐抬高，步幅逐渐加大，自然过渡到途中跑。

（2）高抬腿跑：增加抬腿肌群力量，纠正抬腿不高的缺点。要点：上体正直或稍前倾，大腿向上高抬，脚跟向臀部方向收起，而大腿积极下压，用前脚掌落地并充分蹬直，切勿屈髋，保证身体重心始终在较高部位。其练习形式可采用以下方法。

①原地或支撑高抬腿跑。

②行进间高抬腿跑 20～30m。

③高抬腿跑过渡到途中跑 60～80m。

（3）后蹬跑：增强腿部力量，体会蹬摆技术，纠正后蹬不充分和坐着跑的缺点。要点：跑时上体前倾，两臂自然摆动，支撑腿用力向后下方蹬地，腿蹬直后，迅速前摆（小腿不要后撩），并带动同侧髋关节前送。当大腿摆至适当高度时，大腿积极下压，用前脚掌向后下方落地。其练习形式可采用以下方法。

①向前上方跨步跳。

②后蹬跑 20～30m。

③后蹬跑过渡到途中跑 60～80m。

2. 直道途中跑的练习

（1）原地摆臂练习：两脚前后站立，上体稍前倾，两臂弯曲成 90°前后摆动。

（2）直道上中等速度反复跑 60～100m。

（3）直道上 60～100m 加速跑。

（4）30～60m 行进间跑。

3. 弯道途中跑的练习

（1）沿半径 10～15m 的圆圈跑，由慢到快，体会弯道跑技术。

（2）进入弯道跑练习：由直道上跑 15～20m 接着跑进弯道 30～40m。在进入弯道前 2～3 步要有意识地加大右腿的蹬地力量和摆幅。

（3）弯道进入直道跑练习：弯道跑 30～50m 接着跑进直道，在出弯道时身体逐渐正直，体会顺惯性的自然跑。

（4）蹲踞式起跑和起跑后加速跑练习（直道上和弯道上）。

（5）安装起跑器的方法：以普通式为主安好起跑器，依起跑时三个口令的动作要求，根据个人的特点调整起跑器安装的位置和角度。

4. 终点跑和全程跑的练习

（1）以最快速度跑过终点，不做撞线动作。

（2）以中速跑 30m 至终点 1m 处，上体前倾做撞线动作。

（3）快速跑 30～40m 做撞线动作。

（4）100m 全程跑。

二、中长跑

800m 以上的跑步类竞赛项目常称中长跑，各种跑的技术基本相同，但由于距离和跑的强度不同，跑的动作上有不同程度的差异。目前中长跑的技术动作以一定步长并高频率跑法为发展趋势。

（一）中长跑的技术特点

中长跑一般采用站立式起跑方法，根据规则要求中长跑起跑的过程包括“各就位”“鸣枪”两个阶段。

听到“各就位”口令后，先做一两次深呼吸，然后走或慢跑到起跑线后，两脚前后开立，有力的脚在前面紧靠起跑线后沿，前脚跟和后脚尖之间的距离约一脚长，两脚左右间隔约半脚的距离，体重落在前脚掌，后脚用前脚掌着地站立。两腿弯曲，上体前倾，眼看前下方 3～5m 处，身体保持稳定姿势，集中注意力听枪声或“跑”的口令。两臂在体前自然下垂或前后放置，如图 4-4 所示。

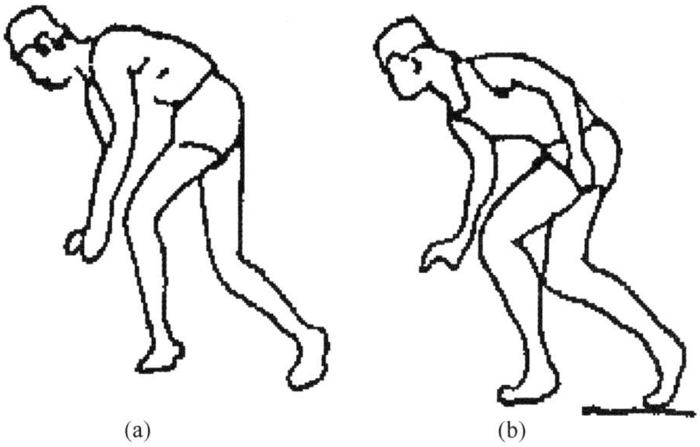

(a) (b)

图 4-4 听枪声或“跑”的口令示意图

听到枪声或“跑”的口令时，两腿用力蹬地。后腿蹬地后迅速前摆，前腿迅速蹬直，两臂配合两腿动作做快而有力的摆动，使身体快速向前冲出，在短时间内获得较快的跑速。起跑后的加速跑应该迅速积极，加速跑的距离主要根据项目、参加人数、个人训练水平、战术要求等情况而定，一般 800m 加速跑要跑到下弯道结束；1500m 加速跑要跑到直道末端结束，然后进入匀速而有节奏的途中跑。途中跑和终点跑与短跑要领类似，但强度不一样。始终以顽强的意志跑完全程是至关重要的。

中长跑的呼吸是很讲究的。中长跑体力消耗大，对氧的需求量很高，必须有一定的呼吸频率和呼吸深度。一般是跑两三步一呼气，跑两三步一吸气，并有适宜的呼吸深度。随着疲劳的出现，呼吸的频率有所增快，应着重将气呼出，只有充分呼出二氧化碳，才能吸进大量新鲜氧气。

（二）中长跑的练习方法

（1）变速跑：变速跑主要用于发展速度耐力。常用的练习方法是 50m 慢跑，50m 快跑；直道快跑，弯道慢跑；200m 快跑，200m 慢跑；400m 快跑，200m 慢跑。可由长距离的快跑到短距离的慢跑，也可以由短距离的快跑到长距离的慢跑。

（2）重复跑：主要是发展速度和速度耐力。一般采用 50m、100m、150m、200m、400m、600m、800m 反复跑。应注意掌握好每组间隙时间。

（3）定时跑：这种跑一般有两种形式。一是只规定跑的时间，不要求距离，主要是用来发展一般耐力和跑的能力，掌握和改进跑的技术，增强内脏器官机能。二是要求在规定时间内跑一定的距离。这种练习方法，不但用来发展耐力，而且更重要的是培养速度感。

（4）越野跑：越野跑不但是在野外进行的一个竞赛项目，还是用于发展中长跑能力的手段，它不仅能发展耐力、灵敏、弹跳力等身体素质，以及培养勇敢、坚毅的品质，而且能利用充足的阳光和新鲜的空气等自然条件锻炼身体。越野跑时，由于跑的地点地形复杂、环境变化大，跑的技术也要因条件而改变。进行越野跑练习时还要特别注意安全。

三、接力跑

接力跑是由短跑和传接棒组成的集体项目。比赛项目有男、女子 4×100m 和 4×400m 接力跑。还有一些传统的项目，如 4×200m 接力跑、迎面接力跑、不同距离团体接力跑、越野接力跑以及男女混合异程混合接力跑等。接力跑技术基本与短跑相同，所不同的就是在快速跑的过程中，各队员间要互相配合完成传接棒任务。

（一）传接棒技术

传接棒方法，一般有上挑式和下压式两种。

1. 上挑式

接棒人的手臂自然向后伸出，手臂与躯干成 40°～50°，掌心向后，拇指与其他四指自然张开，虎口朝下。传棒人将棒向前上方送入接棒人的手中，如图 4-5 所示。

图 4-5　上挑式

这种传棒方法的优点是接棒人向后下方伸手臂的动作比较自然，传棒人传棒动作也比较自然，容易掌握。缺点是接棒后，手已握在接力棒的中部，如不换手，再传给下一棒时，只能握住接力棒的前部，容易造成掉棒和影响快速前进。

2. 下压式

下压式又称“向前推送”的传接棒方法，应当强调指出，在传棒时，手臂不要太高，而是用手腕动作将棒向前下方推送入接棒队员手中。此外，传棒人可以用手腕动作来调整传棒动作的准确性。因此，在做此动作时，接棒人的手臂向后伸出，手臂与躯干成 50°～60°，手腕内旋，掌心向上，拇指与其他四指自然张开，虎口朝后，传棒人将棒的前端由上向下传到接棒人手中，如图 4-6 所示。

下压式传接棒技术的优点是每一次的接棒都能握住棒的一端，便于持棒快跑，缺点是接棒时，接棒人的手臂比较紧张，不够自然。

图 4-6　下压式

4×400m 接力跑多采用混合式传、接棒方法，它综合了上述两种接棒方法的优点。第一棒传棒人以右手持棒起跑，沿弯道的内侧跑进，用上挑式将棒传给第二棒接棒人，第二棒接棒人接棒后沿跑道外侧跑进，并以下压式将棒传给第三棒接棒人，第三棒接棒人接棒后沿弯道内侧跑进，用上挑式将棒传给第四棒接棒人。

无论采用哪一种传接棒方法，接力棒传递的顺序，都应是第一、第三棒队员沿跑道内侧跑进，以右手将棒传给第二、第四棒队员的左手，第二棒队员沿跑道外侧跑进，以左手将棒传给第三棒队员的右手。

（二）蹲踞式持棒起跑技术

第一棒传棒人以右手持棒，采用蹲踞式起跑，按规则规定接力棒不得触及起跑线和起跑线前的地面，持棒起跑技术和短跑的起跑基本相同，持棒方法有三种（以右手持棒为例）。

（1）右手的食指握住棒的后部，拇指与其他三指分开撑地，如图 4-7（a）所示。

（2）右手的中指、无名指握住棒的后部，拇指、食指和小指成三角撑，如图 4-7（b）所示。

（3）右手的中指、无名指和小指握住棒的后部，拇指和食指分开撑，如图 4-7（c）所示。

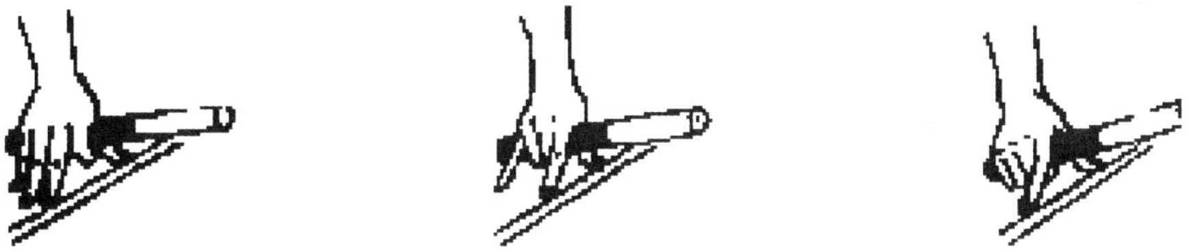

(a)　(b)　(c)

图 4-7　持棒方法

（三）4×400m 接棒人的起跑技术

1. 接棒人的起跑

第二、三、四棒的队员用站立式或一手撑地的半蹲踞式起跑姿势，站在选定预跑段的起跑线前面，两脚前后开立，两膝弯曲，上体前倾，第二、四棒队员因站在跑道外侧，所以用左腿放在前面，右手撑地。身体重心稍向右偏，头转向左后方，目视跑来的同队队员和自己的起动标志线或标志区，如图 4-8 所示。

第三棒队员站在跑道内侧，应以右腿在前，用左手支撑地面，身体重心稍向左偏，头转向后方，目光看跑来的同队队员和自己的起动标志线或标志区，如图 4-9 所示。

图 4-8　第二、四棒运动员起跑姿势

图 4-9　第三棒运动员起跑姿势

当传棒人跑到标志线或标志区时，接棒人便应迅速起跑，在传递接力棒时，应充分利用熟练的传、接棒技术，在两人都处于全速奔跑中交接棒。

2. 传、接棒的位置和起跑标志线的确定

正确的传、接棒时机和起跑标志线的位置是保证在接力区内快速完成传、接棒的重要条件。

（1）传、接棒的位置。接棒人站在预跑线内或接力区的后端。待传棒人跑到标志线时，便迅速起跑，当跑到最合适的位置时（离接力区的前端约 4.50m、离接棒人约 1.5m），将棒迅速无误地传到接棒人的手中。

图 4-10　传、接棒跑步姿势

传、接棒过程，通常是传棒人跑到离接棒人 1.5～2m 处，立即发出“接”的信号，接棒人迅速向后伸手臂接棒，当传、接棒技术十分熟练后，可以不发“接”的信号，完成传、接棒，如图 4-10 所示。

传棒人完成传棒后，在本跑道内逐渐减慢速度，等待其他道次队员跑过后，再离开跑道，以免造成犯规。

（2）接棒人起跑标志线的确定。由于传、接棒人的速度快慢不同，即传棒人最后跑进时是高速跑，接棒人是从静止状态起跑和起跑后的加速跑，为了能使传、接棒在高速度跑中进行，接棒人必须提前起跑，提前起动处的标志称为标志线。这段距离的确定是根据传、接棒人的跑速，以及传、接棒技术的熟练程度和接棒人的反应快慢等确定的。在接力比赛中一般可采用下列两种方法进行确定。

①反复实践法：练习前，接棒人从预跑线内（或接力区后端）向后暂定为 5m 或 6m 处画一标志线，在练习中，如果过早传接棒，说明标志线距离过短，可酌情加长标志线的距离。如果传棒人追不上接棒人，说明标志线的距离过长，可酌情缩短标志线的距离，经过反复实践和不断调整，以能在 20m 接力区内前段（16～18m 处为宜）传接为准，确定好两人适宜的标志线。

②计算法：标志线距离=传棒人最后 30m 平均速度×接棒人起跑 27m 所需时间−（27m−1.50m）（1.50m 是两人传接棒时相隔的距离）。

如果设传棒人最后 30m 的平均速度为 9m/s，接棒人起跑 27m 所需时间为 3.5s，那么可以算出标志线距离的初步数据为

$$9\text{m/s}\times 3.5\text{s}-(27\text{m}-1.5\text{m})=31.5\text{m}-25.5\text{m}=6\text{m}$$

计算出的距离虽然是精确的，但是由于各种因素的影响，仍需经过反复实践，最后确定标志线距离。

（四）4×400m 接力跑技术

4×400m 接力跑的传、接棒技术相对比较简单。但是，由于传棒人在跑近接力区时的跑速已经明显下降，所以接棒人应十分注意接棒技术。当传棒人跑近时，接棒人要在慢加速跑中目视传棒人，顺其跑速主动接棒，随后快速跑出。

第一棒采用蹲踞式起跑，起跑技术同 4×400m 接力跑的起跑；第二棒采用站立式起跑，上体左转，目视传棒人，要估计好传棒最后一段跑的速度，如果传棒人最后一段仍然保持较高的速度，接棒人可以早些起动，如果接棒人的跑速减慢，接棒人应晚些起跑，并主动接棒。4×400m 接力跑全部的交接棒过程，一般在 20m 接力区的前半段或接力区的中间区域内完成。传棒人将棒传出后，应从侧面退出跑道，避免影响其他接力队队员。

4×400m 接力跑，多采用右手传递接力棒，即第一棒队员以右手将棒传给第二棒队员的左手，第二棒队员跑出后将接力棒换到右手，以后各棒次接力棒的传递均以此法传接。

4×400m 接力跑以左手接棒换到右手的传递接力棒方法的优点包括以下几种。

（1）接棒人上体左转，在弯道上进行交接棒，有利于传棒人始终沿着跑道的内侧跑进。

（2）接棒人上体向左转，面向里道，右肩可以防护其他接力队员的冲撞，使交接棒过程更加安全和准确。

（3）接棒人左手接棒，换到右手在弯道上跑进，会感到自然、有力。4×400m 接力跑交接棒的另一种形式，是以传棒人的左手持棒，将棒传到接棒人的右手。换手的方法是接力队员持棒跑到最后一个直道时将棒换到左手上，然后将接力棒传给以后棒次的接棒人。第四棒队员不换手，一直跑到终点。

第四节　跳跃类运动

跳跃运动，是人体运用自身能力（或借助一定的器材——撑竿），通过一定的运动形式，使人体腾跃尽可能的高度或远度的运动。

一、立定跳远

立定跳远可以发展下肢肌肉、腿部力量，特别是对发展爆发力具有重要作用，它也是《大学生体育合格标准》的必测项目之一。

（一）立定跳远的技术特点

面对跳跃方向，两脚左右自然并立，与肩同宽。起跳前，手臂后摆，同时两膝微屈，上体稍前倾，体重落在前脚掌上。起跳时，两臂直臂由后经侧下方迅速向前摆，同时双腿由半蹲变成充分蹬直至两脚尖用力蹬离地面。完成起跳后，身体在空中充分伸展，在人体重心达到最高点时迅速收腹，小腿尽可能前送。落地时尽量用脚跟先着地而过渡到全脚，膝关节前屈缓冲；在落地瞬间两臂快速用力后摆，上体前倾，平稳落地。

（二）立定跳远的练习方法

（1）发展弹跳能力：包括摸高、跳台阶、单足交换跳、跨步跳、跳过一定高度的障碍等。

（2）脚部与手臂摆动的协调配合：练习摆臂提重心的方法，有意识地做脚尖用力蹬地动作。

（3）收腹跳：双脚跳起，双手抱膝触胸。

二、跳远

跳远的完整技术由助跑、起跳、腾空、落地四个部分组成。决定跳远成绩的因素主要是助跑起跳时的速度、腾空的角度，其次是平衡的空中姿势和落地的技术动作。

（一）助跑

助跑的距离是根据运动员的身体素质及技术水平来确定的。助跑的测定可以从起跳板及延长线处开始，用助跑速度向反方向跑，最后一步踏点即正向助跑起点。助跑的起动方式分两种：站立式起动和走或跑几步后踏标志线开始助跑。不管哪种方式的助跑都应用前脚掌跑动，做到快速、准确、平稳、直线、轻松、有节奏、有弹性。助跑的最后几步要达到最高速度，倒数第二步步幅稍大，重心略低，踏跳步步幅稍短，重心稍上升，进入起跳状态。

（二）起跳

助跑最后一步，当摆动腿支撑时，应用力蹬地，使身体尽快向起跳板方向运动。起跳腿快速折叠前摆，并积极下压大腿，使起跳腿快速以脚跟触板并滚动为全脚掌，重心移到支撑腿上，此时起跳腿蹬直髋、膝、踝三关节；同时摆动腿的大腿积极向前上方摆至水平位置，小腿自然下垂，两臂协调配合。起跳腿同侧臂屈肘摆至身体前上方，异侧臂屈肘摆至身体侧上方，向上顶头，提肩、拔腰，如图 4-11 所示。

图 4-11　起跳

(三)腾空

正确的腾空姿势应上体正直，摆动腿保持起跳时的前摆，起跳腿自然弯曲留在体后，如图 4-12 所示。按空中不同的运动姿势，腾空分为蹲踞式、挺身式和走步式三种。

(1)挺身式：起跳后，摆动腿自然下放，小腿向后下方弧形摆动，两腿迅速靠近，形成挺身姿势，两臂配合腿做绕环摆动，然后收腹举腿，小腿前伸，准备落地，如图 4-13 所示。

图 4-12　腾空

图 4-13　挺身式

(2)走步式：起跳后，摆动腿下落向后方摆动，起跳腿屈膝以大腿带动小腿前摆，形成空中“换步”，两臂积极配合腿做大幅度绕环摆动，同时摆动腿屈膝以大腿带动小腿前摆与起跳腿靠拢，然后收腹举腿，两臂由右上方向前下方摆动，小腿前伸，准备落地，如图 4-14 所示。

图 4-14　走步式

(四)落地

当双脚即将着地时，应保持上体稍前倾，高抬大腿，前伸小腿，当脚触地的一瞬间，迅速向前屈膝缓冲，髋部前移，两臂屈肘前摆，向前或向侧倒，避免后坐，使身体尽量移过双脚的落地点，如图 4-15 所示。

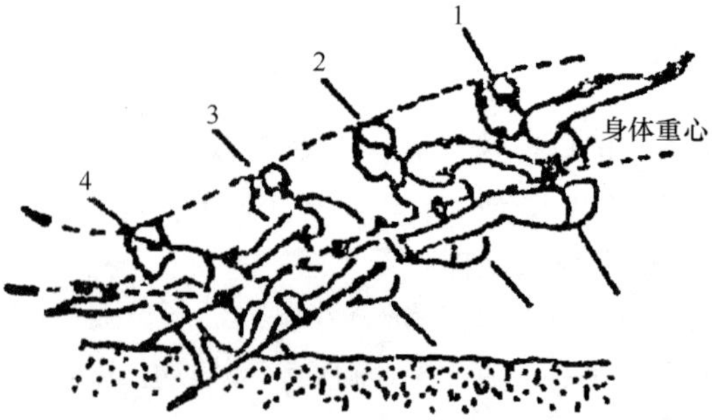

图 4-15　落地

（五）跳远练习方法

1. 学习短程助跑与起跳相结合的技术

（1）原地模仿起跳练习。

①学习起跳腿技术：摆动腿在前，起跳腿在后，身体重心移到摆动腿上，起跳腿由后屈膝前抬，大腿下压，小腿向前，用全脚掌着地。

②学习摆动腿技术：一手扶墙，起跳腿在前，摆动腿在后。动作开始时，摆动腿屈膝向前上方摆动，摆到接近水平位时做突然停止动作。

③学习两臂的摆动：两脚开立，起跳腿同侧的臂由后向前上方摆起，异侧的臂由前向后上侧方摆动，摆到肘略低于肩时，做突然停止动作。

④原地模仿完整起跳练习：起跳腿在前，摆动腿在后，两膝微屈站立，上体正直稍前倾，两臂自然弯曲于体侧。然后身体重心前移，摆动腿蹬地并屈膝前摆，起跳腿也随之蹬伸，两臂配合两腿前后摆动，完成起跳动作。

（2）短程助跑起跳练习。

①上 1 步或连续上步起跳练习。

②放松跑后上 2 步起跳。

③4～6 步连续助跑起跳。

④4～6 步助跑起跳（可用助跳板）。

（3）短程助跑起跳腾空步练习。

①4 步助跑起跳成腾空步后摆动腿先落地。

②4～6 步助跑起跳，保持腾空步，用摆动腿落在高物上。

③4～6 步助跑起跳成腾空步后，用头模拟顶高物。

2. 学习全程助跑与起跳相结合的技术

（1）在跑道上练习助跑。

（2）在跳远助跑道上进行助跑结合起跳的练习。

3. 学习跳远的腾空姿势和落地动作

（1）学习挺身式跳远的腾空姿势。

①原地或站在高物上，下放摆动腿练习。原地起跳模仿练习成腾空姿势（脚不离地），接着摆动腿下放，膝关节自然伸直，与起跳腿靠拢后略向后摆。当摆动腿下放时，两臂从侧向下放。

②站在跳箱盖一端，2 步助跑挺身式练习。

③4～6 步助跑挺身式练习（可用助跳板）。

④中、全程助跑完整技术练习。

（2）学习走步式跳远的腾空姿势。

①支撑在双杠或悬垂在单杠上，模仿走步式动作。

②原地模仿走步式动作：首先做起跳模仿练习，接着摆动腿自然下放，膝关节自然伸开，当摆动腿摆到体后时，屈膝并向后摆小腿。当摆动腿下放并后摆时，同侧的臂由后向上、向前摆，异侧的臂由前向下、向后摆。

③同练习②相似，但在摆动腿放下后摆的同时，起跳腿蹬地屈膝前摆，两腿前后立即交换，然后落地成弓箭步。这时摆动腿同侧的臂在身体的前下方，异侧臂在身体的后上方。

④原地完整走步式模仿练习。

⑤4 步助跑起跳，做两腿交换动作，用弓箭步落在沙坑内，注意手臂的协调配合。

⑥4～6 步助跑起跳，做两腿交换动作，在即将落地时，摆动腿屈膝移到体前与起跳腿靠拢落入沙坑（可用助跳板）。

⑦短、中、全程完整技术练习。

（3）学习落地动作。

①站在高物上做立定跳远。

②在单杠上做前摆挺身。

三、跳高

完整的跳高技术由助跑、起跳、过杆和落地四个部分组成。跳高技术种类较多，这里着重介绍背越式跳高技术。通过助跑起跳、腾空转体后背向横杆并越过横杆的跳高技术称为背越式跳高。

（一）助跑

背越式跳高是弧线助跑，用身体远离横杆的腿起跳。助跑距离一般为 6～8 步，也可以适当加长。前段是直线助跑，后段（最后 3～4 步）是弧线助跑，如图 4-16 所示。

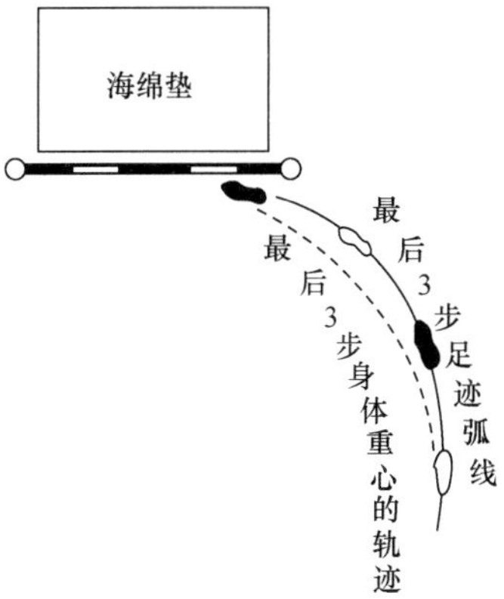

图 4-16 弧线助跑

助跑的前段与普通加速跑相似，后段助跑时，身体向圆心倾斜，而且越到后面倾斜度越大，前脚掌沿弧线积极落地，步频快，有节奏，有弹性，身体重心稍高而平稳地向前移动。

（二）起跳

起跳点距横杆垂直面 50～80m，起跳脚顺弧线的切线方向稍外展，用脚跟外侧着地，着地后迅速滚动至全脚掌上起跳点，如图 4-17 的 1～4 所示。同时摆动腿积极屈膝内扣，向异侧肩上方摆动，并带动髋部向内转动，当身体重心移至起跳腿上方时，身体由倾斜转为正直，起跳腿快速向上蹬伸完成起跳动作，如图 4-17 的 5～7 所示。

（三）过杆和落地

由于髋部的转动，上体在腾空后也继续转动成背对横杆，这时起跳腿自然下垂，如图 4-17 的 7～11 所示。摆动腿自然地由上向下伸，向后仰头，带动上体向后伸展，髋部上挺充分展开，身体在空中形成反弓，头、肩、背、臀依次越过横杆，如图 4-17 的 12～14 所示。当臀部越过横杆后，以膝为轴小腿主动上踢，并带动大腿向上摆动，同时低头、含胸、收腹，自然下落，以肩、背部落于海绵垫上，如图 4-17 的 15～18 所示。

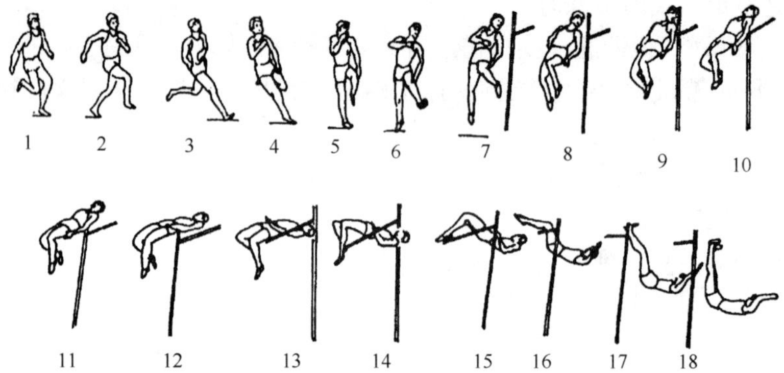

图 4-17　起跳、过杆和落地

（四）跳高练习方法

1. 学习助跑技术

（1）直道加速跑和上、下弯道加速跑。

（2）半径为 6～8m 的圆圈跑、螺旋形跑和“8”字形跑。

（3）直线接弧线跑或直线切入圆圈跑。

（4）全程节奏跑：前段轻松有弹性地跑，后段逐渐加速，身体内倾，最后一步（起跳步）摆动腿后蹬时应积极充分，起跳腿前迈脚跟着地后迅速滚动到脚尖，并结合起跳技术。

2. 学习助跑与起跳相结合的技术

（1）一步起跳模仿练习：摆动腿在前，双手自然前摆，起跳脚前迈，脚跟着地，摆动腿积极充分后蹬，双手划弧上摆，起跳脚快速提踵，蹬伸髋、膝、踝关节，不蹬离地面。

（2）3～5 步助跑起跳练习。

（3）全程助跑起跳练习。

（4）短、全程助跑起跳做高垫练习。

3. 学习过杆练习

（1）仰卧挺髋练习。

（2）原地倒肩挺髋练习。

（3）原地跳起做倒肩挺髋练习。

（4）原地跳高垫练习。

（5）原地跳橡皮筋练习。

（6）3～5 步助跑起跳背卧上高垫练习。

（7）3～5 步助跑起跳过杆练习（可用助跳板）。

（8）短、全程助跑过杆练习。

第五章　篮球运动

篮球运动是由跑、跳、投掷等动作所组成的一项快速、激烈、综合性的运动。经常参加篮球运动，可使身体各部分肌肉结实，发展匀称，体格健壮，促进力量、速度、耐力、弹跳、灵敏度等身体素质的发展，提高中枢神经系统的灵活性，增强心脏、血管、呼吸、消化系统的机能，使身体得到全面发展。篮球比赛是在错综复杂、变化多端的情况下进行的，要求参与者高度集中注意力，对空间和时间具有准确的定向能力，并要掌握协调多样的技术动作，具备随机应变的能力。由于篮球运动具有不受年龄、性别限制的特点，既能给参与者带来良好的健身效果，又能使人们从中获得乐趣及心理上的满足，因此被越来越多的人所喜爱，进而极大地促进了篮球运动的发展和普及。

第一节　篮球运动概述

一、篮球运动的起源与发展

篮球运动于 1891 年由美国马萨诸塞州春田大学奈·史密斯教授发明，起初是用内径约 45cm 的吊篮挂于离地面约 10ft（1ft=0.305m）的墙上，将球投进吊篮的方法进行游戏比赛，后逐步演变成今日大家都熟悉的篮球运动。

1936 年第 11 届奥运会将男子篮球列为正式比赛项目；1976 年第 21 届奥运会将女子篮球列为正式比赛项目。1895 年篮球传入我国。目前美国、立陶宛、俄罗斯、法国、澳大利亚、德国、西班牙等国家是篮球强国。近年来我国篮球队在多次重大的国际比赛中取得了好名次，例如，男篮在 1994 年加拿大世界男子篮球锦标赛中获得第 8 名，在 1996 年亚特兰大第 26 届奥运会中获得第 8 名；女篮在 1992 年第 25 届奥运会上获得第 2 名；1994 年在澳大利亚世界女子篮球锦标赛中获得第 2 名等。在国内，每年一次“CBA”和“WCBA”篮球比赛已成为人们关注的热点。我国球员姚明自 2002 年以状元秀的身份加入 NBA 至 2011 年退役期间表现出色，为中国篮球赢得了世界的尊重。尽管如此，也应当指出，目前我国篮球水平与世界强队相比仍有差距，我国篮球仍需要认真学习先进经验，努力探索前进路子，科学训练、科学管理，争取早日跻身于世界的先进行列。

二、篮球运动的特点

（一）集体性特点

篮球运动的活动形式是以两队成员相互协同攻守对抗的形式进行的，竞赛过程中，只有集整体的智慧和技能协同配合，反映和谐互助的团队精神和协作风格，才能获得最佳成效。

（二）对抗性特点

（1）地面对抗。由于篮球运动攻守对抗竞争是在狭小的场地范围内快速、凶悍地近身进行的，获球与反获球的追击、抢夺与限制、反限制，其拼智、拼技、拼体、拼力，必须有聪颖的智慧，还需要特殊的体能、顽强的意志与必胜的精神。篮球运动竞争的过程，就是陶冶这种作风、精神的过程。

（2）高空对抗。篮筐悬空 3.05m，通过进攻与防守向对方篮筐投篮或防止对方向我方篮筐投篮是其特点。因此，篮球运动要求运动员具有特殊的制球与制空能力。

（三）时空性特点

篮球比赛在一定的时间内围绕空间的球和篮筐展开攻守对抗，因此在比赛过程中的时间观念、空间意识必须强烈，并以智慧运用各种形式、方法和手段去争取时间，获取空间优势，从而使比赛更具有时空性要求，这也是篮球运动的特点。

（四）教育性特点

从社会学的角度说，篮球运动是一项有广泛群众基础和特殊社会影响的体育项目，篮球竞赛和各种篮球活动过程中充满教育因素。现代篮球运动与科学技术的进一步有机融合，加上自身整体的特殊活动形式产生的功效，已成为社会文明进步和人们喜闻乐见的人文景观，它引发各种有趣的竞技史事和人物故事，可以成为在不同人群中进行社会性人本教育的直观课程。

（五）综合性特点

篮球运动分类属综合性体育运动，它包含跑、跳、投等身体体能活动，从其本体运动的科学内容体系结构而言，呈现多元化趋势，涉及社会学、人文学、军事学、生物学、科技学、管理学，以及体育学、竞技学、教育学等，从而有利于广大篮球活动者培养特殊的运动意识、气质、修养、品德、体能、技能和能力，达到健身强体的目的。

（六）增智性特点

现代篮球运动竞技拼争日趋激烈的基础是智慧、技艺、体能和默契配合的组合，所以具有特殊的观赏性。如何扬长避短，克敌制胜，除需自身的身材条件、体能素质水平、技术能力、意志作风等保障外，更需人文修养、智慧、计谋和精湛的技艺作为保障，用此调动对方。因此，从事篮球活动需要技艺上精益求精，使自己达到“艺高人胆大，胆大艺更高”的境地。同时需要在实践中刻苦磨炼，博览群书，充实自己的智能结构，使自己更聪明。所以，篮球运动会使从事者更加聪慧、健康。

（七）职业性特点

自 20 世纪中期在美欧国家和地区率先成立职业篮球俱乐部以后，现代篮球运动随着竞技水平的提高以及赛制和规则的完善、创新在全球蓬勃发展，使运动员的智能、体能和技术、战术水平不断提高，对推动职业化进程起了新的催化作用，至 80～90 年代，篮球职业化如雨后春笋般地在美、欧、澳、亚建立起来，特别是国际奥委会同意美国 NBA 职业队员参加国际大赛后，全球职业化篮球已成为一种时尚的产业化趋势，优秀球队和球星效应的社会商业化价值观发生了新的变化，反映着 21 世纪篮球运动发展的又一新特点。

（八）商业性特点

篮球运动商业化的重要特征是篮球运动组织体制、竞赛赛制和训练管理机制的商业化气息的增浓，以及运动员自由人地位的确立和运动技能价值观的变更、俱乐部产权的明晰、独立社会法人代表的重新认识，这一系列的变革无疑促进了世界篮球运动向更高的竞技水平发展，并会有力推动职业化篮球向商业化、产业化方向发展。这已成为 21 世纪世界篮球竞技运动发展的总趋势，其社会价值和经济价值必将呈现新的景象。

第二节　基 本 技 术

篮球技术是篮球比赛中为了一定的目的而运用的专门动作方法的总称，也是篮球进攻和防守动作体系的总和。

篮球运动主要包括进攻和防守两大技术体系，它们是构成篮球运动的基础，其基本技术包括脚步移动、传接球、运球、投篮、持球突破、防无球队员、防有球队员等。作为健身技能以移动、传接球、运球、投篮四大基本技术为主。

一、移动

移动是篮球运动中队员改变位置、方向、速度和高度时，所采用的各种脚步动作的总称。

在篮球比赛中，队员运用快速、突然的脚步动作，在全身协调配合下，使身体位置、方向、位移速度、动与静的身体姿势不断发生变化，其实质就是为了争取在时间和空间上的主动与优势，有效地完成攻防任务。因此，移动技术是学习篮球技术和发展机动灵活战术的基础。

（一）移动的基本技术

1. 基本站立姿势

基本站立姿势是篮球运动员在比赛中进入攻、防状态的预备姿势。基本站立姿势的正确与否，能不能迅速衔接其他攻防动作，将直接影响各种技术动作的质量和运用效果。

动作要领：两脚前后或左右开立，与肩同宽或稍宽于肩，两腿微曲，上体稍前倾，身体重心位于两脚之间，两臂自然弯曲于体侧，两眼注视全场情况。

2. 起动

起动是队员在球场上由静止状态变为运动状态的一种起始动作，也是获得移动初速度的方法，一般用于攻、防中抢占有利位置、达到摆脱或反摆脱的行动中。

动作要领：从基本站立姿势开始，向前起动时，上体前倾向前移动重心，一只脚用力蹬地，另一只脚迅速向前跨出。向侧起动时，向起动方向一侧移动重心，上体迅速转向起动方向，异侧脚用力蹬地，同时脚尖转向起动方向，并向起动方向跨出，如图 5-1 所示。

图 5-1 起动示意图

3. 侧身跑

侧身跑是指队员在跑动中为了抢位，摆脱防守接侧向或侧后方的传球而采用的一种跑动方法。

动作要领：向前跑时，脚尖对着跑动方向，头和上体转向球的方向，以便观察场上情况。

4. 变速跑

变速跑是队员在跑动中改变跑的速度（加速或减速）的一种方法，它几乎在所有的篮球战术中都有体现。变速能力的提高直接关系着对抗能力的效果。篮球运动员的变速能力一般体现在三五步，有时甚至一步或一肩之差就决定了一次行动的成败。

动作要领：加速时，上体前倾，前脚掌积极蹬地，同时迅速摆臂，加快频率。减速时，上体直起，步幅加大，用前脚掌抵地，缓冲降速。

5. 变向跑

变向跑是队员在跑动中突然改变方向争取有利位置的有效方法。变向跑常常和变速跑结合运用，通过变向再变速，或变速加变向，可获得良好的位置和时机，这正是篮球对抗中制约和战胜对手的关键因素，也是篮球运动员灵活性的重要标志。

动作要领（以从左向右变向跑为例）：顺步变向跑时，左脚落地制动，屈膝降低身体重心，用前脚掌内侧蹬地，同时扭腰转胯，右脚迅速向右跨步加速。交叉步变向跑时，左脚落地制动，腰胯向右转动，同时左脚前脚掌内侧蹬地向右跨步，继续加速跑动前进。

6. 急停

急停是队员在跑中突然制动停止移动的动作方法，它是队员在移动中衔接各种脚步动作的过渡动作，在比赛中和其他技术结合运用。急停可分为跨步急停和跳步急停两种。

（1）跨步急停。动作要领：先向前跨出一大步，脚跟着地过渡到全脚掌抵住地面，迅速屈膝上体后仰，第二步着地时，身体侧转，脚尖内旋，用前脚掌内侧蹬撑地面保持身体平衡。

（2）跳步急停。动作要领：单脚或双脚起跳，上体后仰，两脚同时平行落地，用前脚掌内侧有力撑地，两膝弯曲，降低重心保持身体平衡。

7. 转身

转身是队员在场上改变身体方向、改变攻防之间的位置关系的动作方法。转身在比赛中常和其他技术衔接运用，可分为前转身和后转身。

（1）前转身。动作要领：转身时（以右脚为中枢脚），左脚前脚掌向外蹬地，同时身体重心右移，右脚以前脚掌为轴用力碾地，左脚迅速从右脚前跨向左侧，并落在一肩远的位置上，两膝弯曲稍内扣，两臂弯曲于体侧维持平衡，如图 5-2 所示。

图 5-2　前转身示意图

（2）后转身。动作要领：后转身的动作方法和前转身动作基本相同，只不过移动脚要从中枢脚的后方移到另一侧，而且需要髋用力配合和向后转头引导才能完成，如图 5-3 所示。

图 5-3　后转身示意图

8. 滑步

滑步是在防守中运用的一种步法。它是为了在防守中迅速抢占有利防守位置的动作方法。滑步可向前、向后和向侧滑动，也可以衔接其他步法运用。

（1）侧滑步。动作要领：滑步前，两脚左右开立，膝弯曲，上体稍前倾，手臂向两侧张开。向左滑步时，右脚前脚掌内侧蹬地，左脚向左跨出一步，落地的同时，右脚迅速随同滑行，然后依次重复上述动作，眼要注视对手；向右滑步时，动作相反，如图 5-4 所示。

图 5-4　侧滑步示意图

（2）前滑步。动作要领：由前后站立姿势开始，向前滑步时，后脚前脚掌内侧蹬地，前脚向前跨步，着地后，后脚紧随着向前滑动，保持前后开立姿势。注意屈膝降低重心。

（3）后滑步。动作要领：与侧滑步相同，只是向侧后方向移动。在实际运用中，侧滑步、前滑步和后滑步经常结合运用，并常用后撤步和交叉步作为过渡，如图 5-5 所示。

图 5-5　后滑步示意图

9. 后撤步

后撤步是防守时将前脚变为后脚的一种步法。

动作要领：当进攻队员从防守队员前脚外侧突破或摆脱时，防守队员应以后脚为轴，用前脚的前脚掌蹬地、重心后移，后脚的前脚掌碾地，腰髋用力向后扭转，带动前腿向后侧方撤回。前脚后撤的角度不宜过大，动作迅速，身体不要起伏，或接后滑步，或接前滑步，如图 5-6 所示。

图 5-6　后撤步示意图

10. 交叉步

交叉步是防守队员滑步防守时对方突然加速，为了追上防守，不被甩掉而采用的侧向起动的一种过渡性脚步。

动作要领：当身体向右方快速移动时，右脚支撑体重，左脚在体前向右交叉，跨出左脚落地的同时，右脚迅速向右撤步变成原防守姿势，并接二次下滑步。

（二）移动技术的练习方法

（1）根据信号按动作要求做各种移动技术练习。

（2）在球场上按规定路线练习变速跑、变向跑、侧身跑、各种滑步。

（3）在两人行进间进行传球中练习侧身跑。

（4）在徒手或运球跑动中听、看信号做急停。

（5）原地练习转身或结合其他技术做练习。

（6）综合练习，将多个移动技术连接在一起进行练习。

二、传接球

进攻队员在原地或移动中用手将球相互传递，称为传接球。传接球技术是战术配合寻求进攻机会的方法之一。

（一）持球技术

（1）双手持球。动作要领：两手五指自然分开，两拇指相对成“八”字形，用指根以上部位持球的两侧，掌心空出，如图 5-7 所示。

（2）单手持球。动作要领：单手五指自然分开，用手掌的掌心部分握住球的中下部，掌心稍微空出，如图 5-8 所示。

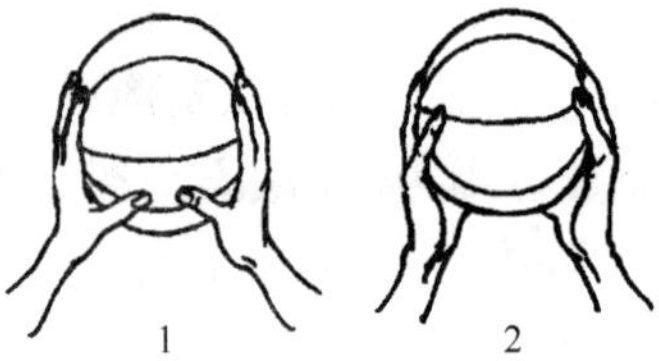

1 2

图 5-7 双手持球示意图

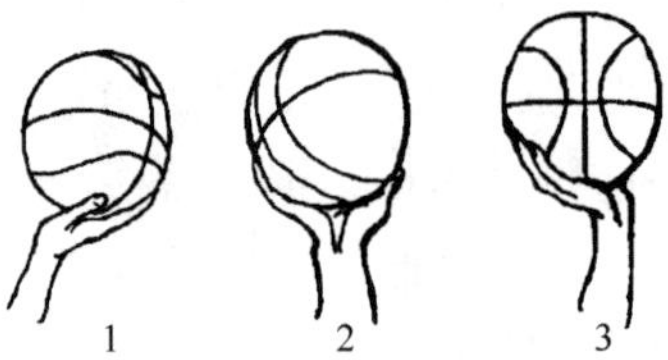

1 2 3

图 5-8 单手持球示意图

（二）传球技术

传球技术有双手胸前传球、双手低手传球、双手低手向后传球、双手头上传球、单手肩上传球、单手胸前传球、单手低手传球、单手低手向后传球、单手肩上向后传球、单手背后传球、单手体侧传球、勾手传球等。以下主要介绍三种最常用的传球方法。

1. 双手胸前传球

双手胸前传球是一种最基本、最常用的传球方法，它的优点是准确性高、容易控制、善于变化。

动作要领：身体成基本姿势站立，双手持球于胸腹之间。传球时，两臂迅速向传球方向前伸，当手臂将要伸直时，手腕由内向外、由下而上翻转，同时拇指用力下压，食、中指用力拨球将球传出，如图 5-9 所示。

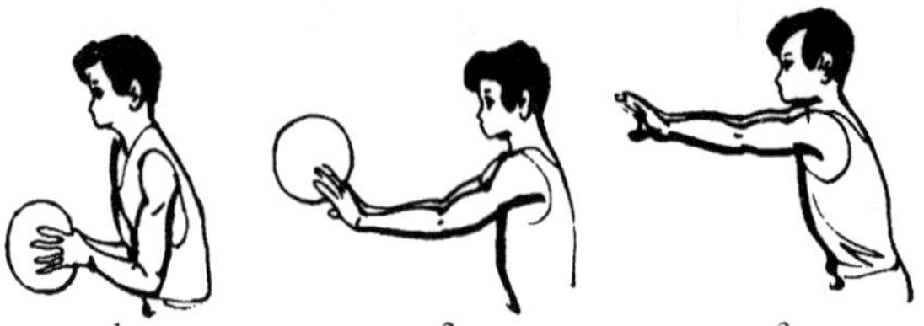

1 2 3

图 5-9 双手胸前传球示意图

2. 单手肩上传球

单手肩上传球是一种常用于中、远距离的传球方法，它的优点是传球力量大，利于抢到后场篮板后发动长传快攻。

动作要领（以右手传球为例）：双手持球于胸前，成基本姿势站立。传球时，左脚向传球方向迈出半步，同时右臂引球至右肩上方，左肩对着传球方向，重心落在右脚上，右脚蹬地，同时转体并迅速向前挥臂，手腕前屈，通过食、中指拨球将球传出，如图 5-10 和图 5-11 所示。

图 5-10 单手肩上传球示意图

图 5-11 单手长距离传球示意图

3. 双手头上传球

双手头上传球出手点高，可与头上投篮结合运用，多用于中、近距离，如抢篮板球后的一传，外围队员转移球及向内线高吊球。

动作要领：双手持球置于头上，双手手朝上，两肘微屈，传球时，利用小臂前摆，手腕旋内并屈手指拨球，将球传出。距离远时，要蹬地、收腹增加传球力量。

（三）接球技术

接球是篮球运动中的主要技术之一，既是获得球的动作，也是抢篮板球和断球的基础。

1. 双手接球

双手接球分为双手接胸部高度的球、双手接头部高度的球、双手接低于腰部的球、双手接反弹球、双手接地滚球。以下介绍最常用的双手接胸部高度的球的方法。

动作要领：接球时，两眼注视来球，两臂向来球方向伸出迎球，手指自然分开，当手触及来球时，顺势随球后引至胸腹之间，如图 5-12 所示。

2. 单手接球（以右手接球为例）

动作要领：两眼注视来球，右臂微屈，手掌呈勺形，手指自然分开，迎着来球的方向伸出，当手指触球时，手臂顺势向后下引球，左手立即帮助将球握于胸腹之间，如图 5-13 所示。

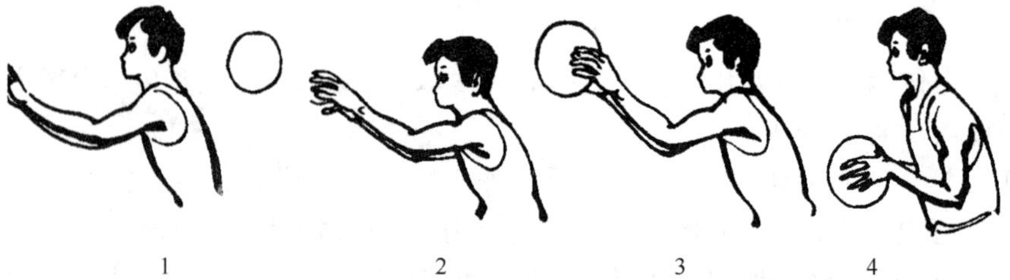

图 5-12　双手接球示意图

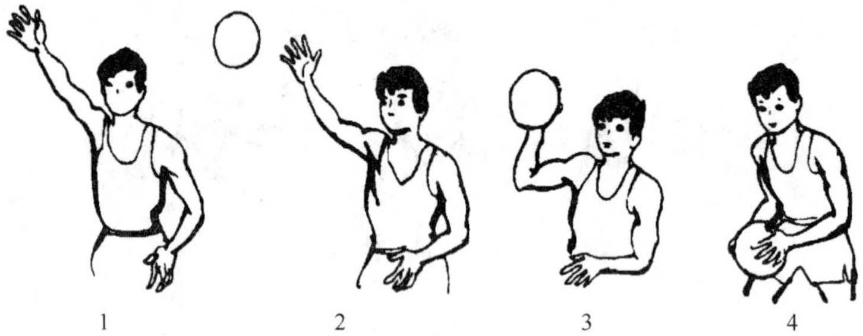

图 5-13　单手接球示意图

（四）传接球技术的练习方法

（1）两人一组，面对面站立，做各种传接球练习，间隔距离根据需要由近到远。

（2）三人一组成等边三角形站立，相距 3～5m，用 2 个球做各种快速传球练习。

（3）两人一组，一人原地向另一人前、后、左、右方向传球，另一人移动接球。

（4）全场进行两人间传、接球练习。

（5）两人传球、一人防守进行练习。

（6）做传接球游戏。开始时，其他队员在半场内不得出界，两人在半场内行进传、接球追赶（不违例）。球只要在传球人控制下，将球触及其他队员，则被触者就算被捉到，并加入传球队伍，直到剩下最后一个队员。

三、运球

（一）运球技术

持球队员在原地或移动中，用单手连续按拍借助地面反弹起来的球的技术，称为运球。运球技术包括高运球、低运球、运球急停急起、体前变向换手运球、体前变向运球、背后运球、运球转身、胯下运球等。

1. 高运球

高运球是一种身体重心较高，球的反弹也较高的运球，一般用于无防守的快速运球。

动作要领：运球时，两腿微屈，上体稍前倾，目平视，以肘关节为轴，前臂自然伸屈，用手腕、手指柔和而有力地按拍球的后上方。球的落点控制在运球手臂同侧脚的外侧前方，使球的反弹高度在胸腹之间。

2. 低运球

当受到对手紧逼时，常采用这种方法，以保护球或摆脱防守。

动作要领：运球时，抬头、目视前方，两膝深屈，降低重心，上体前倾，用上体、腿和另一手臂保护球。同时，用手短促地按拍球，使球从地面向上反弹的高度在膝关节以下，如图 5-14 所示。

1　2　3　4

图 5-14　低运球示意图

3. 运球急停急起

运球急停急起是在运球推进时，队员利用速度的突然变化来摆脱防守的一种方法。

动作要领：急停时，两脚做跨步急停，用手按拍球的前上方，然后短促有力地按拍球的上方，变为原地运球；急起时，身体重心迅速前移，然后用力蹬地，同时按拍球的后上方，向前运球。

4. 体前变向换手运球

体前变向换手运球是当对手堵截前进路线时，运球队员突然改变运球方向以便突破防守的一种运球方法。

动作要领（以运球队员从对手右侧突破为例）：运球队员先向对手左侧运球，当对手向左侧移动时，运球队员突然向他的右侧变向。变向时，右手按拍球的右上方，使球从自己身体的右侧拍向左侧，同时，右脚向左前方跨出，上体左转探肩，以右臂和身体保护球，换左手按拍球的后上方，加速突破对手，如图 5-15 所示。

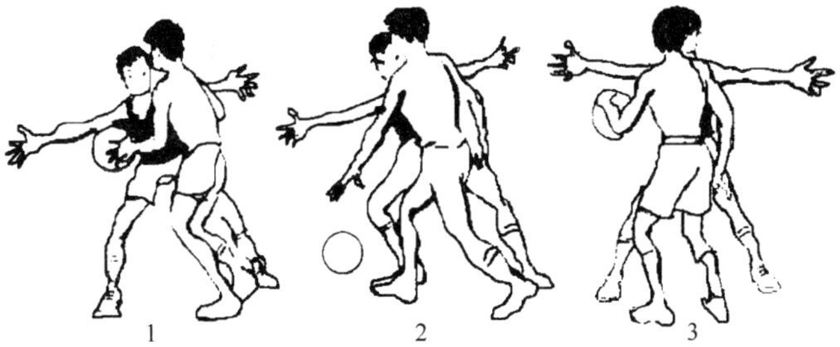

1　2　3

图 5-15　体前变向换手运球示意图

5. 背后运球

当对手距离较近，无法采用体前变向运球时，可背后运球突然改变前进方向，以摆脱防守。

动作要领（以右手运球向左侧变向为例）：变向时，右手将球拉到身后，迅速按拍球的侧后方，将球从身后拍至左侧前方，同时，右腿向左前方跨出，上体左转，换左手按拍球的后上方，加速突破对手，如图 5-16 所示。

图 5-16　背后运球示意图

6. 运球转身

运球转身是当对手堵截运球一侧，而且距离较近，不便运用体前变向运球时所采用的一种改变方向突破防守的运球方法。

动作要领（以右手运球为例）：变向时，左脚前跨一步为中枢脚，随着后转身右手按拍球的右侧前方，将球拉向身体的后侧方，然后换左手运球，从对手的右侧突破后加速前进。

7. 胯下运球

胯下运球是一种使球从两腿之间穿过，从而达到变向换手运球的方法。

动作要领（以右手做胯下运球为例）：右手按拍球的右侧上方，使球从两腿之间穿过，右脚向左前方跨出，换左手运球继续前进，如图 5-17 所示。

图 5-17 胯下运球示意图

（二）运球技术的练习方法

（1）原地运球。体会运球的动作要领，练习改变运球的速度及运球部位，练习原地换手运球；结合脚步假动作和身体虚晃动做运球练习。

（2）直线运球。运球练习的速度可由慢逐渐加快，并可练习突然变换高运球或低运球（运球急停急起）。

（3）绕圆弧运球。将学生分成三组，绕三个跳球圈运球。可以顺时针或逆时针练习左、右手运球，速度可逐渐加快。运球时，身体要向内倾斜，并控制好球。

（4）变向运球。在罚球线延长线近边线处和中跳球圈与中线交点处共放置六个立柱。将学生分成两组，分别从禁区底角处开始运球，到立柱位置时，做体前变向换手运球、背后运球、运球转身、胯下运球练习。

（5）运球游戏。队员分布在半场内，由运球队员追逐同伴，在运球中能够把球控制住，并用另一只手触及同伴，变换由被触队员运球追逐。

四、投篮

投篮是进攻队员为了使球从上方进入球篮而采取的各种专门动作方法的总称。投篮是篮球运动的主要进攻技术，是比赛得分的唯一手段。一切技术、战术运用目的都是创造更多、更好的投篮机会。因此，掌握和运用好投篮技术、不断提高投篮命中率，对篮球运动水平的提高、取得胜利、争得荣誉有至关重要的意义。

投篮包括原地双手胸前投篮、原地单手肩上投篮、行进间单手肩上投篮、行进间单手低手投篮、原地跳起单手肩上投篮等。

（一）投篮技术

1. 原地双手胸前投篮

原地双手胸前投篮是最基本的投篮动作，其特点是投篮力量大，距离远，便于和传球、突破相结合。

动作要领：双手持球于胸前，手指自然张开，握球在两侧略后，两肘自然下垂，两膝稍屈。投篮时，双脚轻蹬地，伸展腰背、两臂向前上方伸展，大拇指向外翻压，手腕外翻，食指、中指等协同拨球，如图 5-18 所示。

图 5-18　原地双手胸前投篮示意图

2. 原地单手肩上投篮

原地单手肩上投篮是一些重要投篮方法的基础，它具有出手点高、便于结合和转换其他攻击动作，在不同距离和位置都能运用的优点。

动作要领（以右手投篮为例）：左手扶球的左侧，右臂屈肘，置球于右肩上，两脚前后或左右开立，两膝微屈，重心落在两脚之间。投篮时，下肢蹬地发力，右臂向前上方将要伸直时，手腕前屈，食、中指用力拨球，通过指端将球投出，如图 5-19 所示。

图 5-19　原地单手肩上投篮示意图

3. 行进间单手肩上投篮

行进间单手肩上投篮是移动中进行投篮的基本方法，是比赛中切入篮下时常用的投篮方法之一。

动作要领（以右手投篮为例）：右脚跨出一大步的同时接球，接着左脚跨出一小步并用力蹬地起跳，举球于肩上，当身体接近最高点时，右臂向前上方伸直，手腕前屈，食、中指用力拨球，通过指端将球投出，如图 5-20 所示。

4. 行进间单手低手投篮

行进间单手低手投篮是一种速度很快的移动中投篮，这种方式便于发挥速度。手臂的伸展幅度也很大，出手难度低，易于成功，在比赛中广泛应用。

图 5-20　行进间单手肩上投篮示意图

动作要领（以右手投篮为例）：右脚跨出一大步的同时接球，左脚接着跨出一小步并用力蹬地起跳，右腿屈膝上抬，右手掌心向上托球，并充分向球篮方向伸展，接着屈腕，食、中指用力拨球，通过指端将球投出，如图 5-21 所示。

图 5-21　行进间单手低手投篮示意图

5. 原地跳起单手肩上投篮

原地跳起单手肩上投篮是在原地单手肩上投篮基础上的一种投篮方式，与原地投篮相比，跳起投篮具有动作突然、出手点高、不易防守等优点。

动作要领（以右手投篮为例）：两手持球于胸腹之间，两脚自然开立，两腿微屈，重心在两脚上。起跳时，脚掌用力蹬地向上跳起，双手举球至右肩上方。右手托球，左手扶球的左侧方。当身体接近最高点时，左手离球，右臂向前上方伸直，手腕前屈，食、中指拨球，通过指端将球投出。

（二）投篮技术练习方法

（1）两人一组一球相距 5m 左右，相互做原地投篮练习或做接球、运球跨步上篮动作和跳起投篮动作。

（2）两路纵队分别站在左、右边线内。开始时，右边队员跑上去接球投篮。投篮后，再跑到左边的排尾。左边队员及时跑上去接篮板球传给右边的第二人。以此类推，按同样的练习方法换左边队员投篮。

（3）传球切入上篮。站在中线的队员传球给端线的同伴，然后跑向篮下接回传球上篮。投篮后，拿球回到队尾。传球动作与切入接球上篮动作衔接好。

（4）固定位置的投篮练习。

五、持球突破

持球突破是摆脱防守直接运球上篮的攻击性强的进攻技术。持球突破可分为交叉步突破、顺步（同侧步）突破、前转身突破、后转身突破。

（一）持球突破技术

1. 交叉步突破

动作要领（以右脚作为中枢脚为例）：两脚左右开立，两膝微屈，身体重心降低，持球于胸腹之间。突破时，左脚向左前方跨出，假做向左突破，当对手重心跟着偏移时，左脚前脚掌内侧迅速蹬地，上体稍向右转，左肩向前下压，重心向右前方移动，左脚向右侧前方跨出，将球引于右侧，接着运球，中枢脚蹬地向前跨出迅速超越防守。

2. 同侧步突破

动作要领（以左脚作为中枢脚为例）：准备姿势和突破前的动作要求与交叉步相同。突破时先做假动作，当对手重心前移时，右脚向右前方跨出一步，向右转体探肩，重心前移，右手运球。左脚前脚掌迅速蹬地，向右前方跨出，突破防守，如图 5-22 所示。

图 5-22　同侧步突破示意图

（二）持球突破的练习方法

（1）原地持球练习交叉步突破和顺步突破的动作。

（2）一人抛球，一人向前跑动跳步急停接球后练习不同的突破方法。

（3）运用假动作，做不同的突破练习，提高运用动作的变化能力和动作的变换速度。

（4）一对一持球突破练习。进攻者应运用各种假动作诱骗对手，并将持球突破与中、远距离投篮结合进行练习。防守者应积极防守。

（5）半场三对三按规定练习持球突破。练习时，防守队员只能用人盯人防守，不许交换防守。规定进攻队员不允许掩护，只能运用持球突破得分以及积极摆脱防守后接球进攻。

六、防守对手

防守是指防守队员合力运用各种防守动作，积极抢占有利位置，阻挠和破坏对手进攻，最终夺取控制球权的各种专门行动的总称。

（一）防守技术

1. 防守无球队员

（1）防守位置。防守队员要根据对手、球篮和球的位置以及对手的身高、速度、进攻特点和自身的特点来决定防守位置。一般来说，防守队员应在对手与球篮之间偏向有球一侧位置上，保持一定的角度和距离，对有球侧的防守，距离要近，对无球侧的防守，距离可适当远一些。对篮下的防守，要靠近对手，体现出“以球为主”“球、人、区兼顾”的原则，使防守变得积极主动，并带有一定的攻击性。

（2）防守姿势。①防守离球较近的对手，采用面向对手侧向球的斜前站立姿势，靠近对手的异侧脚在前，伸前脚一侧的手臂，封锁接球的路线，干扰对手接球；②防守离球较远的对手，采用面向球侧向对手的站立姿势，靠近对手的脚在前，两臂伸于体侧，观察球与对手的动向，堵截对手的接球路线。

（3）防守方法。根据进攻队员和球的移动，运用上步、撤步、滑步、交叉步和快跑等脚步动作来堵截无球进攻队员的穿插、切入、溜底，不让对手在有利于进攻的位置上接球。

2. 防守有球队员

（1）防守位置。应站在对手与球篮之间的位置上，对手离球篮远，则离对手远些，反之，则近些。

（2）防守姿势。有平步防守和斜步防守两种。

（3）防守方法。①防守投篮较准的对手，首先要掌握其投篮技术的特点及投篮点，积极干扰，迫使其改变投篮动作及投篮点。其次，当对手投篮时，要准确地判断其起跳时间，突然向上起跳封盖其投篮。②防守运球突破能力较强的对手，要根据其位置与习惯（中枢脚、突破方向、假动作）来采取对策，运用脚步动作，堵截其习惯的突破路线，迫使对手改变运球方向或停止运球。③防守善于传球的对手时，由于他经常助攻传球，给其同伴创造接球投篮的机会，所以防守队员要积极阻挠其传球，上前贴近对手，挥动手臂封堵其传球，迫使其向没有攻击威胁的位置上传球。

（二）防守技术的练习方法

（1）队员根据教师的信号做前、后、左、右各方向的滑步练习。

（2）连续做滑步练习。队员位于两个立柱之间，距离3～4m。用滑步动作连续摸两边立柱。要求重心低，移动速度及转换方向快。滑0.5～1min，要求尽最大能力进行。

（3）专门练习打球和抢球。固定两人传球（传球可以先慢些），防守人随球移动，判准时机突然上步打球或抢球。

（4）抢、打、断球练习。练习时，由四人或五人传球，中间三人练习抢、打、断球。谁被断或被打球，就到圈里换做防守。

七、抢篮板球

比赛中双方队员争夺投篮未中而从篮圈或篮板反弹出来的球的行为称为抢篮板球。

争夺本队投篮未中的球称为抢进攻篮板球，争抢对方投篮未中的球称为抢防守篮板球，如图 5-23 和图 5-24 所示。

图 5-23　抢进攻篮板球示意图

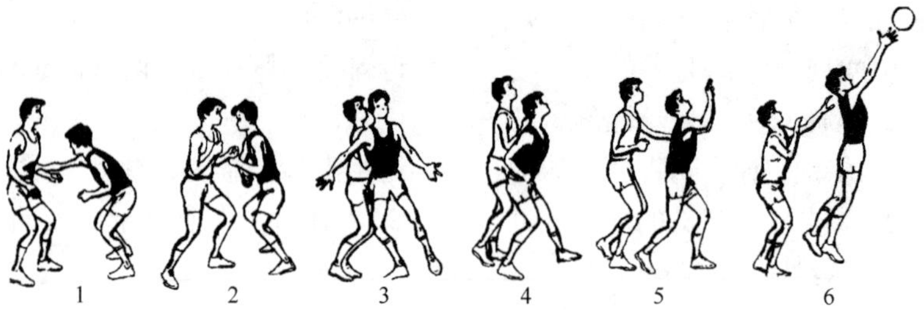

图 5-24　抢防守篮板球示意图

抢篮板球是获得控制球权的重要手段之一，是攻守双方在比赛中激烈争夺的焦点，是增加进攻次数和发动快攻的重要保证。因此，一个球队抢篮板球能力的高低，对比赛的胜负起着至关重要的作用。

（一）抢篮板球技术

抢篮板球技术包括抢占位置、起跳动作、抢球动作、得球后的动作。

（1）抢占位置：根据对手和投篮队员所处的位置，正确判断篮板球的反弹方向、距离，运用快速的脚步移动（转身、跨步、上步），抢占有利位置。

（2）起跳动作：当抢占到有利位置时，应保持两腿屈膝，重心降低，上体稍前倾，两臂稍屈置于体侧的起跳准备姿势。起跳时，两脚用力蹬地，两臂上摆并向上伸，腰、腹协调用力，身体充分伸展，准备抢球。

（3）抢球动作：根据攻、防队员的位置及球的方向，可分为单手抢球、双手抢球和点拨球。

单手抢篮板球动作：身体在空中要充分伸展，达到最高点时，用靠近球一侧的手臂尽力伸向球，当指端触及球时，屈腕、屈肘，用力将球拉至胸前，另一手扶球，将球握紧。

（二）抢篮板球的练习方法

（1）起跳和抢球练习：原地双脚起跳模仿抢篮板球的动作。强调抢篮板球的准备姿势、踏跳、空中伸展及落地动作要领。

（2）自己向头上抛球（高度 5m 左右），跳到最高点时，手臂伸直，用双手或单手抢篮板球练习，可连续练 10～20 次。

（3）三人为一组，一人罚球，另两人一对一抢篮板球练习。进攻者抢到篮板球后补篮；防守者抢到篮板球后，即转三人一组发动快攻上篮。

第三节　基本战术及练习方法

篮球战术是比赛中队员运用攻守方法的总称，是队员个人技术的合理利用和队员之间相互协调配合的组织形式。战术的目的是扬长避短、掌握主动、制约对手、争取胜利。

一、基础配合

（一）基础配合的概念

基础配合是指两三人之间有目的、有组织攻守合作行动的方法。其特点是参与的人数不多，一般在局部地区完成，有较大的灵活性和随意性。但它是组成全队战术的基础，也是非常有效且运用最广泛的战术配合。

（二）基础配合的分类

基础配合可分为进攻基础配合和防守基础配合两类。进攻基础配合主要有传切配合、掩护配合、突分配合和策应配合等。防守基础配合主要有专门针对掩护的挤过（抢过）、穿过、绕过、换防以及关门、夹击、协防、补防等。

（三）基础配合的方法及要求

1. 传切配合

传切配合是进攻队员之间利用传球、切入等技术组成的简单配合，它包括一传一切和空切配合两种；从切入路线上也可分为横切和纵切。

传切配合的要求：切入队员要根据情况掌握切入的时机，果断快速摆脱对手，并随时注意接同伴的传球。传球队员要运用假动作吸引牵制对手。当切入队员已摆脱对手并处于有利位置时，应及时、准确地把球传给他。

如图 5-25 所示，进攻队员⑤传球给迎上接球的同伴队员④后，迅速变向加速，摆脱对手❺的防守，切入篮下，接同伴❹的回传球投篮，完成一次一传一切配合。

2. 突分配合

突分配合是突破分球的简称，持球队员突破后，利用传球与同伴配合的方法。

突分配合的要求：突破要突然、快速，在突破过程中既要做好投篮的准备，又要随时注意观察场上攻守队员的位置和行动，以便抓住有利战机，及时、准确地把球传给有利进攻的同伴。

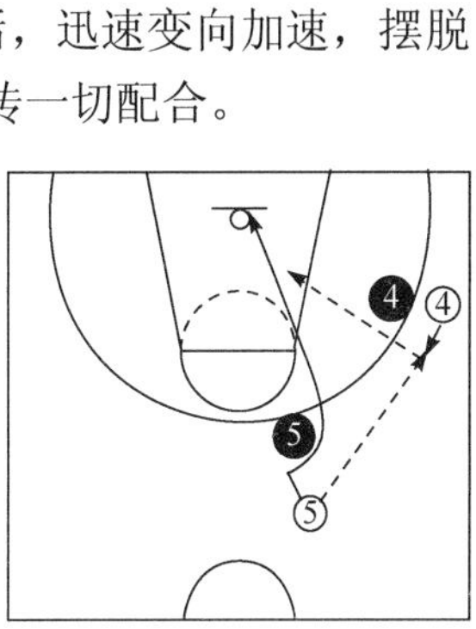

图 5-25　传切配合示意图

如图 5-26 所示，进攻队员④面对防守队员❹的防守运球推

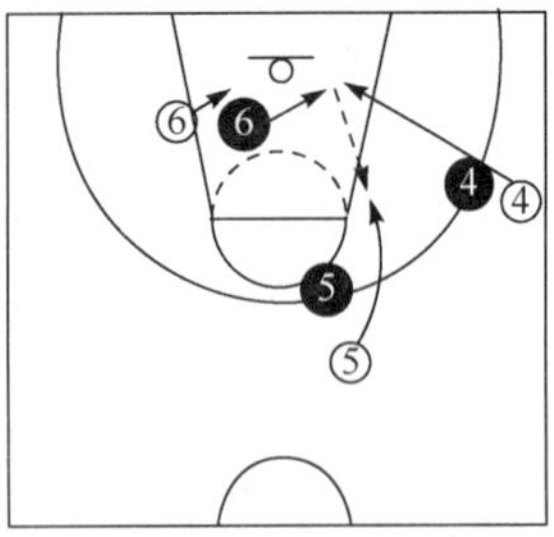

图 5-26　突分配合示意图

进，突破对手防守或吸引对手❺、❻的注意后，寻机传球给切入的同伴⑤或同伴⑥进行攻击。

3. 掩护配合

掩护配合是掩护队员采用合理的行动，用身体挡住同伴的防守者的移动路线，使同伴借以摆脱防守，或利用同伴的身体摆脱防守，从而接球进攻的一种配合方法。掩护时，掩护队员跑到同伴的防守者前、后或侧面，保持适当距离（要符合规则要求），两脚开立，膝微屈，两臂屈肘于胸前，上体稍前倾，扩大掩护面积。当同伴利用掩护摆脱防守时，掩护队员要及时转身跟进，准备抢篮板球或接回传球。掩护配合可以由无球队员给有球队员掩护，也可以由有球队员给无球队员掩护和无球队员给无球队员掩护。掩护配合的要求包括以下内容。

（1）掩护时，队员的身体姿势要正确，距离要适当，动作要合理，行动要隐蔽。

（2）被掩护的队员要利用假动作配合行动，当同伴到达掩护位置时，摆脱对手的行动要及时、突然、快速。

（3）两人要配合默契，及时行动，并根据情况变化，及时应变，争取第二次攻击机会。

4. 策应配合

策应配合是指进攻队员背对篮筐或侧对篮筐接球，由他作为枢纽，与同伴相配合而形成一种里应外合的配合方法。

策应配合要求：策应者要及时抢位要球，接球后，两手持球于胸前，两肘外展保护球。策应者如果身材高大，也可把球置于头上，要随时观察场上情况，以便及时把球传给处于最有利位置的同伴，同时注意自己的进攻机会，根据攻防情况，处理好内外结合的关系。在策应时，要用转身、跨步等动作协助同伴摆脱防守或个人进行攻击。配合队员要根据策应者的位置，及时把球传到远离防守的一侧，做到人到球到，并设法摆脱防守，准备接球。配合结束（投篮）后，两人立即跟进抢篮板球。

如图 5-27 所示，进攻队员⑤传球给插上接应的同伴④后，立即变向加速摆脱对手的防守向篮下切入，而持球队员④则伺机回传球给同伴⑤实施攻击。策应配合非常类似于传切配合，只是传球者为背对或侧对篮板而已。

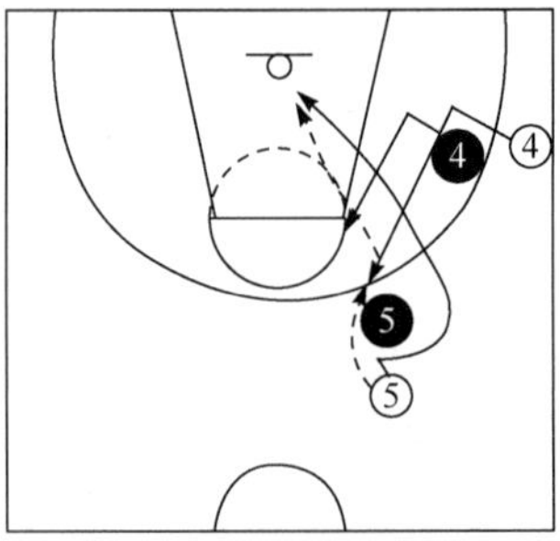

图 5-27　策应配合示意图

5. 挤过配合

挤过配合又称抢过配合，是破坏掩护配合的积极有效的方法之一。

挤过配合的要求：防守者从自己的对手和掩护者之间强行“挤过”，从而继续防守自己对手的方法。要求有掩护时，防守的同伴要及时提醒，以便于防守队友选好防守位置，密切注意进攻者的行动，以利于协防和补防。挤过队员应贴近进攻者，抢步动作要及时、突然、有力。

如图 5-28 所示，进攻队员④传球给同伴⑤后，前来给另一同伴⑥做掩护，而此时防守队员❻在同伴❹的提示下，及时从进攻的掩护者④和自己的防守对手⑥之间的空隙中抢步上前，继续防守各自对手，完成一次挤过防守的配合。

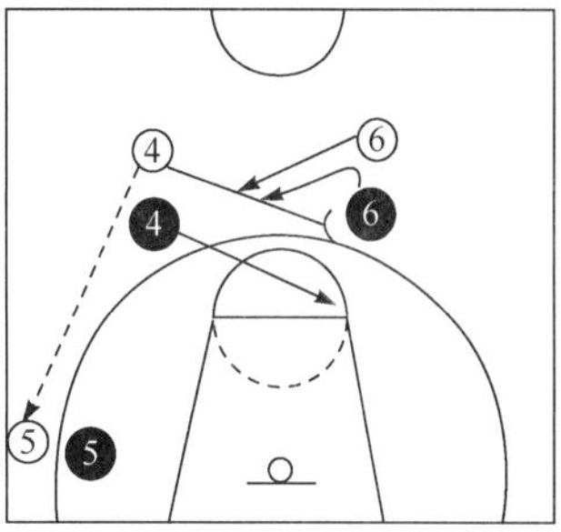

图 5-28 挤过配合示意图

6. 穿过配合

穿过配合是破坏对手掩护配合，及时防住自己对手的一种配合。当防守者不易“挤过”时，转而从掩护者和防守掩护者的同伴之间“穿过”，继续防守自己的对手的方法。

穿过配合的要求：防守掩护的同伴及时提醒队友，并主动后撤一步（让路），队友迅速穿过后应及时调整防守位置。

如图 5-29 所示，进攻队员⑤传球给同伴⑥后，跑去给另一同伴④做掩护，而防守队员❺及时提醒同伴❹，并主动后撤一步，使得同伴❹能顺利地从进攻掩护的队员⑤和自己的防守同伴❺之间通过，从而继续防守各自的对手。

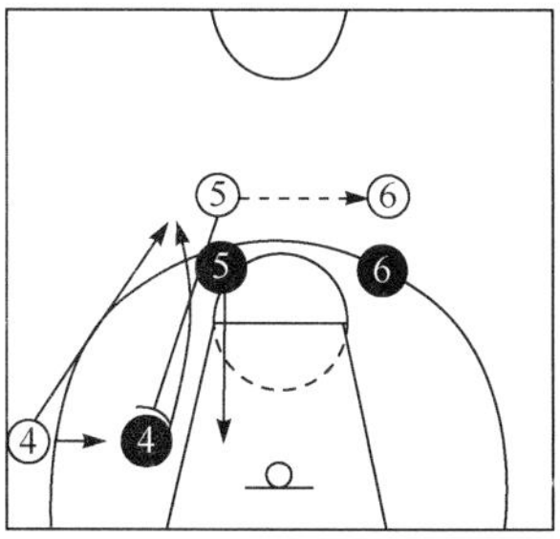

图 5-29 穿过配合示意图

7. 绕过配合

绕过配合是破坏对方掩护的同时又严密防守好自己对手的一种配合。当进攻队员掩护时，防守掩护者的队友主动贴近自己的对手，让同伴“绕过”掩护者和自己，从而继续防守自己对手的方法。

绕过配合的要求：防守者要及时提醒同伴并主动紧贴自己的对手（掩护者），队友快速绕过后应立即调整防守位置。

如图 5-30 所示，进攻队员⑥传球给同伴⑤后，上前给队员⑤做掩护，防守队员❻及时提醒同伴❺，并随即紧贴自己的防守对手（进攻队员⑥），当进攻队员⑤传球给同伴④并借助同伴⑥的掩护向篮下切入时，防守队员❺随即绕过进攻掩护的⑥和自己的同伴❻，继续追防自己的对手⑤，完成一次绕过配合。

8. 交换防守配合

交换防守配合是破坏掩护配合的一种方法。进攻队员利用掩护已经摆脱防守时，防掩护的队员及时发出交换防守的信号，与同伴互换各自的对手。在适当时候再交换防守原来的对手。

交换防守配合的要求：交换防守前，一般是由防守掩护者的队员主动提示同伴，交换防守时，动作要果断、快速。在适当时候再换回来，防守各自原来的对手，以免在个人力量对比上失利，如图 5-31 所示。

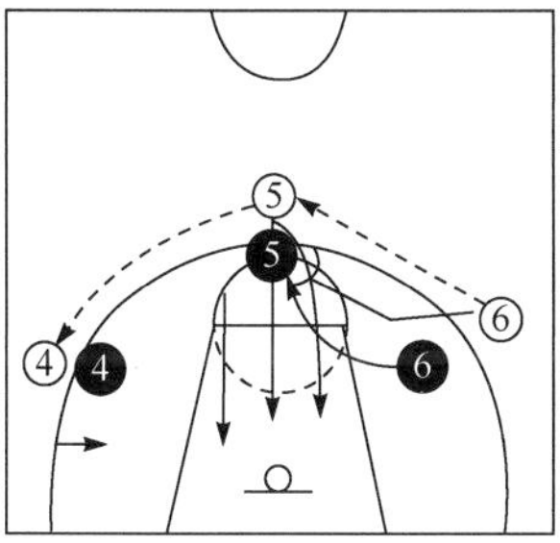

图 5-30 绕过配合示意图

图 5-31 交换防守配合示意图

9. 夹击配合

夹击配合是两个防守队员防守一个进攻队员的配合方法。

夹击配合的要求：当对方运球停止和持球队员处于各个场角时，要果断夹击，并积极挥动手臂，封阻其传球路线，不要盲目抢、打球，尽量避免不必要的犯规。

10. 关门配合

关门配合是两个防守队员协同防守突破的配合方法。当进攻队员运球突破时，防守突破的队员向侧后方移动挡住其移动路线，邻近突破一侧的防守队员应及时快速向突破队员的前进方向移动，与突破的队员靠拢，像两扇门一样关起来，堵住进攻者的前进路线。

关门配合的要求：“关门”时，动作要快，配合要默契，二人要靠紧，不留空隙。与突破队员距离很近时，则可横移关门，堵截突破者的去路。

11. 补防配合

补防配合是两个防守队员之间的一种协同配合方法。当同伴被突破时，邻近的防守队员立即放弃自己的对手，去补防威胁最大的进攻者，漏人的防守队员则要及时换防。

补防配合的要求：补防时，动作要快速、果断，其他防守队员要及时换防威胁最大的进攻者。

（四）基础配合的练习方法

（1）基础配合的教学与训练，应遵循战术教学的一般步骤，首先要让学生了解不同配合的特点、运用位置、关键动作、移动路线和时间等，在掌握基本方法的基础上，进一步学习配合中的变化。

（2）在实践练习中，要强调合作意识的培养和完成配合的质量，注意节奏与变化，不断提高运用和应变能力。

（3）进攻基础配合的练习，一般应先从传切配合开始，再进行突分配合、掩护配合及策应配合等。在练习掩护配合时，应先从原地配合开始，再过渡到行进间配合；练习策应配合时，先从两人配合再进行多人配合。

二、快攻与防守快攻

（一）快攻战术

1. 快攻战术的概念

快攻是由防守转入进攻时，以最快的速度、最短的时间，在对方尚未部署好防守之前，创造人数上、位置上的优势，果断且合理地进行攻击的一种速战速决的进攻战术。快攻最能体现篮球运动的快速、灵活、全面、准确的特点，它对培养篮球运动员积极主动、勇猛顽强的作风，以及提高身体素质水平，发展全面、熟练、快速、准确的技术等，都起着积极的促进作用。它的最大优点就是能充分发挥速度和灵活性，进攻的成功率高。

2. 快攻发动的时机

快攻时机包括：对方队员退守缓慢时；对方队员体力下降时；对方善于阵地防守时；战术需要时。

3. 快攻的分类

依据发动形式，快攻可分为抢断球快攻、篮板球快攻、跳球快攻、掷界外球快攻等。依据推进的形式，快攻可分为长传快攻、短传快攻以及快速运球突破的快攻等。

4. 快攻的结构分析

长传快攻通常由发动和结束两部分组成，也有通过接应后进行的长传快攻的。长传快攻通常由发动与接应、推进、结束三个阶段所组成，也有由控制球队员直接突破推进的快攻。

（1）发动与接应阶段。它是组成快攻的主要环节，取决于获球队员的快攻意识和能否及时而准确地传出第一传以及接应队员的配合行动。一般来讲，先争取长传快攻，再与接应队员配合或运球突破来发动快攻。发动快攻的时机主要有获得后场篮板球时、抢断球后、掷界外球时、跳球时等。接应一般有插中接应、拉边接应等。

（2）推进阶段。应保持分散的、纵深的合理队形。快攻推进一般有三种形式，第一种是组织队员接应后快速运球推进；第二种是传球推进；第三种是传球和运球结合的推进。在推进阶段，能传的球就不应该运，以提高攻击速度，减少失误。

（3）结束阶段。它是决定快攻成功的关键，在保持速度和时空优势的基础上，要果断攻击和冲抢篮板球，准备二次进攻或转入阵地进攻。结束阶段以多打少时，控球队员应大胆上篮，其余进攻队员应分散拉开，有层次地依次插向篮下，尽可能创造近距离投篮的机会并冲抢篮板球。一旦进攻失败，要立即快速退防，不给对手快攻的机会。

5. 快攻的练习方法

（1）长传快攻的练习方法：两人一组，一人投篮后抢篮板球，另一人沿边线快下，接长传球投篮。

（2）短传快攻的练习方法如下所述。

①三人练习配合，先在无防守情况下练习，后在有防守情况下练习。练习抢后场篮板球的掷端线界外球的快攻发动与接应。

②半场二攻一，三攻二练习快攻的结束阶段。

③三人或五人抢后场篮板球后，练习快攻全过程。

④全场三攻二快攻练习。

⑤教学比赛、实战练习。

（二）防守快攻战术

防守快攻是在攻守转换过程中，队员有组织地运用个人战术行动和几个人之间的协同配合，主动堵截对手，积极抢断，破坏其快攻战术，力争控制对手转攻的速度的防守形式，以达到稳定防守，迅速组织起各种不同形式的全队防守战术的目的。

1. 防守快攻经常采用的方法和手段

（1）提高进攻成功率。防守快攻首先应提高进攻成功率，要特别注意减少进攻中的失误和违例，这是控制对手进攻速度、减少其发动快攻机会的重要手段。

（2）积极拼抢前场篮板球。比赛实践证明，当进攻投篮不中时，有组织地积极拼抢前场篮板球，是控制对手抢篮板球发动快速反击的最有效方法。

（3）封堵一传和截断接应。有组织地堵截快攻的第一传和接应，是制止对方发动快攻的关键。

（4）退守时要“堵中卡边”，防止长传快攻，防守快攻除积极拼抢篮板球、堵截一传和接应外，在退守过程中要防止对方从中路突破，并要防守快下队员。

（5）提高以少防多的能力。在比赛中，由于攻防变换频繁，情况复杂多变，等对方快攻推进时，往往形成以少防多的局面，出现以少防多的情况时，防守队员应积极移动，选择和占据有利的防守位置，保护篮下，并运用假动作来干扰，给进攻队员制造错觉和困难，迫使对手在传球中出现失误。在此基础上延缓其进攻速度，为同伴争取退防的时间，以便重新组织起阵地防守战术。

2. 防守快攻的练习方法

（1）三对三，抢得篮板球的一方迅速发动快攻，另一方马上组织封一传，堵接应。

（2）半场一守二攻，二守三攻，练习以少防多的能力。

（3）全场二守三攻，防方一人抢篮板球，一人接应，一人快下，三人成三角（中间稍后）向前推进。两人边防边退，尽量破坏对方进攻。

（4）全场五攻五守，守方利用抢篮板球、断球等手段，积极发动快攻，要求场上队员全部参加快攻，失去控制球的一方要全力防守，破坏对方的进攻。

三、半场人盯人防守战术

半场人盯人防守战术，是在篮球比赛中由进攻转入防守时，全队有组织地迅速退回后场，在半场范围内进行盯人防守的一种全队战术，它是篮球运动中各种防守战术的基础。

（一）半场人盯人防守的要求

半场人盯人防守战术，是以个人防守为基础，综合运用挤过、穿过、换防、关门、夹击等防守基础配合所组成的全队战术。因此，在运用时队员必须遵循以下战术要求。

（1）防守要求是“以人为主、人球兼顾”，控制对手，强调防守的整体性、攻击性、伸缩性和针对性。

（2）对持球队员的防守要紧，特别是持球队员在近篮区域，要控制对手的投篮、传球和突破。

（3）对无球队员的防守，应按照“球—我—他”的选位原则，根据对手距球或篮的远近，抢占有利位置，错位防守，控制对手接球。“近球紧，远球松”，注意相互协防。对手空切时，要按“向球或向篮封堵其前，背篮或背球封堵其后”的原则进行堵截和跟防。

（4）在个人控制住对手的基础上，要随时观察场上队员的攻防情况变化，准备及时协防、补防、夹击和抢断球，有效地控制防守区域。队员之间要相互呼应，加强联系，密切协作，破坏对方的进攻配合，共同组成全队部署，完成全队防守任务。

（5）半场人盯人的分工，一般是根据防守的位置、防守能力和身体条件来确定的，如后卫防前锋、中锋防中锋、前锋防后卫、强防强、弱防弱、高防高、矮防矮、快防快、慢防慢等。

（二）半场人盯人防守的练习方法

（1）提高个人防守能力的训练方法，如防守脚步动作的训练；提高防守持球队员的能力；抢、打、断球和争夺后场篮板球能力的训练。

（2）加强二、三人防守基础配合能力的训练，如穿过、挤过、交换、关门等。

四、进攻半场人盯人防守战术

进攻半场人盯人防守战术是根据半场人盯人防守（缩小或扩大）战术特点，从每个队员的具体实际出发，综合运用传接球、投篮、运球、突破等个人技术动作和传切、掩护、策应等几个人之间的战术配合所组成的一种全队进攻战术。

（一）进攻半场人盯人防守的队形

为了充分发挥每个队员的进攻特长，有组织地进行全队的协同配合，必须要部署一定的落位队形，常见的进攻队形有：

（1）“2-3”队形，单中锋提上策应进攻；

（2）“2-1-2”队形，单中锋外策应进攻；

（3）“2-2-1”队形，单中锋内策应进攻；

（4）“1-3-1”队形，双中锋上下站位进攻；

（5）“1-2-2”队形，双中锋左右站位进攻；

（6）“1-2-2”队形，即“马蹄形”队形，无固定中锋的机动进攻；

（7）“1-2-2”队形，双重叠内线掩护进攻；

（8）“1-4”队形，外线掩护机动进攻。

（二）进攻半场人盯人防守的基本要求

（1）人、球都动，在移动中完成战术配合，即进攻时要有目的、有组织地利用穿插换位结合球的转移，调动防守，制造防守漏洞，扩大攻击面，增多攻击点，使战术具有连续性。

（2）战术组织既要有主动方向和突破点，又要注意内线进攻和外线进攻相结合，集体配合与个人攻击相结合，针对防守情况攻其薄弱环节，不断提高战术的灵活性和机动性。

（3）掌握好进攻节奏，快、慢、动、静结合，既要掌握进攻的主动权，又要注意保持攻守平衡，提高攻守转换速度。

（4）积极冲抢前场篮板球。任何形式的进攻战术，都要把冲抢篮板球的配合设计在整体战术配合中，并明确个人的职责。

（5）进攻战术的选择和设计，要从实际出发，根据队员身体和技术特点，有效地利用各种进攻战术配合，合理地组成全队完整的进攻战术体系。

（6）进攻时，队员要随时注意观察分析场上情况和变化，了解所防对手的特点，知其弱点和特长，抓住战机，攻其薄弱环节。

（三）进攻半场人盯人防守战术的练习方法

（1）结合进攻战术阵形，练习传切、维护、策应配合。

（2）半场五攻五守。攻方要根据守方的特点布置进攻队形，反复进行攻守转换练习，先在消极防守情况下进攻，后在积极防守下进攻。

五、区域联防

（一）区域联防的概念和特点

区域联防是由进攻转为防守时，防守队员迅速退回后场，每个队员分工负责防守一定的区域，严密防守进入该区域的球和进攻队员，并与同伴协同防守，用一定的队形把每个防守区域有机地联系起来而组成的防守战术。

区域联防的特点是在每个人防守一定区域的基础上，随着球的转移和进攻队员的穿插移动而不断地调整防守的位置和队形（也简称为球动人动，人随球动），重点防守有球区域和篮下。这种防守战术的位置固定，分工明确，重点突出，有利于保护篮下，组织后场篮板球和发动快攻。但由于受区域分工的限制，各种联防都存在一定的薄弱区域，容易被对方在局部区域以多打少。

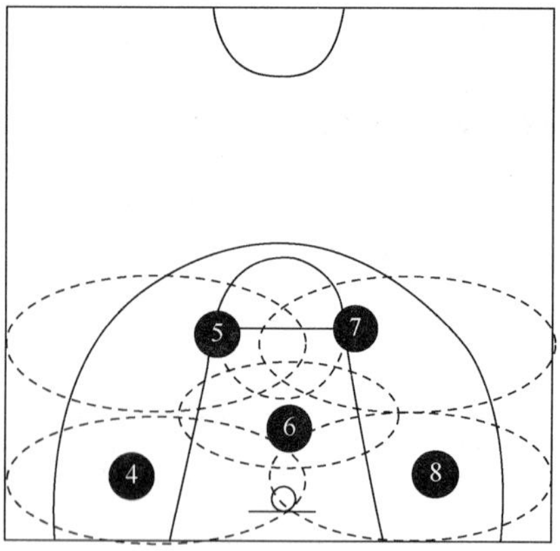

图 5-32　区域联防示意图

（二）区域联防的分类

依据防守队员的站位形式，常把区域联防分为 2-1-2 联防、2-3 联防、3-2 联防、1-3-1 联防及对位联防等几种。其中 2-1-2 联防是最基本的区域联防，如图 5-32 所示。在 2-1-2 联防的技术上，通过中间球员的上、下移动即可形成 3-2 联防或 2-3 联防，通过顺时针和逆时针的旋转，又可以形成 1-3-1 联防等。

（三）区域联防的基本要求

（1）根据区域联防的形式和队员、对手的特点等合理分配防守区域，最大限度地发挥队员在各自防区的作用。

（2）由攻转守时，除积极阻止对方的攻势外，应有组织地快速退守和及早落好防守位置。

（3）每个队员必须认真负责各自的防守区域，积极阻挠进入该防区的进攻队员的行动，并根据球的方位调整队形进行联合防守。

（4）对有球队员应按盯人方法紧逼防守，其余防守队员应积极移动，调整队形进行协防或补防，做到人球兼顾。

（5）对无球队员的穿插移动，要根据其离球的远近和队友的位置积极抢位、堵截和护送，并及时与队友呼应联系，不让对手向有威胁的区域移动或接球。远离球的防守队员应起指挥作用。

（6）进攻队员投篮后，每个防守队员都应该积极堵位和抢位，有组织地争抢篮板球，并及时发动快攻。

（四）区域联防的运用时机

（1）对方中远距离投篮不准而内线威胁较大时。
（2）对方个人突破能力强而本队个人防守能力不足时。
（3）本队犯规较多而为保存实力时。
（4）对方不适应或有策略地改变防守战术时。
（5）对方比分落后而急于求成时。
（6）为了有组织地争抢篮板球和发动快攻时。

（五）区域联防的练习方法

（1）理论上明确该战术的基本特点和要求。
（2）应以 2-1-2 联防为主要学习内容，基本掌握后再学习其他的变化。
（3）重点掌握区域联防的基本队形、各队员的职责和各种情况下的配合方法。
（4）先慢后快、先简单后复杂，逐渐提高联防的伸缩性和多变性。
（5）在比赛中检验提高区域联防的质量。

六、进攻区域联防

进攻区域联防是针对区域联防的特点、队形、方法和变化所采用的进攻战术。

（一）进攻区域联防的基本要求

（1）多组织快攻。
（2）根据区域联防的队形，有针对性地落位，重点攻击薄弱地区。
（3）通过多传球、快传球、突破分球等打乱防守队形，寻找战机。
（4）多运用中远距离的投篮逼其扩大防守范围，争取篮下空间。
（5）积极组织前场篮板球争取二次进攻机会，并注意保持攻守平衡，及时退守。

（二）进攻区域联防的练习方法

（1）理论上先明确进攻区域联防的基本原则和要求。
（2）重点选择 1-3-1 落位阵形进行进攻。
（3）根据防守的阵形和彼我双方队员的具体特点，确定进攻战术方法和队员位置分工。
（4）结合区域联防进行进攻练习，注意逐渐提高防守难度。
（5）结合快攻受阻转为阵地进攻时练习攻防。
（6）在比赛中检验提高。

第六章 足 球 运 动

第一节 足球运动概述

一、足球概述

现代足球是以脚支配球为主，两个队在同一场地内相互防守的体育项目。现代足球运动于 1863 年 10 月 26 日诞生于英国。迄今为止，加入国际足球联合会（FIFA）的会员已达 209 个，成为会员最多的国际单项体育组织。足球运动的魅力在于集观赏性和参与性于一身，它蕴涵着丰富多彩的技、战术，展现了人类机智勇敢、团结合作的优良品质，吸引着全球数以亿计的爱好者，被誉为“世界第一运动”。现代足球一般分为三大流派：欧洲派、南美派和欧洲拉丁派。

二、足球运动的特点

（一）通俗性

现代足球运动的开展很简便，受场地器材的限制较小，比赛双方的人员，少则 2、3 人，多则 10 个以上，都可根据需要变化，相对于其他运动项目便于人们的健身娱乐。正式的 11 人制比赛，由于其竞赛规则的简单明了，易被人接受，使足球比赛成为通俗文化而广受人们欢迎并乐于欣赏，能使观众在观赏比赛当中，与场上奋力拼杀的运动员的情感交相辉映。

（二）多变性

现代足球比赛中，要求运动员在快速奔跑中完成接、控、传、射、抢、铲、争、顶球等一系列技术动作，战术运用也在良好的意识支配下，根据场上变幻莫测的情况，采取正确、合理的反应。由于场上技、战术运用的多变性，以及运动员的体力消耗很大，再加上频繁的身体接触，场上攻守双方的转换变化交替不断，使比赛结果也具有很强的多变性，只要比赛开始到最后结束哨声前，场上意想不到的比赛结果都会发生。

（三）竞争性

足球比赛中双方运动员不仅要有出色的球技，还要将技术融于顽强的拼搏之中，要敢于紧逼、铲抢，敢于接控，不怕踢，不怕摔，在激烈的比赛中稳定地发挥技术水平。由于规则允许双方队员身体接触并进行合理冲撞，场上每时每刻都处在一种短兵相接的状态下，不时会出现双方队员一起倒地，人仰马翻，尤其在罚球区内其拼抢更是异常凶猛，正是这激烈程度才会使场上观众如痴如醉，情绪激昂。也正是这高度对抗性比赛才会引人入胜，百看不厌。

（四）艰难性

一场正式足球比赛，队员一般在场上要不停奔跑 5000m，最多的可达 15000m 以上，这需要足球运动员有高强度的间歇运动能力，而且足球运动员的奔跑是在运控球、接应的情况下进行的，因此人的体力和精力消耗很大，有的在加时赛后，还要互罚点球决胜负，可见其艰辛程度是常人难以想象的。通常一场正式足球赛下来，队员的体重要下降 2～5kg。从这个意义讲，足球运动不但健身健体，而且可以锤炼人的坚强意志和非凡的人格。

三、足球运动的作用

（一）有利于良好的心理品质及思想品德的形成

经常从事足球运动，不仅对自身良好性格的形成能产生巨大的影响，而且可以培养人的意志、自制力、责任感及勇敢顽强、机智果断、坚忍不拔、勇于克服困难、团结协作、密切配合、集体荣誉感、守纪律等思想品德。

（二）有利于增强体质、促进健康

足球运动是全面锻炼和健全体魄的良好手段，是全民健身活动中一项行之有效的体育运动项目。经常从事足球运动，可以提高人们的力量、速度、灵敏、耐力、柔韧等身体素质，并能使人的高级神经活动得到改善，尤其能增强人体的心血管系统、呼吸系统等内脏器官的功能，从而促进人体的健康。据测定，一名优秀足球运动员的肺活量比正常人要多 2000～3500mL，安静时的心律要比正常人低 15～22 次/min。

（三）有利于精神文明建设

在改革开放的今天，足球已成为我国许多城市中人们生活的一部分。人们从踢足球中得到情绪体验、从看足球中得到艺术享受、从谈论足球中得到思想交流，足球运动丰富了人们的业余文化活动，提高了人们的生活质量。足球已成为一些城市政治、经济、文化、生活的重要组成部分，它吸引着千千万万个市民，也反映了城市的精神面貌，既是城市形象的标志之一，又是精神文明建设的载体。

（四）有利于振奋民族精神

在重大国际足球比赛中，能激发人民团结拼搏、进取向上的精神和爱国主义热情，如喀麦隆足球队进入世界杯前 8 名时，总统拜耶授予守门员恩科诺和前锋米拉最高公民爵位——“勇敢勋爵”，对全体队员及教练也授予“勇敢勋章”。他在讲话中称赞他们为整个非洲提供了一个经验，即“团结一致，为争取胜利而奋斗”。又如，1981 年 1 月，当中国队在中国香港战胜朝鲜等足球队，获得第十二届世界杯亚洲区小组冠军时；1987 年 10 月，当中国队在东京战胜日本队获得进军汉城奥运会的权利时，神州大地一片欢腾的景象，极大地鼓舞了中国人民，振奋了民族精神。

第二节　基本技术

足球技术是指运动员在足球竞赛规则条件下，运用身体的有效部位合理完成各种动作方法的总称。足球技术是运动员进行比赛活动的基本手段和能力，是完成战术配合、决定战术质量的前提和保证。它具体包括踢球，停球，运球及运球过人，头顶球，假动作，抢、断球，掷界外球和守门员技术。

一、踢球

（一）踢球的概念及分类

踢球是指运动员有目的地用脚将球击向预定目标的动作方法，是运动员进行比赛活动的主要技术手段，其在比赛中的主要用途是传球和射门。

踢球按脚触球的部位可分成：脚背正面踢球、脚背内侧踢球、脚背外侧踢球、脚内侧踢球、脚尖踢球和脚跟踢球。每种踢球动作都由助跑、支撑、踢球腿摆动、触球、随前动作五个环节组成。按踢球时球的状态又可分为踢定位球、踢反弹球、踢空中球等。

（二）踢球的技术动作

1. 脚内侧踢球

脚内侧踢球的动作特点是触球面积大，可控性强，出球平稳准确，是短距离传球和射门常用的脚法，如图 6-1 所示。

图 6-1　脚内侧踢球示意图

动作要领：

（1）踢定位球时，直线助跑，支撑脚踏在球侧约 15cm 处，膝微屈，脚趾指向出球方向。踢球腿以髋关节为轴由后向前摆动，膝踝外展，脚尖稍翘，以脚内侧部位对准来球，当膝关节接近球体上方时，小腿加速前摆，击球刹那，脚跟前顶，脚型固定，用脚内侧部位击球的后中部。

（2）踢地滚球时，要根据来球的速度、方向以及摆腿的时间，确定支撑脚的选位，保证踢球腿能充分地摆踢发力。

（3）进行蹭踢球时，小腿略呈现弧线摆动，用脚内侧蹭踢球的侧面，使球侧旋运行。

（4）踢空中球时，大腿要抬起，小腿应拖后，利用小腿的加速前摆击球，抬腿的高度要与来球高度相适应，摆腿的时间应与来球速度相对应，并根据出球的目标调整击球的部位。

易犯错误：

（1）踢球腿膝、踝关节外展不充分，脚趾没勾翘，击球脚型不正确，影响击球效果。

（2）踢球腿直腿摆击球，出球乏力。

（3）击球刹那，脚型不固定，出球不顺畅。

纠正方法：

（1）膝、踝关节充分外展保证脚内侧部正对来球，脚趾勾翘保证脚掌与地面平行。

（2）要求踢球腿屈膝外转前摆击球，确保摆击的速度和力量。

（3）要在整个击球过程始终保持前摆结束时的正确脚型。

2. 脚背正面踢球

脚背正面踢球的动作特点是踢摆幅度大，动作顺畅，便于发力，但出球路线及性能缺乏变化，适用于远距离的传球和大力射门，如图 6-2 所示。

图 6-2　脚背正面踢球示意图

动作要领：

（1）踢定位球时，直线助跑，支撑脚踏在球侧约 15cm 处，脚趾指向出球方向，膝微屈，眼睛注视球。在支撑脚前跨的同时，踢球腿大腿顺势后摆，小腿后屈。前摆时，大腿以髋关节为轴带动小腿前摆，当膝关节摆近球体上方时，小腿加速前摆，脚背绷直，脚趾扣紧，以脚背正面击球的后中部。击球后，踢球腿顺势前摆落地。

（2）踢反弹球时，要准确判断球的落点、反弹时间和角度，选好支撑脚的位置，在球落地的刹那，踢球腿小腿加速前摆击球，在球反弹离地时击球的后中部。

（3）踢地滚球时，支撑脚应正确选位，踢两侧地滚来球时，脚趾应对准出球方向，击球部位应准确，以保证击球能发上力。对速度较快的来球，要通过加大摆踢力量和调整出球方向，消除其初速度对出球方向的影响。

（4）踢空中球时，支撑脚的选位要稍远，以踢球腿能顺利踢摆发力为原则，并可根据来球角度或击球目的选用抽击、弹击或摆击等方法。

易犯错误：
（1）支撑脚选位不当，影响摆踢发力和击球效果。
（2）击球刹那，脚型不稳，趾尖上挑，影响出球力量和方向。
（3）踢球腿摆踢路线不直，出球方向不正。
纠正方法：
（1）要根据来球的情况和出球的目的，合理确定支撑脚的位置。
（2）整个击球过程要保持脚背绷紧、脚跟提起、脚尖下指的脚型。
（3）前摆击球时，要求膝关节向目标方向顶送，以保证作用力的目标方向。
3. 脚背内侧踢球
脚背内侧踢球动作的特点是踢摆动作顺畅，幅度大，脚触球面积大，出球平稳有力，且性能和线路富于变化，是中远距离射门和传球的重要方法，如图 6-3 所示。

图 6-3　脚背内侧踢球示意图

动作要领：
（1）踢地滚球时，要注意调整身体与出球方向的角度关系，以便踢球腿摆踢发力。搓过顶球时，踢球脚背略平，插入球的底部做切踢动作，击球后脚不随球前摆。
（2）转身踢球时，助跑最后一步略带跨跳动作，支撑脚的脚趾和膝关节尽可能转向出球方向，击球点应在球的侧前部，并利用腰的扭转协助完成摆踢动作。
（3）踢内弧线球时，击球点应在球的后外侧，击球刹那，踝关节内旋发力，脚趾勾翘，使球内旋并呈弧线运行。
易犯错误：
（1）支撑脚选位不当，脚趾没对准出球方向，影响摆踢动作的完成。
（2）击球刹那，膝不向前顶送，而是顺势内拐，导致出球侧内旋。
（3）踢球腿后摆动作紧张，影响前摆速度，击球发力不足。
（4）支撑脚落位偏后，上体放松后仰，出球偏高乏力。
纠正方法：
（1）要求助跑的最后一步支撑脚脚趾要转对出球方向。
（2）踢球前摆时，膝关节要向出球方向自然顶送，以保证作用力的目标方向。
（3）要求后摆动作自然放松，确保前摆动作能加力加速。
（4）上体保持适度的向前倾斜，可防止出球偏高和加大击球的作用力。

4. 脚背外侧踢球

脚背外侧踢球动作的特点是预摆动作小，出脚快，能利用膝、踝关节的灵活变化改变出球的方向和性质，是实用性较强的技术手段，如图 6-4 所示。

图 6-4 脚背外侧踢球示意图

动作要领：

（1）脚背外侧踢球的动作方法类似脚背正面踢球，只是在摆脚时，脚面绷直，脚趾向内扣紧斜下指，用脚背外侧击球的后中部，击球后，踢球腿顺势前摆着地。

（2）踢地滚球时，踢球脚同侧的来球多用直线助跑，支撑脚在球侧后约 25cm 处落位，异侧来球则多用斜线助跑，支撑脚一般距球 10～15cm，其他动作则类似踢定位球。

（3）踢外弧线球时，支撑脚踏在球侧后 15～20cm 处，踢球腿略呈弧形摆踢，作用力方向与出球方向约成 45°，脚型同踢定位球，击球点在球的内侧后部。击球后，踢球脚向支撑侧斜摆，以加大球的外旋力量。

易犯错误：

（1）支撑脚选位不合理，影响摆踢发力。

（2）摆腿时髋关节内转或直腿击球，击球发力不足。

（3）膝、踝旋内不够，影响击球的准确性。

（4）击球刹那，脚型不稳，脚尖上撩，出球不稳。

纠错方法：

（1）要根据来球的方向及状态合理确定支撑脚的位置，保证踢摆发力。

（2）后摆与前摆都须屈膝摆动，方可保证踢摆速度。

（3）摆腿时要依靠膝、踝关节旋内保证脚外侧都触及球。

（4）击球刹那，脚型要保持相对稳固。

（三）踢球的练习方法

1. 脚法练习

（1）做摆腿踢球的模仿练习。

（2）两人一组，一人踩球，一人做摆腿击球练习。

（3）对墙踢球练习，距离由近到远，击球的力量由大到小。

2. 传球练习

（1）两人一组，距离由近到远，踢定位球练习。

（2）两人一组，距离由近到远，相互踢空中球和反弹球练习。

（3）两人一组连续对传，距离先由近到远，再由远到近，不断变化距离。

3. 射门练习

（1）进行罚点球比赛。

（2）运球至罚球弧内射门。

（3）两人一组，一传一切射门。

二、停球

（一）停球的概念

停球是指运动员运用身体的有效部位，将运行中的球有目的接控在所需位置上的动作方法。它是运动员获得球的主要手段。良好的接控球能力能为球队创造更多的进攻机会，也是保证进攻战术顺畅的重要因素。停球的方法主要有脚掌停球、脚内侧停球、脚背正面停球、脚背外侧停球、胸部停球等。

（二）停球的技术动作

1. 脚掌停球

脚掌停球技术的特点是动作简单，控球稳定可靠，适用于停迎面地滚球或反弹球，如图 6-5 所示。

图 6-5　脚掌停球示意图

动作要领：

（1）判断来球路线或落点，选好接球位置并稳固支撑，接球腿屈膝提起，脚尖微翘，使脚掌与地面形成一定的仰角，球临近或落地刹那，接球腿有控制地下放，用脚前掌部位触压球的后中部，将球控在脚下。

（2）采用脚掌停球时，为便于完成下一动作，通常在脚掌触压球后连带一个拉引或推送动作，使球处在需要的位置上。若要将球停向身后，多用拉引动作。欲将球控在体前或体侧则可用推送的方法，做这些动作时重心要随之移动。

易犯错误：

（1）抬脚的高度和角度控制不好，使球漏掉。

（2）对球的落点判断不准或支撑脚站位不当，影响接球动作的完成。

（3）停反弹球时，踏压时机掌握不好，使球漏掉。

纠正方法：

（1）抬脚时脚面要前高后低，脚掌与地面形成适宜的夹角，脚后跟抬起的高度不得超过球。

（2）要在准确判断落点的基础上，选好支撑脚的位置，距球太近或太远都会影响接球动作的顺利完成。

（3）球落地的刹那是踏压球的最佳时机。

2. 脚内侧停球

脚内侧停球技术的特点是接球平稳，可靠性强，动作灵活多变，用途广泛，如图6-6所示。

图6-6 脚内侧停球示意图

动作要领：

（1）停地滚球时，身体正对来球，判断来球的速度和方向，选好支撑脚位置，膝关节微屈。停球脚根据来球的状态相应提起，膝、踝关节旋外，脚趾稍翘，用脚内侧对准来球，触球刹那，停球部位做相应的引撤或变向接球动作，将球控制在所需要的位置上。

（2）停反弹球时，停球腿小腿应与地面形成一定的夹角，向下做压推动作时，膝要领先，小腿滞留在后面。

（3）停空中球时，停球腿要屈膝提起，可根据需要采用引撤或切挡动作，并在球落地时随即将球控制住。

易犯错误：

（1）停球腿膝、踝关节外展不够，影响触球角度，控球不稳。

（2）停球引撤的时机和速度控制不好，缓冲效果差。

（3）压推或拨转接球后，重心跟进慢，接、控动作脱节。

（4）停球腿动作僵硬，直腿接球，难以接控。

纠正方法：

（1）接球腿膝、踝关节要充分外展，保证脚内侧部位能正对来球。

（2）引撤时机和速度要与来球速度相对应，保证引撤过程中脚内侧与球有较长的接触时间。

（3）在改变停球的方向时，既要控制加力动作的力量和角度，又要保证身体重心的及时跟进。

3. 脚背正面停球

脚背正面停球技术的特点是引撤动作自如，关节自由度大，接球稳定，但变化较少，适于接下落球，如图 6-7 所示。

图 6-7　脚背正面停球示意图

动作要领：

（1）身体正对来球，判断来球路线和速度，支撑脚稳固支撑，接球腿屈膝提起，以脚背正面迎球，触球刹那，停球脚引撤下放，膝、踝关节相应放松，以增强缓冲效果。

（2）用脚背正面向体前或体侧前停球时，停球脚脚跟稍提，触球刹那踝关节适度紧张，通过触球面角度的调整，控制出球方向。欲将球停至身后时，停球脚脚尖要勾翘，踝关节适度紧张，停球刹那引撤速度要快，身体随之转动，用脚背顺势将球引至身后。

易犯错误：

（1）停球腿膝、踝关节紧张，动作僵硬，缓冲效果差。

（2）引撤时机和速度掌握不好，控球不稳。

（3）对球的判断不准，接球部位没对准来球，将球碰跑。

纠正方法：

（1）停球腿膝、踝关节应保持功能性的紧张，以保证对球的有效控制，过度紧张或过度松弛都会影响缓冲效果。

（2）引撤的时机和速度要与来球速度相对应，要保证脚在引撤过程中与球有较长的接触时间。

（3）要保证以脚面部位接触球。

4. 脚背外侧停球

脚背外侧停球技术的特点是动作幅度小，速度快，灵活机动，隐蔽性强。但动作难度较大，接球时常伴随假动作和转体动作，适用于停地滚球和反弹球，如图 6-8 所示。

动作要领：

（1）停地滚球时，判断来球状况，选好支撑脚位置，停球腿屈膝提起，膝踝关节内翻，以脚背外侧部对准来球，当球临近时，停球脚以脚背外侧拨球的相应部位，将球控在所需位置上。

图 6-8 脚背外侧停球示意图

（2）停反弹球时，要判断好球的落点，停球腿小腿应与地面成一定的夹角，以膝关节领先做扣压动作，防止球的反弹。脚背外侧停球后的动作衔接速度相对较慢，因此支撑脚与停球腿的蹬摆动作要协调连贯，保证停球后身体重心随球快速跟进，缩短动作衔接时间，加快后继动作速度。

易犯错误：

（1）支撑脚选位不当，影响停球腿完成动作。

（2）掌握不好球的落点和推压时机，停不住球或停球不稳。

（3）膝、踝关节的摆动僵硬不灵活，接球力量失控。

（4）停反弹球时，小腿与地面的夹角不当，接球“卡壳”或控球不到位。

纠正方法：

（1）合理调整支撑脚与球落点间的距离。

（2）准确判断球的落点，并在球触地的刹那开始推压动作。

（3）停球前膝踝关节要内收和内翻，停球时膝踝关节做适度推压动作。

（4）停球前与停球推压都须考虑小腿与地面适宜的夹角。

5. 胸部停球

胸部停球技术的特点是触球点高、面积宽、接球稳定，适用于停胸部以上的高空球。胸部停球有挺胸式停球和收胸式停球两种。

动作要领：

（1）挺胸式停球，适用于接有一定弧度的高球。接球时，身体正对来球，两腿自然开立，膝微屈，两臂在体侧自然抬起，上体稍后仰与来球形成一定的角度。触球刹那，胸部主动挺送，使球触胸后向前上方弹起落于体前，如图 6-9 所示。

（2）收胸式停球，适用于停齐胸的平直球。收胸式停球与挺胸式停球的动作差异在于触球刹那，靠迅速收腹、缩胸，缓冲来球力量，使球直接落于体前，如图 6-10 所示。

胸部停球的触球点高，停球后球下落反弹。因此，做完胸部动作后，需及时跟进将球控在脚下。如果要将球停向两侧，则身体在触球的刹那要向出球方向移动，以带动球的变向。

易犯错误：

（1）触球刹那，躲闪转体，接球动作不稳定。

（2）收挺时机掌握不好，缓冲效果差。

（3）挺胸接球时，上体仰角不合理，球的反弹角度不理想。

1　2　3　4

图 6-9　挺胸式停球示意图

1　2　3　4

图 6-10　收胸式停球示意图

纠正方法：

（1）停球刹那，胸部应正对来球，以保证稳定和合理的接球部位。

（2）收挺动作应与来球的速度相适应。

（3）上体挺胸的后仰角度要与来球的速度和弧度相适应。

（三）停球技术的练习方法

（1）进行各种停球动作的模仿练习。

（2）两人一组相对站立，距离 5～15m，一人用手抛球或滚球，一人用脚掌、脚内侧和脚背外侧停球。

（3）一人一球，先向上用手抛球，再用脚掌、脚内侧和脚背外侧停反弹球。

（4）两人一组，相距 5～15m，一人手抛空中球，一人上迎用脚掌、脚内侧和脚背外侧停反弹球。

（5）两人一组，相距 5～15m，一抛一停，进行各种停空中球的练习。

（6）两人一组，距离由近到远，结合传球进行各种停球练习。

三、运球及运球过人

（一）运球及运球过人的概念

运球是指运动员在跑动中为将球控制在自身范围内，用脚部进行推拨球动作。采用此类方法突破防守队员时，称为运球过人。

运球及运球过人是运动员控球与进攻能力的具体表现形式，熟练掌握与合理运用运球及运球突破技术，对调控比赛节奏、丰富战术变化、破解密集防守、创造射门机会都具有实际的意义。

（二）运球技术动作方法

1. 脚背外侧运球

脚背外侧运球动作的特点是灵活性、可变性强，可做直线、弧线和向外变向运球，易于控制运球方向和发挥运球速度，并便于对球进行保护，如图 6-11 所示。

1　　2　　3

图 6-11　脚背外侧运球示意图

动作要领：

（1）直线运球时，自然跑动，步幅偏小，上体稍前倾，两臂协调摆动。运球脚屈膝提起前摆，脚趾稍内转斜下指，摆至球体上方时，用脚背外侧推拨球的后中部，重心随球跟进。

（2）曲线运球时，触球作用力方向应偏离球心，使球呈弧线运行。变向运球时，应根据变向角度的大小，调整支撑脚的位置、触球部位及运球脚用力方向，以保证蹬摆用力与推拨触球动作协调一致。

易犯错误：

（1）运球脚直腿前摆，难以控制推拨力量。

（2）膝踝关节僵硬，影响控球效果。

（3）身体重心偏高或坐后，影响重心跟进。

纠正方法：

（1）强调运球脚屈膝提起后自然下放推拨球，反复交替进行。

（2）要求膝、踝关节的适度紧张和自然放松有机结合。

（3）运球过程中，要保持躯体稍前倾、重心略下沉的状态。

2. 脚背正面运球

脚背正面运球动作的特点是直线推拨，速度快，但路线单一，运进时前方需有较大的纵深距离，如图 6-12 所示。

图 6-12　脚背正面运球示意图

动作要领：

自然跑动，步幅稍小，上体稍前倾，两臂协调摆动，运球腿屈膝提起前摆，脚背绷紧，脚跟提起，脚趾下指，用脚背正面推拨球后自然落步。

易犯错误：

（1）运球脚推拨球部位及方法不当，难以控制运球的力量和方向。

（2）膝、踝关节僵硬，变推拨为捅击动作，控制不住球。

（3）支撑脚偏后，推拨球后重心滞后，导致人球分离。

纠正方法：

（1）强调运球脚脚跟提起，脚尖下指，以脚背正面推拨球。

（2）运球腿膝、踝关节要张弛交替、放松协调，要以推拨方式控制运球的力量和方向。

（3）要求支撑脚尽可能地接近球，使球始终处于身体的有效控制范围。

3. 脚内侧运球

脚内侧运球的动作特点是易控球，但速度慢，适用于掩护性运球，如图 6-13 所示。

图 6-13　脚内侧运球示意图

动作要领：

支撑脚在球的侧前落位，膝微屈，上体稍前倾侧向球，随重心前移运球脚膝外转，用脚内侧部位推运球前进。

易犯错误：

（1）支撑脚选位不当，挡住球路或影响运球脚做动作。

（2）运球腿膝、踝关节僵硬，直腿推拨球，动作紧张。

纠正方法：

（1）支撑脚的脚趾方向要与运球方向保持一致。

（2）强调运球腿自然屈膝提起，膝踝外转，推拨球后自然落步，交替进行。

（三）运球技术动作方法

足球的运球过人技术的动作虽然很多，但就其动作过程而言，一般都是由运球逼近对手、运球越过对手和摆脱对手后继续运球前进三个阶段组成。

1. 拨球

拨球是指利用脚踝的动作，以脚背内侧或外侧触拨球的动作方法。用脚背内侧的拨球称“里拨”，用脚背外侧的拨球称“外拨”，如图 6-14 所示。

1　　2

图 6-14　拨球示意图

易犯错误：

（1）拨球部位或动作不合理，难以控制和支配球。

（2）拨球时重心跟进慢，动作的连贯性差。

纠正方法：

（1）要用脚的内、外侧部位触及球的两侧部位，要采用推拨球的方式控制球。

（2）重心要跟随脚的推拨动作进行相应移动。

2. 拉球

拉球是指用前脚掌触压球，并向某一方向拉动的动作方法。在拉球到位后，通常要连接一个推拨动作使球离开原地，如图 6-15 所示。

1　2　3　4

图 6-15　拉球示意图

易犯错误：

（1）脚掌部位不正确或压球太紧，拉动不灵活。

（2）髋关节带动转动不够，影响拉球变向。

纠正方法：

（1）要求用前脚掌以触压而非踩压的方式拉动球。

（2）通过髋关节的转动可加大拉动距离和角度，同时保证身体的同步转动。

3. 扣球

扣球是指通过快速转体和脚踝的急转扣压，将球控制至反方向的一种动作方法。用脚背内侧的扣球称“里扣”，用脚背外侧的扣球称“外扣”，如图 6-16 所示。

1　2　3　4

图 6-16　扣球示意图

易犯错误：

（1）“里扣”时，支撑脚选位不合理，挡住球路或影响扣球变向的角度。

（2）扣球脚不能“包”住球，控制不好扣球方向。

（3）扣球腿膝、踝关节扣压不紧，变为拨球动作。

纠正方法：

（1）“里扣”时，支撑脚要在转体的同时做同侧转动，脚趾要指向扣球方向。

（2）扣球脚的急转扣压要能够“包”住球。

（3）扣球脚膝、踝关节的反向扣压要快而紧，确保扣球效果。

4. 挑球

挑球是指利用脚背或脚尖将球向上撩挑，使其从空中改变方向或超越防守的动作方法。

易犯错误：
（1）挑球的部位不正确，影响出球的角度和方向。
（2）挑球后重心跟进迟缓，影响控球和快速衔接下一动作。
纠正方法：
（1）要将脚尖插入球相应部位的底部做勾挑动作。
（2）身体重心要跟随挑球动作同步移动。

四、头顶球

（一）头顶球的概念

头顶球是指运动员有目的地用额部将球击向预定目标的动作方法。

现代足球比赛是一种立体的攻防战，攻守双方不仅在地面上寸土必争，在空中的对抗也互不相让。头顶球的击球位置高，是争取时间和空间主动的重要技术手段。尤其是在罚球区附近，头球的争夺对攻防双方都有举足轻重的意义，是一种快速简练、适用于进攻和防守的技术手段。

（二）头顶球的技术动作

1. 原地顶球

动作要领：原地顶球时，身体正对来球，两腿自然开立，膝微屈，两眼注视来球。随球临近，上体稍后仰，展腹挺胸，两臂自然张开，下颌收紧，身体自下而上地蹬地、收腹、摆体、顶送发力，当头摆至身体垂直部位时，用前额正面顶击球的后中部，如图 6-17 所示。

图 6-17 原地顶球示意图

2. 转身顶球

动作要领：转身顶球时，身体稍侧对来球，出球方向一侧支撑脚靠前站立，以便转体发力。击球刹那，后脚用力向出球方向蹬转带动身体转动，当身体转向出球方向时加速摆体，用前额部顶击球。

3. 跳起顶球

动作要领：跳起顶球时，要选好起跳位置，掌握好起跳时机，起跳脚积极蹬跳发力，手臂协调向上提摆，以加强起跳力量。起跳后，展腹挺胸，形成背弓，两眼始终注视来球。跳至最高点时，快速收腹摆体，下颌收紧，前额积极迎球顶送发力，顶球后屈膝缓冲落地。

4. 鱼跃顶球

动作要领：鱼跃顶球时，要准确判断来球，掌握好起跳时机和击球点，利用积极后蹬使身体向前水平跃出，两臂微屈前伸，眼睛注视来球，利用身体的水平冲力将球顶出。击球后，两臂屈肘伸手撑地，随后胸部、腹部、大腿、小腿依次缓冲着地。

易犯错误：

（1）上体与下肢发力动作脱节，不协调，影响发力效果。

（2）击球时机掌握不好，使头在被动位顶球，影响顶球效果。

（3）击球刹那闭眼缩颈，影响顶球力量和准确性。

（4）跳起顶球时，起跳点、起跳时机和击球掌握不好，影响顶球动作质量和出球效果。

纠正方法：

（1）要求身体整体性地自下而上发力顶击。

（2）前额要在身体重心的垂直部位顶击球。

（3）眼睛要睁大，迎来送往球。

（4）可通过助跑路线、起跳速度和摆去动作的调整，合理控制起跳点、起跳时机和击球效果。

（三）头顶球的练习方法

（1）两人一组，距离 3～5m，一人抛球，一人顶球。可原地顶球，也可以跳起顶球。

（2）8～10 人一组，围成半径为 4～5m 的圆圈，中间一人持球，按顺（逆）时针方向向圆圈上的人依次抛球，对方用前额正面把球顶给抛球人。

（3）两人一组，距离 3～5m，互抛互顶或连续对顶。

五、抢、断球

（一）抢、断球的概念

抢、断球指防守队员有目的地运用身体的某一部位，将对手控制下或传递中的球夺过来、踢出去、破坏掉的技术动作方法。

抢、断球是运动员获得球的主要手段之一，是球队转守为攻的主要途径，是运动员个人防守能力的综合体现。

（二）抢、断球的技术动作

1. 断球

动作要领：从比赛意义上讲，断球是运动员根据防守和进攻的双重需要，合理地选用接球、踢球、顶球和铲球技术方法。如果需直接将球处理或破坏掉，就可选用踢球、顶球或铲球动作来实现，若是为了将球控在脚下，则可选用合理的接球动作来达到目的。动作的关键是判断准、起动快、连接紧。

2. 正面抢球

动作要领：在逼近控球队员时，防守队员应控制好身体重心，两膝弯曲，上体略前倾，并注意观察对手的脚下动作，在对手触球的刹那，支撑脚前跨将球接住。若双方对脚触球，则应顺势向上做提拉动作，将球从对方脚背上带出，如图 6-18 所示。

图 6-18 正面抢球示意图

易犯错误：

（1）抢球时机把握不好，不能抢先触球。

（2）抢球动作缺乏力度，提拉速度慢，影响抢球效果。

（3）触球后重心跟进不及时，不能及时控球。

纠正方法：

（1）通常情况下，对手触球的刹那是抢球的最佳时机。

（2）要求抢球发动要突然，动作要做到快、准、狠。

（3）抢球后要求身体重心快速随球移动。

3. 侧面抢球（合理冲撞）

动作要领：当与运球队员成平行位时，重心略降，身体向对手倾靠，手臂贴紧身体。在对手近侧脚离地刹那，用肩以下、肘以上的部位猛力冲撞对手的相应部位，使其重心失去控制，趁机伸脚将球控在脚下，如图 6-19 所示。

图 6-19 侧面抢球示意图

（三）抢、断球技术的练习方法

（1）两人一球，用脚内侧进行正面拼抢球的模仿练习。

（2）两人一球，相距 6～8m，一人向前运球，另一人做上前跨步抢球练习。

（3）方形抢断练习。在长 20m、宽 10m 的长方形场地内进行五对二、六对三抢传球游戏，触到球者与传球失误者互换位置。练习时可根据学生掌握技术的熟练程度，控制传球者的接触次数。

六、守门员技术

（一）守门员技术介绍

守门员技术是指守门员防守球门安全和发动进攻时所采用的动作方法的总称。由于位置的独特性，守门员与锋卫队员在技术上存在显著的差异。从比赛职责讲，守门员的主要任务是控制罚球区，确保球门安全。因此，守门员的活动区域主要在本方罚球区内，其比赛活动以防守行动为主。从规则角度讲，守门员在本方罚球区内可以用手触球，因此他的技术动作多是通过手操作进行的。此外，由于所处的位置优势，守门员还有指挥全队防守以及组织发动进攻的任务。

（二）守门员技术动作

守门员技术主要包括准备姿势、移动、接球、扑球、拳击球、托球、掷球和踢球等，下面重点介绍接球和扑球。

1. 接球

（1）接地滚球。动作要领：身体正对来球，当球临近时，根据来球高度做好相应的接球姿势。接球时，两臂尽量前伸迎球，掌心向上，手指张开似簸箕状，当手指触球的刹那，屈臂夹肘收球缓冲，并顺势屈腕、压胸将球抛牢于胸前，如图 6-20 所示。

图 6-20　接地滚球示意图

易犯错误：

①屈臂收球不夹肘，使球从臂间漏掉。

②引撤缓冲时机不好，缓冲效果差。

③接平球时，手臂没有前伸引撤，球直接触击胸部。

④接球时手指过分弯曲，手形太小，接球不稳。

纠正方法：

①接球时要求双肘靠紧不外张。

②要求在手指触球的刹那开始引撤，引撤速度要与球速相适应。

③接平球时要求手臂充分前伸，球须通过手臂引撤缓冲收至胸前。

④接球手在保持“簸箕状”的同时，应尽可能伸展张大，以保证球路的通畅和接球的稳定。

（2）接高球。动作要领：原地接球时，身体正对来球，当球临近时，两臂举起迎球，控制好接球手形。当球临近时，根据来球高度做好相应的接球姿势。接球时，两臂要充分伸展迎球，手形相对稳定，角度合理，掌心要空，当手指触球刹那，手臂做引撤动作以削弱来球冲力，腕关节保持功能性紧张，十指用力将球接牢。

跳起接球时，应选好起跳点，掌握好起跳时机，保持身体在空中的平衡，跳至最高点时，伸臂展体将球接住，并顺势收于胸前。落地时，注意屈膝缓冲。

易犯错误：

①接球时肘外张，影响接球手形。

②接球手形后仰，拇指间距过大，接球脱手或漏球。

③跳起接球时，时机掌握不好，影响接球效果。

纠正方法：

①接球时要求两臂平行伸出，可避免肘外张。

②接球时腕关节适度紧张不后仰，拇指靠拢不张开。

2. 扑球

根据来球的方向和高度的不同，扑球可分为扑两侧低球、跃起扑侧面地滚球、扑侧面平高球和扑接对方脚下球。下面重点介绍扑两侧低球。

动作要领：做好准备姿势，两眼注视来球，精力集中。扑球时，异侧脚内侧侧蹬发力，同侧脚屈膝迎球跨出，上体顺势压扑以加速重心的前移倒地，双臂同时迎出接球，腕关节稍内扣，用手掌挡压控球。触球后屈臂收球于胸前，并快速抱球起身，侧倒过程以小腿、大腿、臀部、肩和手臂外侧顺序缓冲着地，如图 6-21 所示。

1　2　3　4　5

图 6-21　侧扑示意图

易犯错误：

（1）迎球侧跨步时，上体不做压扑动作，影响倒地速度。

（2）接球手臂伸出不一致，影响接球手形，接球不稳。

（3）倒地时肘关节外展，导致受伤并影响控球的稳定性。

纠正方法：

（1）在双脚侧蹬的同时，手臂要快速迎球伸出带动身体的压扑。

（2）要求接球手臂同时平齐伸出，以防止接球手形错位。

（3）侧扑时，同侧手臂要伸展或屈肘内收靠近躯体着地。

（三）守门员技术的练习方法

（1）进行接球动作模仿练习。

（2）两人一球，相距 3～5m，进行互相抛接地滚球和高空球的练习。

（3）守门员站在球门前，一人或多人向守门员的前、后、左、右抛球或踢球，守门员进行移动接球或扑球的练习。

第三节　基本战术及练习方法

足球战术是指在足球比赛中，为了战胜对方，根据主客观情况所采取的个人行动和集体配合的方法。足球比赛是由攻与守这对矛盾组成的。根据攻守这对基本矛盾，足球战术方法可分为进攻战术和防守战术两大类。攻守战术又分别包括个人战术、局部战术、整体战术和定位球战术，如图 6-22 所示。

- 足球战术
  - 进攻战术
    - 个人战术
      - 传球、运球突破、射门
      - 跑位
    - 局部战术——传切配合、交叉掩护配合、转移进攻
    - 整体战术
      - 边路进攻、中路进攻、转移进攻
      - 快速反击进攻、层次进攻、破密集防守进攻
    - 定位球战术——中点开球、任意球、角球、掷界外球、门球、点球
  - 防守战术
    - 个人战术
      - 选位、盯人
      - 断球、抢球、封堵
    - 局部战术——保护、补位、围抢
    - 整体战术
      - 区域盯人防守、人盯人防守、混合盯人防守
      - 向前逼压式防守、层次回撤式防守、快速密集式防守
    - 定位球战术——中点开球、任意球、角球、掷界外球、门球、点球

图 6-22　足球战术

一、进攻战术

进攻战术是指在比赛中，为了战胜对手，所采取的个人进攻行动和集体配合方法。

（一）个人进攻战术

个人进攻战术是指在比赛中，为了战胜对手采取的符合整体进攻目的的个人行动。个人进攻战术是构成局部和整体进攻战术的环节。个人进攻战术行动水平的高低直接影响局部和整体进攻战术的质量。个人进攻战术包括传球、跑位、运球突破和射门。

1. 传球

传球是整体战术配合的基础，是组织进攻、变换战术、迅速逼近对方球门、创造射门机会的主要战术方法。传球是比赛中运用最多、最重要的战术手段。运动员接球后 80%是将球传给同伴，20%是射门和运球。

传球在比赛中的表现形式是多种多样的，接触球方式可分为直接传和间接传；按传球距离可分为短传（15m 以内）、中传（15～25m）和长传（25m 以上）；按传球高度可分为传地滚球、传低球（膝部以下）、传平直球（膝以上、头以下）和传高球（头以上）；按传球方向可为直传、斜传、横传和回传；按传球目标可分为向同伴脚下传和向空当传；按旋转方向可分为传上旋球、传下旋球、传侧旋球和传混合旋球。

2. 跑位

跑位是指在比赛中队员在无球的情况下，通过有意识地跑动，为自己或同伴创造进攻机会的行动。

跑位是整体进攻战术的基础，是进攻队员为了获得球的准备行动，也是拉开对方防线，为自己和同伴创造获得球的时间与空间的重要手段。一场 90min 的比赛，除去死球，实际比赛时间只有 60min，每个队员平均控球时间仅有几分钟，绝大部分时间都是无球活动。而决定比赛胜负的关键最终在于有球活动，特别是临门一脚。为了使很少的有球活动能高质量地完成，必须通过积极、快速、多变的无球活动来摆脱防守，争取控制、支配球的时间、空间。

3. 运球突破

运球突破是极为重要、极有威胁的个人进攻战术，是突破防守体系、创造以多打少的重要方法，也是制造更好射门和传球机会的有效手段。比赛中控球队员在下列情况下可采用运球突破战术行动。

（1）控球队员在没有射门、传球可能时，可运球突破对手，创造射门、传球的机会。

（2）在攻守转换过程中，控球队员在进攻三区内，面对最后一名防守队员，而且防守队员身后又有较大空当，应大胆运球突破其防守射门。

（3）控球队员在对手贴身紧逼，失去射、传角度时，应运球突破其逼抢，并使其后撤松动防守。

（4）对方采用制造越位战术，又没有传球可能时，应采用反越位战术，果断运球突破直接攻门。

4. 射门

射门是一切进攻战术配合的最终目的，也是进攻得分的唯一手段，是进攻战术最重要、最困难、最振奋人心的环节。在现代足球比赛中，要想在对方严密防守和紧逼拼抢的情况下有效地完成射门，必须要有强烈的射门欲望，善于抓住射门时机，选择合理的射门方法。射门突然、快速有力，出球准确，才能将球攻入对方球门。

射门按距离可以分为近射（11m 以内）、中射（20m 以内）、远射（20m 以上）；按区域可以分为中间区域（大角度）射门和球门两侧区域（小角度）射门；按球的状态可以分为定位球射门、地滚球射门、反弹球射门和凌空射门；按出球的状态可以分为地滚球射门、平直球和高吊球射门、直线球和弧线球射门；按人和球门的位置可以分为正面射门、侧面射门和背向转身以及倒勾射门。

（二）局部进攻战术

局部进攻战术是指进攻中两个或几个队员之间的配合方法，它是集体配合的基础。基本配合形式有传切配合、交叉掩护配合和二过一配合。

1. 传切配合

传切配合是指控球队员将球传给切入的进攻队员的配合方法，是局部进攻战术中运用最多的方法，如图 6-23 所示。

2. 交叉掩护配合

交叉掩护配合是指在局部地区两名进攻队员在运球交叉换位时，以自己身体掩护同伴越过防守队员的配合方法，如图 6-24 所示。

图 6-23 传切配合示意图

图 6-24 交叉掩护配合示意图

3. 二过一配合

二过一配合是指在局部两名进攻队员通过两次连续传切配合，越过一名防守队员的配合方法。二过一配合的形式根据传球和跑位的路线有直插斜传二过一配合、斜插直传二过一配合、斜插斜传二过一配合和回传反切直传二过一配合。

图 6-25 直插斜传二过一配合示意图

（1）直插斜传二过一配合。当防守队员身后有一定的空当、防守队员距插入队员较近时，采用此种二过一配合效果较好，斜传多采用踢墙式，如图 6-25 所示。

（2）斜插直传二过一配合。当防守队员身后有较大的空当、防守队员移向接应队员时采用此种二过一配合效果较好，直传球力量要适当，如图 6-26 所示。

（3）斜插斜传二过一配合。当防守队员身后空隙较小时可采用斜插斜传二过一配合，如图 6-27 所示。

图 6-26 斜插直传二过一配合示意图

图 6-27 斜插斜传二过一配合示意图

（4）回传反切直传二过一配合。当接应队员与控球队员有一定的纵深距离，而且防守队员贴身逼抢时可主动向后扯动，拉出空当采用此种二过一配合，如图 6-28 所示。

图 6-28 回传反切直传二过一配合示意图

（三）整体进攻战术

1. 边路进攻

边路进攻是指在对方半场两侧地区发展的进攻。边路进攻的特点是充分利用场地的宽度，拉开对方的防线。边路场区防守队员较少，防守的纵深保护较差，可利用的空当较大。较容易突破对方防线然后采用传中等手段，创造中路射门得分的机会。但直接射门角度小时，很难射中球门。

边路进攻的方式有运球突破、二过一配合突破、交叉换位配合突破、插上套边配合突破。边路传中的方式有外围传中、边路传中、下底回扣传中、两肋楔进传切配合。

2. 中路进攻

中路进攻是指在对方半场中部发展与结束的进攻。中路进攻的特点是进攻投入的人数多，层次深，配合点多、面广，射门角度大，破门机会多，但防守人员较密集，纵深保护有力，突破难度较大。

中路进攻方式有运球突破、踢墙式二过一配合、运球交叉掩护配合、回撤反切突破、横扯插上突破、头球摆渡和定位球配合等。

二、防守战术

防守战术是在比赛中为阻止对方的进攻和重新控球所采取的个人防守行动与集体配合的方法，包括个人防守战术、局部防守战术和整体防守战术。

（一）个人防守战术

个人防守战术是指为了控制对手所采用的个人战术行动。个人战术行动体现整体战术的特征，是整体战术的基础，包括选位、盯人、抢断球、封堵等。

1. 选位

选位是指防守队员根据位置职责和临场情况，选择适当的防守位置。

2. 盯人

盯人是指在正确选位的基础上，对防守的对手实施监控或严密控制其进攻行动。

选位、盯人有以下要素。

（1）及时。选位要先于对手到位防守。

（2）原则。选位的基本原则是进攻队员、防守队员和本方球门中点三点成一线，并保持适当距离。

（3）兼顾。选位以盯人为主，同时兼顾球和空间的变化情况。

（4）队形。选位要组成纵横交错的三角和棱形网络队形。

（5）灵活。以多防少或以少防多时，要根据具体情况和任务目的灵活选位。

（6）盯人。在正确选位的基础上，根据不同的场区和任务，对防守对手实施紧逼盯人或松动盯人。

（二）局部防守战术

局部防守战术是指两个或两个以上防守队员之间的配合方法，它是集体防守战术的基础，基本配合形式有保护、补位和围抢。

1. 保护

保护是指在逼抢持球对手的同伴身后，选择适当位置协防并阻止对方突破的战术配合行动。

保护队员给予防持球队员同伴心理上的支持，使其无后顾之忧全力以赴紧逼对手。一旦被持球队员突破，保护队员可及时补防堵住进攻路线或夺回控球权，若同伴夺回控球权，保护队员可及时接应发动进攻。

2. 补位

补位是指防守队员弥补同伴在防守中出现漏洞时所采取的相互协助的战术配合。在比赛中，通过同伴间的相互补位，可以有效地遏制和破坏对方的进攻行动，变被动为主动。

补位的形式如下：

（1）弥补插上的卫线队员的防守空位。当前卫或后卫队员插上进攻退守不及时，临近的队员应暂时弥补他的空位，以防对方利用这一空当进行快速反击。

（2）相互补位。当同伴被突破后，保护队员要及时补位防守，将球夺回来或阻断其进攻路线。被突破的队员应立即后撤选择适当位置转化为保护队员。

（3）守门员出击时，后卫队员要及时回撤到球门线附近选位弥补守门员的位置，防止守门员出击失误，对方突然射空门。

3. 围抢

围抢是指在特定场区，两个以上的防守队员突然、快速、有效地多方位夹击对方控球队员，把球抢夺回来或破坏的战术配合。围抢战术是防守中局部的进攻、被动中争取主动的积极行动。

（三）整体防守战术

整体防守战术是指全民所采取的防守战术。整体防守战术按形式分为区域盯人防守、人盯人防守和混合盯人防守；按打法分为向前逼压式打法、层次回撤式打法和快速密集式打法。

1. 区域盯人防守

由攻转守时，根据场上位置的分布和职责分工，每个防守队员负责防守一定区域，当对方某一队员跑入该区时，就负责盯防，离开这个区域，就不再跟踪盯防。这种防守战术较为节省体力，能防守住进入本防区的进攻队员。但是，对方可以任意交叉换位，容易造成局部地区以少防多的被动局面，并且在邻近位置的结合部容易出现漏洞。因此，目前在比赛中已很少采用这种防守方法。

2. 人盯人防守

人盯人防守是每个防守人各自都有明确的防守对象，对手跑到哪都要紧跟盯防到哪。人盯人防守分为全场人盯人防守、半场人盯人防守和后场人盯人防守。

人盯人防守分工明确，责任具体，盯防效果好，但体能消耗大，防守队形、防线容易被拉乱，一旦突破，不易弥补。因此，目前比赛很少单纯采用人盯人防守方法。

3. 混合盯人防守

混合盯人防守是区域盯人防守与人盯人防守相结合的防守方法，在目前比赛中经常采用，它集中了区域盯人防守和人盯人防守的优点。应对对方中场组织队员和前场攻击队员进行人盯人防守，其他队员采取区域盯人防守。根据临场情况既盯人抢球又保护补位形成纵横交错的防守队形。

三、定位球战术

定位球战术是指比赛开始或比赛中出现死球后恢复比赛时所采用的战术配合方法，包括中圈开球、任意球、角球、掷界外球、球门球和点球等战术配合方法。

（一）中圈开球战术

中圈开球是指上下半场开始比赛时或进球后由防守队在中点重新开球比赛的战术配合方法。

1. 开球进攻战术

（1）长传突袭。比赛刚开始对方思想不集中，防守有明显漏洞，这时采用长传突袭，使对方措手不及。

（2）层次进攻。对方已布置好防守，开球后回传给中场组织队员，通过配合逐层寻机进攻。

2. 中圈开球防守战术

对方中圈开球时，全队思想集中，严阵以待，防止对方突袭，并逐层防守，敢于向前逼压并力争尽快把控球权夺回来。

（二）任意球战术

任意球战术是指比赛中裁判员判罚队员犯规，由对方在犯规地点罚踢任意球战术配合的方法。任意球分为直接任意球和间接任意球，战术配合也有所不同。

1. 任意球进攻战术

（1）直接射门。距对方球门 25m 以内罚球区正面，射门角度较大的前场直接任意球应采用直接射门的战术配合。

（2）配合射门。在前场两侧，射门角度较小的任意球，应采用训练有素的配合战术创造射门机会。

2. 任意球防守战术

距罚球地点最近的一名队员要干扰对方快速罚球，争取时间回位、布防，但方法要得当，不可违规或激怒裁判。

（三）角球战术

1. 角球进攻战术

（1）直接传至门前战术，由身材高大、争顶能力强的队员头顶攻门，或边锋、前卫包抄，抢点，补射破门。

（2）短传配合战术角球（即战术角球），这种战术一般在对方身材高大，制空能力较强时使用较多。

2. 角球防守战术

攻方罚角球时，前锋、前卫要及时回位布防。守门人员站在球门中间偏后一点，球门线外 1m 处。角球罚到远门柱或近门柱都能应付。身材高大、头球好的队员守住门前危险区域。其他队员进行人盯人贴身紧逼防守，并抢占重要位置。

四、足球战术的练习方法

（一）传球练习

在进行传球练习时，应由慢速移动到中速移动，再到快速移动；有短距离传地滚球到中距离传低平球，再到长距离传过顶球；有脚内侧传球到脚背内侧传球，再到脚背正面、脚背外侧传球；由两人一组无对抗传到多人分组对抗，再到各组组合。

（二）摆脱跑位与盯人选位练习

在进行摆脱跑位与盯人选位练习时，在标志线处两个人一组面对面站立，相距 1～2m，一攻一守。进攻者设法超越对手，防守者力求保持对手与球门之间的位置。

（三）传球跑位练习

两人一组，相距 8～10m，向前跑动进行传球练习。

（四）二过一配合

三人一组，两人进攻，一人防守，进攻队员根据防守者的位置，练习各种二过一战术配合。

第七章　排 球 运 动

第一节　排球运动概述

一、排球概述

排球运动起源于美国，由美国麻省好利诺城青年会体育干事威廉·摩根于 1895 年创造。开始是用篮球胆在网球网的两边拍来拍去，使球不落地的一种游戏，称为“volleyball”意即“空中飞球”。当时参加活动的人数和击球的次数都不限制，随着技术水平的提高，规则也逐渐形成。但美洲的排球运动长期没有作为一种竞赛项目，因此，运动技术水平提高不快。1900 年，排球运动传入亚洲，是 16 人制排球，首先传到印度，之后又相继传到中国、日本、菲律宾等国家。1913 年举行第一届远东运动会，16 人制排球被列为比赛项目。后来远东运动会中排球比赛逐步演变为 12 人制和 9 人制。远东运动会对亚洲排球运动的开展和提高起到了推动作用。1917 年，排球运动传入欧洲，是 6 人制排球。第二次世界大战结束后，排球运动在苏联等东欧各国得到较广泛的开展，运动技术和战术水平也较高。非洲和大洋洲的排球运动开展比较晚，水平较低。

1905 年，排球运动传入我国，20 世纪 70 年代我国首创了“时间差”打法，并创造了前飞、背飞、快抹等战术，为世界排坛做出了新贡献。1981～1986 年，我国女排以独特的战术、风格和顽强拼搏的精神，获得五连冠。

二、排球运动的特点

（一）形式的多样性和广泛的群众性

排球运动的场地设备比较简单，可设在室内，也可设在室外。地板上、沙地上、草地上、雪地上，甚至水中都可以进行排球活动，其形式多种多样，比赛规则容易掌握且可以变通。参加人数可多可少，运动负荷能大能小，适合不同年龄、性别、体质和训练程度的人在不同的环境条件下进行，具有广泛的群众性。

（二）技术的全面性和高度的技巧性

排球比赛中，任何位置上的队员都要参与防守和进攻；而且在大多数形式的比赛中，规则还要求队员轮转位置。因此，每个队员都必须全面地掌握各项攻、防技术。排球比赛具有球不能落地以及必须将球击出不能持住、同一名队员不得连续击球两次、每队击球次数又有规定等特点，因此决定了排球技术的高度技巧性。

（三）激烈的对抗性和严密的集体性

排球比赛中双方的攻防转换始终是在激烈的对抗中进行的，其对抗的焦点主要集中在网上的扣与拦之间。一分球的争夺往往要经过七八个回合。水平越高的比赛，对抗争夺越激烈。排球比赛双方都在利用规则允许的3次击球机会，通过精心设计和巧妙配合，在瞬间完成激烈的攻防转换和完美的战术组合，体现了严密的集体性。

（四）轻松的娱乐性和高雅的休闲性

排球运动不拘泥于形式，可支网相斗，也可围圈嬉戏。只要有一块空间，或沙滩或草地，尽可享受击技的乐趣。排球比赛隔网进行，双方斗技，没有身体接触，安全儒雅，是人们欢跃、休闲的理想方式。

第二节 基 本 技 术

排球技术是运动员在排球规则允许的条件下所运用的各种合理击球动作，它是排球运动和组织各种战术的基础。

随着排球战术的发展、规则的更新、运动员的身体条件及素质的不断提高，排球技术始终在不断地创新，新技术层出不穷。当前在排球比赛中，若没有全面、熟练、准确、实用的基本技术，则一切集体进攻和防反战术的打击都无法实现。因此，在排球教学中，必须扎扎实实地学习和掌握各项技术，不可有所偏废，尤其对青少年更为重要。排球技术分为准备姿势和移动、发球、垫球、传球、扣球、拦网。

一、准备姿势和移动

（一）准备姿势

运动员在排球比赛中，要随时准备做出各种技术动作来应付各种情况。做好正确的准备姿势，其目的是快速起动，迅速移动去接近来球，保持合理的击球位置，以便完成各种击球动作。

准备姿势一般分为稍蹲、半蹲和低蹲三种。半蹲准备姿势是最重要的准备姿势，在比赛中使用较多，为此在这里做重点分析。

1. 半蹲准备姿势

半蹲准备姿势主要用于一般垫球、接发球、接扣球等。

（1）下肢姿势。两脚左右开立比肩宽，一脚在前，另一脚稍在后或两脚站在一条线上，两脚尖内收成“内八字”，脚跟提起，拇趾紧紧扣地，着力点在前脚掌的内侧。膝关节弯曲，大小腿弯曲成100°～110°，两膝内收，膝部垂直而超过脚尖。

（2）上体姿势。上体自然前倾，重心靠前，两肩的垂直面超过膝部。

（3）手臂姿势。两臂自然放松，肘关节弯曲并下垂，两手置于腹前。

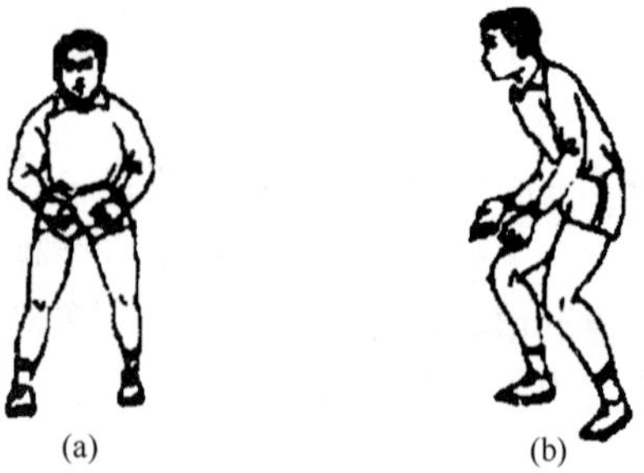

(a)　(b)

图 7-1　半蹲准备姿势示意图

（4）全身姿势。整个身体姿势要降低，全身肌肉应适当放松，不宜过于紧张，两脚保持微动状态，两眼注意来球动向，随时准备移动取好合理的击球位置，如图 7-1 所示。

2. 稍蹲准备姿势

稍蹲准备姿势比半蹲准备姿势的身体重心稍高，其动作方法相似。一般用于扣球助跑前和不需要快速起动的场合。

3. 低蹲准备姿势

低蹲准备姿势的身体重心比半蹲准备姿势的身体重心更低些，主要用于接扣球和接拦回球及接大力发球等，其动作方法与半蹲准备姿势相似，但两脚左右和前后开立的距离更宽一些，两膝弯曲的程度大于半蹲准备姿势，身体的重心更低并更要靠前，两手置于腹前。

（二）移动

移动是为了迅速接近来球，获取合理的击球位置，保持人与球的位置关系，便于完成各种击球技术动作。在现代排球比赛中，除极少数技术动作之外，要完成任何一种技术动作都离不开移动，因此，移动能力对技术和战术的质量起着关键性的作用。移动技术由起动、移动步法、制动三个环节所组成。

1. 起动

起动是移动的开始和发力动作。移动的关键在于起动的速度，而起动的速度取决于正确的准备姿势、反应能力以及腰部与腿部的爆发力量。以向左起动为例，首先做好正确的准备姿势，迅速抬起左腿，身体稍向左侧转动并倾斜，右脚用力蹬地，使整个身体快速地向左起动。

2. 移动步法

起动后的移动要根据临场技术和战术的需要，采用不同的步法。现将常用的移动步法分析如下。

（1）并步和滑步。并步步法是当身体距离来球一步左右时采用，主要用于传球、垫球和拦网等技术。例如，向左移动，右脚或双脚同时蹬地，左脚首先向左侧方向跨出一步，然后右脚迅速并上成击球前的准备姿势。当来球距离身体两侧较远时，可连续快速并步接近球，连续并步称为滑步。

（2）交叉步。交叉步步法是当身体距离来球三步左右时采用，主要用于传球、接发球、接扣球和拦网等技术。例如，向左移动，身体稍向左侧转动，右脚首先从左脚前面向左交叉跨出一步，然后左脚向左跨出一大步，同时左脚尖内扣，使身体转向来球方向，保持球前的准备姿势。向右移动时，动作相同，方向相反。

（3）跨步。跨步步法是当来球较低、距离身体约 1m 时采用，主要用于接发球、接扣球、接拦回球等。跨步可向前、向斜前、向左右侧方。采用跨步移动时，一脚用力蹬地，另一脚向来球方向跨出一大步，同时膝部弯曲，上体前倾，身体重心下降并移至跨出腿上。

（4）跑步。跑步步法是当身体距离来球较远时采用，主要用于传球、垫球、扣球和拦网等技术。采用跑步移动时，首先判断好来球的方向，两臂要用力迅速摆动，逐步加大步幅，加快步频，在接近来球时，降低重心并减速制动，做好击球动作。

（5）后退步。后退步步法是当来球在身体背后，来不及迅速转身时采用。移动时，身体重心适当降低并朝前，两脚迅速交替向后退步，上体不要后仰。

（三）练习方法

（1）讲解示范。首先简述准备姿势和移动在比赛中的重要作用，然后做示范，最后讲动作要领。动作要领首先从脚和膝部讲起，然后讲上体、手臂和整个身体姿势。示范时注意正面示范和侧面示范相结合，也可以边讲解边示范，学生边听边模仿做动作。

（2）初步练习。①学生排成两列横队站立，根据教师讲解示范的要求，在教师的组织和指导下，首先进行准备姿势练习，然后结合移动步法进行练习；②队形同上，两人一组，一人做准备姿势或移动，另一人纠正错误动作。

二、发球

发球是排球运动的一项重要的基本技术。它是比赛的开始，也是排球比赛的重要进攻手段。有威力、攻击性强的发球不但可以直接得分，起着先发制人的作用，而且可以破坏对方组织进攻战术，减轻本方防守压力，为防守反攻提供有利条件。此外，威力大的发球还能振奋精神，鼓舞士气，打乱对方的阵脚和部署。反之，发球失误过多，不但会失去发球权或为对方加分，而且会给本方造成很大的心理压力和防守的困难局面。因此，发球首先要有稳定性，然后增加其攻击性和准确性。

随着排球技术和战术的不断发展，发球也在不断地改进和提高。目前，各国排球队都在寻找新的具有较强攻击性的发球技术，以求打破发垫平衡的局面。发球主要采用远或近距离发平冲的重飘球和跳起发大力球，提高发球的命中率和破攻能力。

发球技术种类较多，一般有正面下手发球、侧面下手发球、正面上手发球、正面上手发飘球、勾手发飘球和勾手大力发球等。

（一）正面下手发球

发球时，面对球网两脚自然开立，左脚在前，右脚在后，两膝弯曲，上体前倾，重心在后脚，左手持球置于腹前。击球时，左手将球抛起偏右侧肩20～30cm处，同时，右脚蹬地，身体重心前移，伸直右臂，以肩为轴，向前摆动，用虎口、掌根或手掌击球的后下部，击球后迅速进场进行比赛，如图7-2所示。

正面下手发球的特点是：发球动作较简单，容易掌握，失误少，准确性高，但球的速度较慢，力量小，攻击性较差，一般适用于初学者。

图 7-2　正面下手发球示意图

（二）侧面下手发球

发球时，左肩对网，两脚左右开立与肩同宽，两膝微屈，上体稍前倾，左手持球置于腹前。击球时，左手平稳地将球向上抛离至身体正前方约一臂之远，离手高度约 30cm，同时右臂摆至右侧后下方，利用右脚蹬地转体的力量，右臂迅速向前摆动，用虎口或全掌在腹前击球的后下方，随即入场比赛。

侧面下手发球的特点是：发球动作较简单，容易掌握，由于它借助腰腹转动力量带动手臂挥动击球，比较省力，稳定性较大，但攻击性较小，适于初学者运用，特别适用于初学的女队员。

（三）正面上手发球

发球时（以右手发球为例），面对前场，左脚在前、右脚在后开立，左手持球，平稳地将球向右肩的前上方抛起，高度适中。抛球的同时，右臂抬起，并屈肘后引，肘与肩平齐，手掌自然张开，抬头、挺胸、展腹。击球时，后脚蹬地，带动上体向左转动，同时迅速收腹，以蹬地转体之力带动手臂向前挥动，重心随之移至左脚，伸直手臂在右肩的上方，以全掌或掌根击球的中下部，击球后，迅速进场进行比赛，如图 7-3 所示。

图 7-3　正面上手发球示意图

正面上手发球的特点是：由于面对球网站位，便于观察对方，易于控制落点，准确性较大，能充分地利用转体、收腹力量带动手臂迅速挥动去击球，使发出的球力量大、速度快、弧线平。由于手腕和手掌的明显向前推压，发出的球呈上旋，不易出界，同时也能增加发球的攻击性。

（四）正面上手发飘球

发球时，准备姿势与正面上手发球相同，但站位离端线距离变化较大。发远距离飘球时，距离端线 8m 左右处站立；发近距离飘球时，可站在端线几厘米处。抛球抬臂时，左手将球平稳抛至右肩前上方，稍靠前些，离身体水平距离约半臂，抛至相同于击球点的高度，这样便于直线加速挥臂去击球。在抛球的同时，右臂屈肘抬起并后引，肘部略高于肩，两眼注视球。挥臂击球，当球上升至最高点时，收小腹带动手臂快速挥动，以掌根坚硬平面击球的后中下部，使作用力通过球体重心。击球时，五指并拢，掌心向前，手腕紧张并后仰，用力快速、突然、短促，击球后可做突停或下拖动作，不能有推压动作。击球后，迅速进场比赛，如图 7-4 所示。

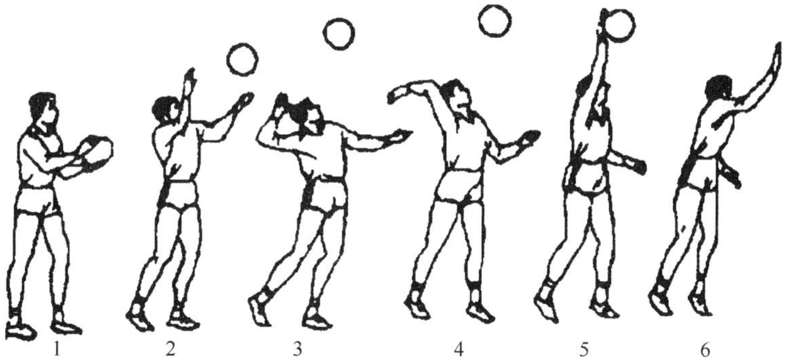

图 7-4 正面上手发飘球示意图

（五）勾手发飘球

发球时，左肩对网，两脚左右开立与肩同宽，两膝微屈，重心在两脚之间，左手持球于胸前。击球时，双手将球垂直而平稳地抛至头的左前上方，高约 1m。抛球同时，右腿弯曲，重心移至右脚上，上体向右倾斜并转动，右臂同时向右后侧摆动，抬头看球。随着右腿用力蹬地，利用挺胸及转体的动作，带动手臂向上挥击，如图 7-5 所示。

图 7-5 勾手发飘球示意图

发飘球的动作方法较多，无论发哪一种飘球，必须做到下列三点。

（1）抛球要稳定，高度要适宜。抛球不能过高或过低，要抛至相同于击球点的高度。抛球是发好飘球的前提，高度、距离和位置都要固定，不能忽前、忽后、忽左、忽右。

（2）动作要协调，挥臂要迅速。发飘球全身要用力，动作振幅不能过大，用力主要靠挥臂动作，幅度较小，要求动作轻松、协调、连贯、不能停顿，击球时，用力要突然、短促和集中。

（3）准确击球，作用力通过球体重心。击球是发好飘球的关键。击球时要直线加速，要以掌根坚硬部位击球的后中下部，作用力通过球体重心。手掌和手腕都要紧张，不能有屈腕或推压的动作，防止球体产生旋转。

（六）发球的练习方法

（1）学生面对面站成 2～4 列横队，间距 2m 左右，原地进行徒手模仿完整发球动作练习。可集体练习，也可分组练习，教师逐一检查。

（2）抛球的专门练习。可按上述队形原地进行抛球练习，也可安排学生在墙边、网边练习抛球动作。

（3）近距离对墙、网进行发球练习，体会手法和击球的部位。

（4）两人一组，两边线相对进行发球练习。

（5）近距离网进行发球过网的练习。先距网 3～4m 进行发球过网练习，然后退至 5～6m 处进行发球过网练习，最后全程进行发球过网练习。

（6）采用比赛形式的发球练习，将学生分成两组，各组拿球在端线后站好，两组按顺序交替进行发球对抗比赛。

（7）结合教学比赛，规定发球方法、线路和落点，进行发球练习。

三、垫球

垫球是排球运动的基本技术之一，是利用手臂从球的下部向上击球的技术动作。它是接发球、接扣球和接拦回球的主要手段，是组织进攻战术的基础。现代排球没有垫球技术，就没有进攻和防守。因此，提高垫球技术水平是争取比赛胜利的重要保证。

垫球技术动作比较简单，容易掌握，但要在比赛中熟练准确地运用垫球技术，必须在掌握正确的垫球技术动作的基础上，进行长时间的从难、从严、从实战出发的强化训练。

垫球技术一般可以分为正面双手垫球、跨步垫球、体侧垫球、低姿垫球、背向垫球、单手垫球、前扑垫球、滚翻垫球、鱼跃垫球和挡球等。现将几种常用的垫球技术进行介绍。

（一）正面双手垫球

正面双手垫球是最基本的垫球方法，是各项垫球技术的基础，只有在掌握这种技术以后，才能进一步学习和运用其他垫球技术，如图 7-6 所示。

图 7-6 正面双手垫球示意图

1. 准备姿势

判断来球方向和落点，迅速移动到位，对准来球，身体呈半蹲准备姿势。对力量较大、速度快的来球，准备姿势更要低些。

2. 手形

目前常用的垫球手形是叠掌式，即两手手指和前半手掌上下重叠，掌根紧靠，两拇指朝前平行，前臂外翻靠拢，两臂伸直，手腕下压，使两臂内侧形成垫击平面，如图 7-7 所示。

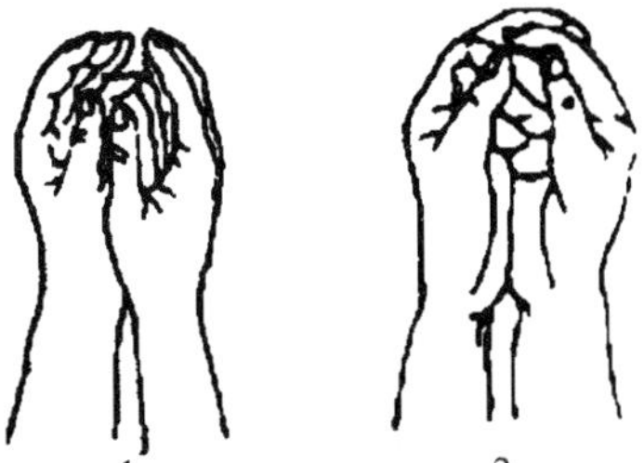

图 7-7 垫球手形

3. 击球点和垫击部位

正面双手垫球的击球点一般应保持在腹前的一臂距离的位置。用前臂腕关节以上 10cm 左右桡骨内侧平面击球。垫击球部位过高或过低，都不会垫准和垫稳，并且容易造成“持球”、“连击”犯规或垫球失误等，如图 7-8 所示。

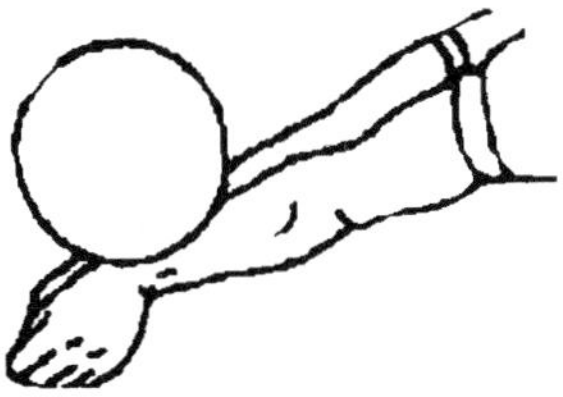

图 7-8 垫球部位

4. 击球

当来球离腹前一臂之距时，两臂夹紧伸直，迅速插入球下，以前臂的内侧平面击球的后下部，垫球时，两脚向前上方蹬地并抬臂，同时压腕顶肘，身体重心随着击球方向进行前移。

5. 用力

垫球时，根据来球力量、速度和垫击球的距离，掌握好手臂迎击球的用力和缓冲动作。如果来球力量小、速度慢或垫击球的距离较远，则垫击用力应大些，因此必须加大抬臂击球动作，来增加球的反弹力；如果来球力量较大或垫击球距离较近，则垫击时可用力小些，靠球的反弹力量将球垫起；如果来球力量很大，为了缓冲来球力量，则垫击时身体和手臂都需做顺势后撤动作，使球平稳垫出。

6. 手臂角度

要根据来球的角度和所垫出的方向来决定手臂与地面构成的角度。如果来球弧线较平，而且垫击的弧线要求较平，手臂与地面的夹角应大些，反之，应小些。

（二）跨步垫球

当来球的速度较快、弧线低、距身体 1m 左右时，可采用跨步垫球的方法，如图 7-9 所

图 7-9　跨步垫球示意图

示。跨步垫球在接发球、接扣球和接拦回球中广泛采用，它是前扑、鱼跃、滚翻等垫球技术的基础。要学习各种高难垫球技术动作，必须熟练掌握跨步垫球技术。

跨步垫球时，当判断来球的落点后，迅速向来球方向跨出一大步，屈膝深蹲，臀部下降，两臂夹紧伸直插入球下，用两前臂的内侧平面击球的后下部，对准垫出方向，将球平稳垫起。

（三）体侧垫球

当来球飞向体侧、速度较快、来不及移动垫球时，可采用双臂在体侧进行垫击。体侧垫球可扩大防守范围，但不易控制垫球的方向、弧线和落点。

当来球向右侧飞来时，左脚前脚掌内侧蹬地，右脚向右跨出一步，身体重心随即移至右脚，右膝弯曲，同时两臂夹紧向右侧伸出，右臂高于左臂，左肩稍向下倾斜，击球时，身体向左转腰和收腹，以两臂组成的击球平面自右侧后下方截击来球，将球平稳垫起。

（四）低姿垫球

当来球低、速度快、靠身体附近时，可采用低姿垫球，它便于控制球。因此，在接发球、接扣球及接拦回球时运用较多。

当来球在身体附近较低部位时，面向来球，身体重心迅速下降，上体前倾，前腿深屈，后腿膝部弯曲稍向外伸展，臀部低于膝，同时两臂贴近地面迅速插入球下，以提肩抬臂结合蹬腿动作或翘腕动作将球平稳垫起。

当来球稍远时，队员在低重心的防守准备姿势的基础上，向来球方向跨出一小步，两脚之间距离加大，跨出腿深屈外展，后腿自然弯曲并内侧着地，似半跪状态，上体充分前倾，塌腰塌肩，两手臂贴近地面迅速插入球下，用翘腕或提肩抬臂动作将球垫起，这种垫球称为半跪垫球。

（五）背向垫球

背向垫球是身体背对垫出方向的一种垫球方法。由于背向垫球是背对垫出的目标，不易控制方向和落点，垫球时要有较好的位置感觉。

背向垫球时，首先判断来球的飞行方向，迅速移动到球的落点附近，背对垫出方向，两臂夹紧伸直，击球点一般高于肩部，利用前臂内侧平面击球的前下部，击球时以蹬腿、抬头、挺胸及展腹后仰动作带动两臂将球向后上方平稳垫出。当背向垫低球时，以腕部虎口击球的前下部，用屈肘和翘腕的动作将球向后上方平稳垫起。

（六）垫球的练习方法

（1）原地徒手模仿完整垫球动作，教师检查或学生相互观摩。

（2）结合移动步法，徒手做垫球技术动作的专门练习。

（3）两人一组，相距4～5m，进行一抛一垫的练习。

（4）队形同上进行对垫练习或隔网对垫练习。

（5）进行连续垫球和对墙连续垫球的练习。对墙练习时，可在墙上划出一定高度、范围的标记，以提高垫球的准确性和控制能力。

（6）结合发球、扣球的垫球练习。可一对一进行练习，也可多对一进行练习。

四、传球

传球是排球运动的一项重要技术，是组织进攻战术的基础。传球主要运用在第二传，用于衔接防守和进攻。由于传球是用手指和手腕的动作去击球，而且手指手腕灵活，感觉能力强，两手的手指控制的面积大，传球准确性较高。

传球技术种类较多，主要有正面双手传球、背传、侧传、跳传、单手传等。

（一）正面双手传球

正面双手传球是最基本的传球方法，运用最为广泛，只有在学好正面双手传球的基础上，才能进一步掌握和运用其他各种传球技术，如图7-10所示。

图7-10 正面双手传球示意图

1. 准备姿势

两脚左右开立，与肩同宽。一脚在前，后脚跟稍提起，两膝微屈，身体稍前倾，两臂屈肘抬起，肘部下垂，两手张开成近似传球手形，放在脸前。

2. 击球点

传球时，为了便于观察来球情况和看清手及传球目标，便于对准来球和控制传球方向及落点，击球点应在额前上方约一球距离处。击球点过高或过低，都会减少对球的作用力，影响手形的正确性。

3. 手形及触球部位

传球时，手形应该是手腕后仰，两手指自然张开，围成半球形，拇指尖相对呈近似“一”字形。传球时，以拇指的指腹或内侧触及球的下部或后中下部；食指全部和中指的二、三指节触及球的后上部，无名指和小指触及球的两侧。当手指触及球时，以两手的拇指、食指、中指承受来球的冲力，无名指和小指在球两侧协助控制传球方向，如图 7-11 所示。

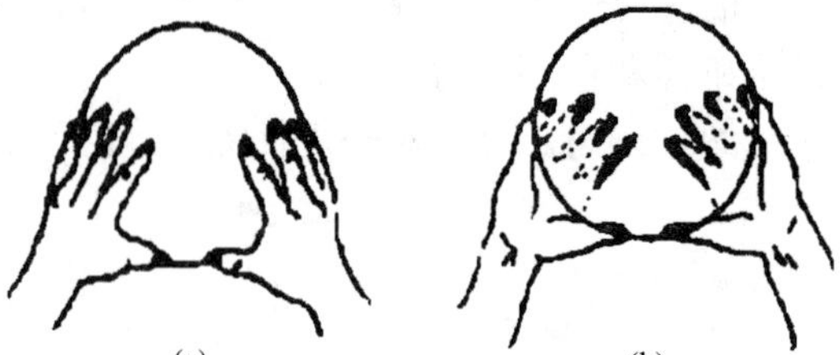

图 7-11　传球手形

4. 传球动作和用力

当来球接近额上方时，开始蹬地、伸膝、伸臂、两手张开向脸前上方迎击球，球触手的瞬间，手指和手腕应保持适当的紧张，传球时主要以蹬地、伸髋、伸臂的协调动作和手指、手腕的弹力将球传出。

（二）背传

背传是向身体背后上方的传球，其主要用于组织进攻，是二传队员必须掌握的主要传球技术之一，比赛中熟练运用背传技术，能够使进攻战术多样化，可出其不意，迷惑对方，如图 7-12 所示。

图 7-12　背传示意图

背传准备姿势：上体应比正面传球稍直立，身体重心在两脚之间，不要前倾，双臂屈肘抬起，两手成传球手形置于脸前。传球时，稍抬头挺胸，在两腿蹬地的同时，上体向后伸展，击球点保持在额上方。击球时，手腕适当后仰，掌心向上，手指击球的下部，利用向后上方伸臂、伸肘动作的手指、手腕的弹力将球向背后方向传出。

（三）跳传

跳传是当一传弧线较高而又接近球网时，所采用的跳起传球技术，如图 7-13 所示。

目前在比赛中运用比较广泛，一般用于二传。跳传可起到加快进攻速度和迷惑对方的作用，并且可使进攻战术多样化，扩大进攻的范围，减少二传环节中的失误。

图 7-13 跳传示意图

跳传的起跳动作无论是原地起跳还是助跑起跳都与扣球、起跳动作基本相似。起跳时，首先选好起跳点和掌握好起跳时间。起跳后，两臂屈肘抬起，两手放置脸前，击球点保持在额上方，在身体跳至最高点时，用伸臂动作及手指、手腕的弹力将球传出。人在空中，无法用上伸腿蹬地的力量去传球，因此要加大伸臂的幅度和速度。

（四）传球练习方法

（1）学生站成 2～4 列横队，原地徒手模仿手形或传球动作的练习，教师检查或学生一组练习，另一组观摩。

（2）一抛一接练习。接球时，用正确手形在额前将球接住，学生自己检查手形后，再抛向对方，如此往返练习。

（3）两人原地进行对传球或隔网对传球练习。

（4）三角传球练习或三人发、垫、传练习。

（5）两人固定抛球，另一人做左右移动后的传球，每人连续传（男生 30 次，女生 20 次）后交换练习。

（6）结合一传。在网前 1 号位或 2 号位向各个进攻点进行传球练习。

五、扣球

扣球是排球的基本技术之一，也是攻击性最强、最有效的进攻手段，在比赛中占有非常重要的地位。扣球是在二传配合的基础上，完成进攻战术的最后关键一环，是得分和夺取发球权的重要的有力武器，一个排球队如果能熟练地掌握多种强而有力的扣球技术，那么就能较好地掌握比赛的主动权，为争取比赛的胜利打下良好的基础。

扣球技术的种类较多，根据扣球者的站位、动作及临场作用，一般可分为正面屈体扣球、调整扣球、扣快球等。

（一）正面屈体扣球

正面屈体扣球是扣球技术中一种重要的方法，是比赛中运用最多的一项进攻性技术，适合于近网扣球和远网扣球。正面扣球面对球网，便于观察对方拦网和防守情况，扣球队员可以有针对性地采用不同的扣球个人进攻战术，因此进攻效果较好，如图 7-14 所示。

图 7-14 正面屈体扣球示意图

正面屈体扣球技术由准备姿势、判断和助跑、起跳、空中击球、落地等环节组成。

1. 准备姿势

两脚自然开立，一脚在前，另一脚在后，两膝稍屈，上体自然前倾，两臂稍屈自然下垂置于体侧，两眼密切注视来球。

2. 判断和助跑

助跑时，首先对一传进行判断，然后判断二传的方向、速度、弧线、落点，一面助跑，一面判断。判断贯穿在整个助跑、起跳和击球的全过程。

助跑的目的是接近来球，选择正确的起跳点，掌握好起跳时间，使身体获得足够的助跑水平速度，以便增加弹跳的高度，使扣球更加有力。助跑的步法种类较多，有一步、二步、三步、多步等。二步助跑步法是最基本的助跑步法，初学扣球时，必须首先掌握。以二步助跑为例，助跑时，左脚先向前自然迈出一步，接着右脚迅速跨出一大步，同时两臂迅速向体侧后下方划弧摆动，右脚以脚后跟先着地，迅速过渡到全脚掌落地，左脚迅速并上，落在右脚的前面，两脚之间距离与肩同宽，两脚尖稍向右转、膝关节弯曲。

3. 起跳

起跳时，两膝弯曲并稍内扣，上体前倾，在两脚迅速用力蹬地的同时，两臂由体侧后迅速向体前上方摆动，迅速展腹，带动整个身体垂直腾空而起。

起跳的目的不仅是获得弹跳的高度，而且是选择好起跳点、保持正确的击球位置和掌握好起跳的时间。

4. 空中击球

起跳后，右臂随之抬起，上体稍向右转，抬头挺胸并展腹，击球手臂后引，肘部自然弯曲略高于肩。挥臂时，以迅速向左转体和收腹、收胸的动作带动手臂挥动，迅速成甩鞭动作向右肩前上方挥击。击球时，五指微张呈勺形，并保持适当的紧张，以全手掌包住球，掌心为击球中心，手臂充分伸直，击球的后中上部或后中部，手腕猛力迅速下甩，同时主动屈指向前推压，使球向前下方加速上旋飞行，落入对方场区。

5. 落地

一般情况往往是左脚先着地，为了避免单脚先落地造成膝关节损伤，应力争两脚同时落地。落地时，应以前脚掌先着地再过渡到全脚掌着地。同时顺势收腹、屈膝，以缓冲下落的力量，并立即做好下一个准备动作。

（二）调整扣球

调整扣球是指在接发球或后排防守垫球不到位时，二传队员从后场区将球传到网前所进行的扣球。调整扣球技术动作与正面扣球相同，但由于二传球来自后场区，有近网球，也有远网球，还有拉开球和集中球，与球网有一定的角度并且弧线不固定，扣球队员难以判断，所以扣这种球难度较大。因此，扣球队员要准确判断来球的方向、弧线、速度和落点。调整好人和球的关系，选择好起跳点，掌握好起跳时间。根据人和球网的距离，合理地采用不同的扣球方法，控制好扣球的力量、速度、方向、路线和落点。

（三）扣快球

扣快球是扣球队员在二传队员传球前或传球的同时起跳，并迅速将二传队员传出的球，击入对方场区的扣球。快球在时间上争取主动，起着攻其不备、突然袭击的作用，可使对方拦网和防守产生判断错误。这种扣球的特点是速度快、力量大、时间短、落点近、突然性强、牵制能力大。

快球技术动作方法较多，有近体快球、半快球、短平快球、平拉开快球、背快球、背平快球、调整快球等。现将常用的快球技术介绍如下。

1. 近体快球

扣球队员在靠近网前，离二传队员约一臂之距处起跳扣的快球，称为近体快球。扣近体快球时，助跑的距离应较短，助跑的角度一般应保持45°左右为宜。扣球队员应随一传球同时助跑到网前，在二传队员传球前或传球的同时，在二传队员体前处迅速有力起跳。当球上升到高出球网上沿一个半球高度时，迅速挥动手臂带动前臂和手腕加速猛甩，以手掌击球的后上部或后中上部。

2. 半快球

扣球队员在靠近网前和二传队员附近起跳，扣高出球网上沿两个半球高度的球，称为半快球。扣这种球的助跑角度、起跳动作、击球方法均与近体快球相同，只是起跳的时间较晚一些，一般在二传队员传球出手后，迅速有力起跳扣球。

3. 短平快球

扣球队员在二传队员体前2m左右处，扣其顺网快速传过来的低平弧线球，称为短平快球。这种扣球的特点是速度快、进攻点灵活，使对方难以拦网和防守，因而突然性大，攻击性强。

扣短平快球时助跑距离较短，一般助跑方向采用垂直网和斜网两种助跑。斜网助跑路线与球网成 30°左右，扣球前，应根据二传队员的位置，调整好助跑角度和距离，选好起跳点，在二传队员传球前或传球同时起跳并迅速挥臂截击快速平弧线飞过来的球。击球时，迅速挥动手臂带动前臂和手腕加速猛甩，以全手掌击球后上部或后中上部。

（四）扣球练习方法

（1）原地进行徒手挥臂练习。为了加强挥臂动作的正确性，可先练习拿小垒球或乒乓球等以纠正挥臂动作向前上方甩出。

（2）原地进行挥臂击球练习。用左手持球举在头的前上方，右臂以正确挥臂动作击球的后上部，连续进行练习。开始不要将球击出，待熟练后可将球击出。

（3）原地进行自抛自扣练习。可对墙壁、球网练习，也可两人一组相距 9m 左右，互相扣反弹球练习。

（4）原地进行徒手助跑起跳练习。可先做助跑、起跳的分解练习，待熟练后再连贯起来练习。

（5）徒手进行助跑起跳、空中击球动作的综合练习。可集体或分组练习，也可结合球网练习。

（6）结合球网进行扣球练习。先练习扣网上定位球，再练习扣抛球，最后结合二传扣球。

六、拦网

拦网是排球基本技术之一，是防守的第一道防线，也是反攻的重要环节，如图 7-15 所示。成功的拦网不但可以直接拦死、拦起及拦回对方的扣球，还可以直接得分或获得发球权，使本方由被动变为主动，削弱对方的进攻力量，减轻本方防守上的压力。此外，有效的拦网还给对方心理上很大的威胁，削弱对方的锐气，增强本方士气和必胜的信心。目前，随着扣球技术向着力量、高度、速度、巧变等方面发展，拦网更加显示出它的重要性，因此必须迅速提高拦网技术水平。

图 7-15　拦网示意图

拦网可以分为单人拦网和集体拦网两种。

（一）单人拦网

单人拦网技术是拦网最基本的形式，它是集体拦网的基础，其动作方法由准备姿势、移动、起跳、空中拦击和落地五个相互衔接的部分组成。

1. 准备姿势

准备姿势的目的是便于迅速移动和及时起跳，队员应面对球网，两脚左右开立约与肩同宽，距中线约 40cm。两膝弯曲，上体稍前倾，两臂在胸前自然屈肘，掌心向前，两眼注意来球。一般情况下，前排 2、4 号位队员站在距边线 1.5m 处，3 号位队员站在 2、4 号位队员中间，还可根据对方进攻战术特点，采用相应拉开或集中站位。

2. 移动

当判断对方从某个位置扣球进攻时，相应区域的队员应立即迅速移动，移动时，应根据移动距离采用不同的移动步法。①短距离移动时，采用并步移动步法；②较远距离移动时，采用交叉步移动步法；③远距离移动时，采用快速跑步步法；④向前或斜向前移动时，可采用助跑起跳拦网的方法。

3. 起跳

移动后，两膝弯曲，重心下降，起跳时，两脚迅速用力蹬地，两臂在体侧划小弧用力向体前上方摆，带动身体垂直向上跳。起跳后，身体应稍微收腹，以控制身体平衡和延长腾空时间。

起跳时，应注意掌握好起跳时间，避免过早或过晚起跳。拦高球时，要根据二传球的高度、离网的距离、扣球队员的起跳时间和挥臂动作速度等特点，来确定拦网的起跳时间；拦一般高球时应比扣球队员稍晚一些起跳，即在对方挥臂时起跳；拦远网球时，应在对方击球的一瞬间立即起跳；拦快球时，一般应和扣球队员同时起跳或提前起跳。

4. 空中拦击

在起跳过程中判断好拦击点，两手从额部前上方迅速伸出，同时提肩，充分伸直手臂，两手自然张开，并稍紧张屈指屈腕呈勺形，两手之间的距离应略小于一个球的直径，要防止两手距离过大或过小，前臂靠近球网上沿，两臂保持平行。在对方扣球击球一瞬间，两手伸向对方上空尽量接近球。当两手触及球时，手掌和手腕要突然紧张，手腕迅速用力下压“盖帽”捂住球。当在 2、4 号位拦网时，外侧手掌要内转“包球”，防止打手出界。

5. 落地

空中拦击后，落地时，身体应稍收腹，以保持身体的稳定，以两脚前掌先着地，屈膝缓冲下落的力量，落地后，要迅速做好一个动作的准备或接应来球。

（二）集体拦网

集体拦网是双人和三人的拦网形式，是在对方大力扣球的情况下采用的拦网形式。它是由单人拦网组成的。

1. 双人拦网

双人拦网是集体拦网的主要形式，它是由前排两个相邻的队员同时起跳拦网所组成的，目的在于拦阻对方有威力的扣球进攻。当对方由 4 号位扣球进攻时，一般情况下由本方的 2 号位队员为主拦，3 号位队员移动并协同配合组成双人拦网；当对方由 3 号位扣球进攻时，如果进攻点靠近本方的 4 号位，则由 4 号位队员去协同配合 3 号位队员组成双人拦网；如果进攻点靠近本方的 2 号位，则由 2 号位队员去协同配合 3 号位队员组成双人拦网。双人拦网一般应以其中一人为主拦，另一人协同配合。两人起跳时，应保持适当的距离，避免互相干扰。起跳后，四只手应保持在球网上沿形成一道屏障，阻拦对方扣球进攻的主要路线。

双人拦网技术动作与单人拦网相同，但在 2 号位和 4 号位组成双人拦网时，主拦队员应以内侧手正对扣球路线，靠近边线的外侧手掌要稍向内转“包球”防止打手出界。两人起跳后，手臂要靠近，手掌与手掌之间以不漏一个球为宜。

2. 三人拦网

三人拦网是集体拦网的一种形式，一般情况是在对方扣球进攻力强、路线变化多，而且很少轻扣和轻吊时采用。三人拦网技术动作与双人拦网相同，组成三人拦网的关键在于迅速移动，取位恰当，配合密切。无论对方从哪个位置扣球进攻，一般都以 3 号位为主拦，2、4 号位队员协同配合。也可以根据对方扣球进攻的特点，以 2 号位或 4 号位队员为主拦，另外两人主动配合。

（三）拦网的练习方法

1. 徒手原地和移动拦网动作练习

（1）徒手原地学习手形和伸臂动作。

（2）徒手原地模仿拦网动作，体会拦网的伸臂和拦击球动作。

（3）网前做原地起跳徒手拦网动作。

（4）网前两人一组，隔网相对，做并步、交叉步、跑步徒手移动拦网。要求移动迅速，两人密切配合。

（5）网前三人站在本方高台上，分别持球在本区上空网上沿，多人在对方网前轮流移动拦网。要求起跳后在空中压腕“盖帽”并触球。

（6）两人一组，徒手移动配合拦网。

2. 结合扣球的单人和双人拦网练习

（1）单人跳起拦对方站在高台上扣出的固定路线的球。

（2）一方扣球，另一方单人原地拦网。

（3）一方扣球，另一方单人移动拦网。

（4）双人原地配合拦网。

（5）双人移动配合拦网。

（6）单人或双人拦各种扣球，如拦各种快球、集中球、后开球、远网球、调整球等。

第三节 基本战术及练习方法

一、排球基本战术的概念及分类

战术是进行战斗的原则和方法。排球战术是指队员在比赛中根据排球规则、排球运动的规律及彼我双方的具体情况和临场的发展变化，有意识地运用技术配合，所采取的有目的、有预见性的行动。

排球战术可分为个人战术和集体战术两大类。集体战术又进一步分为接发球及其进攻（简称一攻），接扣球及其进攻（防反），接拦回球及进攻（保攻），接传、垫球及其进攻（推攻）四个战术系统。

二、阵容配备

阵容配备指比赛时场上人员的搭配布置。阵容配备的目的是合理地把全队的力量搭配好，更有效地发挥每一个队员的特长和作用。因此，在组织阵容时，应该考虑根据队员的身体素质、技术水平，合理安排其在阵容中的位置，把进攻力量强的和防守技术好的队员搭配开，使每一轮次都有较强的进攻能力和较好的防守能力；主攻手、副攻手和二传手分别安插在对称的位置上，以便在轮转时保持比较均匀的攻防力量；根据战术需要和队员间默契程度，把平时配合较好的进攻队员和二传队员安排在相邻的位置上；扣球好的主攻手一开始站在最有利的位置上，如 4 号位；防守好的队员，应站在后排；本方有发球权时，发球好的队员最好站在 1 号位；发球权在对方时，发球好的队员可站在 2 号位；一传较差的队员尽可能不要安排在相邻的位置上，避免形成薄弱地区。

根据各队不同的技术水平和战术特点，一般有以下三种阵容配备。

（一）“四二”配备

“四二”配备即 4 个进攻队员和 2 个二传队员。4 个进攻队员中有 2 个是主攻队员，2 个是副攻队员。他们都站在对角位置上，如图 7-16 所示。

这种配备方法主要在初学和一般水平队中采用较多。

1. “四二”配备的优点

（1）每一个轮次前后排都能保持有一个二传队员和两个进攻队员，便于组织和发挥本队的进攻力量。

（2）如果两名二传队员都具有进攻力量，每一个轮次都可以插上，组成三点进攻，明显加强了进攻威力。

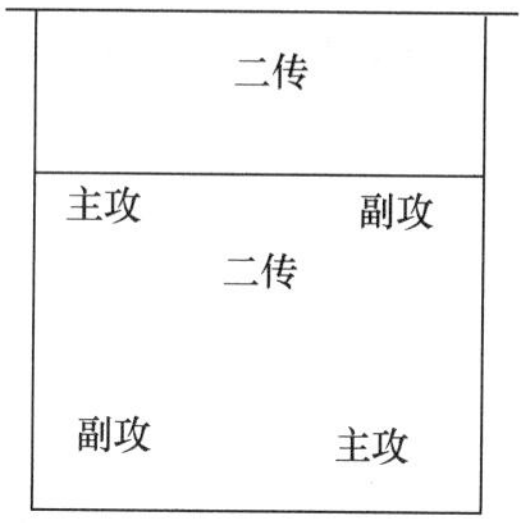

图 7-16 “四二”配备

2. “四二”配备的缺点

（1）每一个进攻队员必须熟悉两个二传队员的传球特点，配合比较困难。

（2）一个队要培养出两名高水平的二传队员比较困难，而且要求他们具有进攻能力就更不容易。

（二）“五一”配备

图 7-17　“五一”配备

“五一”配备即 5 个进攻队员和 1 个二传队员，其目的是加强进攻的拦网力量，如图 7-17 所示。为了弥补在主要二传队员来不及传球时所出现的被动局面，可以在二传队员的位置上，配备一名有进攻能力的接应二传队员。这种配备方法目前在水平较高的队中普遍采用。

1. “五一”配备的优点

（1）一个二传队员容易配合。

（2）当二传队员轮转到后排、前排有三个进攻队员时，可以加强进攻和拦网的力量。

（3）全队进攻队员只需适应一名二传队员传球的特点、习惯，在相互配合上较容易建立默契。

2. “五一”配备的缺点

（1）当二传队员轮到前排时，有 3 个轮次只有两点进攻。

（2）防反时，二传队员轮到后排，要插上去传球难度较大。

（三）“三三”配备

“三三”配备是场上攻球手和二传手各 3 人。站位时，1 名攻球队员间隔 1 名二传队员。攻球手和二传手相互穿插，能保证任何轮次前后排都有一或两名二传队员和进攻队员。目前采用这种阵容配置的较少，它适用于初学者和一般水平的球队。

1. “三三”配备的优点

（1）扣球手和二传手之间位置固定，有利于相互间的了解，组成固定的进攻战术。

（2）攻球手和二传手相互穿插，能保证任何轮次前后排都有一或两名二传队员和进攻队员。采用这种配备，便于采用“中一二”或“边一二”进攻战术。

（3）如果三名传球手也具有攻击能力，则还可以采用“插上”和“两次球”战术。

2. “三三”配备的缺点

有的轮次前排仅有 1 名扣球手，使得进攻力量单薄。若二传手也有一定的进攻能力，则可以弥补此不足。

三、换位

（一）换位的概念

排球规则规定，发球以后，队员在场上可任意交换位置。利用这一规则，各队通常采用专位进攻、专位防守的方法。一般来说，在前排的主攻队员换在 4 号位，拦网好、移动快、连续起跳能力强的副攻队员换到 3 号位，二传队员换到 2 号位；在后排，主攻队员换到 5 号位，副攻队员换到 6 号位，二传队员换到 1 号位。这种位置交换，可使队员专位化，便于发挥每个队员的特长，有利于让队员集中学习训练掌握某项实用技术，但专位化也容易造成队员技术的不全面。

换位时应注意：换位前，应按规则的要求站位，防止“位置错误”犯规；当发球队员击球后，立即迅速换到预定位置；对方发球时，应首先准备接球，然后换位，以免影响接发球；本方发球时换位队员应面向对方场区，观察对方动态；成死球后，应立即返回原位，及早做好下一个球的准备。

（二）换位的练习方法

（1）教师在小黑板上或场地边用图说明阵容配备的站位或交换位置的队员跑动路线，让学生或队员进行观摩学习。

（2）派 6 名学生上场站立，按教师的安排演示各个轮次的换位。

（3）专门练习本方发球后的前后排队员的换位。

（4）专门练习接发球后的前后排队员的换位，并组成“一攻”。

四、进攻战术

进攻战术是指在接对方发过来，扣过来，拦过来和传、垫过来的球后，全队所采取的有目的、有组织的配合进攻行动。进攻战术又可分为进攻阵型和进攻打法两方面。

（一）“中一二”进攻战术

3 号位员作二传，将球传给 4、2 号位队员进攻的组织形式，如图 7-18 所示。其优点是一传向网中 3 号位垫球比较容易，因而有利于组成进攻，适合初学者采用；二传队员在网前接应一传的移动距离近，向 2、4 号位传球的距离较短，容易传准。其缺点是战术变化少，对方容易识破进攻意图。此战术阵型适合初级水平球队运用。

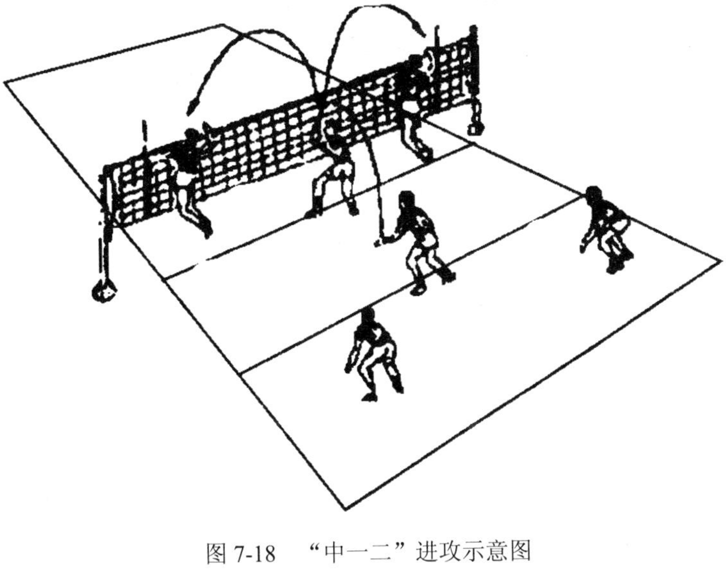

图 7-18　“中一二”进攻示意图

（二）“边一二”进攻战术

2 号位队员作二传，将球传给 3、4 号位队员进攻的组织形式，如图 7-19 所示。其优点是右手扣球者在此 3、4 号位扣球比较顺手，战术变化较多。其缺点是号位接一传时，向 2 号位垫球距离较远；一传垫到位时，二传传球较为困难。

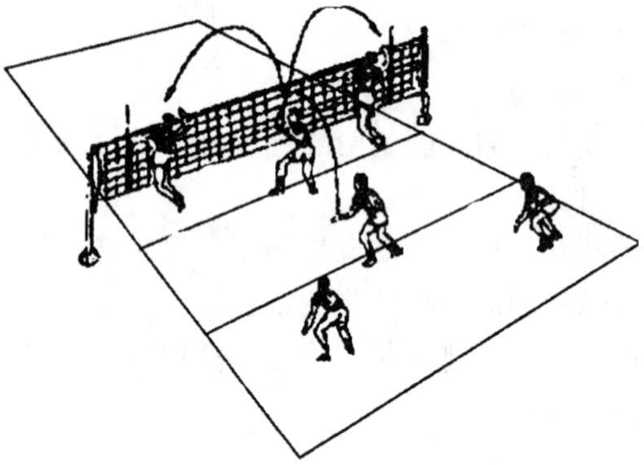

图 7-19　“边一二”进攻示意图

（三）“插上”进攻战术

二传队员由后排插上前排作二传，把球传给前排 4、3、2 号位队员进攻的组织形式，如图 7-20 所示。其优点是能保持前排三点进攻，战术配合变化多，并能利用网的全长组织进攻。其缺点是对插上二传队员的要求较高。

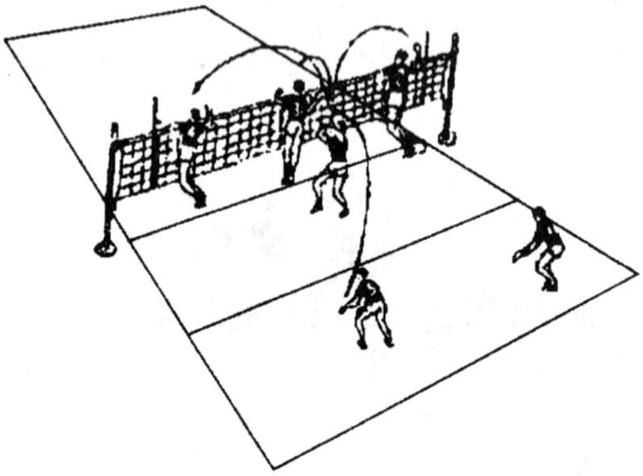

图 7-20　“插上”进攻示意图

（四）进攻战术练习方法

（1）三人一组，进行抛、垫、传的练习。
（2）结合场地，由教师发球，学生 3 人一组，在 1、6、5 号位进行接发球练习。
（3）球场上，由教师抛球，学生按上场阵容练习一攻和一传，打好 3～5 个球转一轮。

（4）由教师或学生发球，学生按上场阵容进行一传和一攻练习。规定一攻次数，完成后再转一轮。

五、防守战术

排球的防守战术是组织进攻或反攻战术的基础，没有严密的防守，进攻就无从组织。而一切防守战术都应从积极为进攻和反攻创造条件的角度进行设计和考虑。

排球防守战术可分为接发球防守，接扣球防守，接拦回球防守，接传、垫球防守，这四种防守战术在比赛中一旦运用成功，即可组织反攻。这就形成了接发球“一攻”、接扣球反攻、接拦回球“保攻”和接传球进攻的四种反攻战术，成为“四攻体系”。下面仅从防守方面介绍。

（一）接发球的防守战术

当对方发球时，本方处于防守地位，也是组织第一次进攻的开始。事先站好位置，摆好阵型，是接好发球的基础。站位的阵型，不仅要有利于接球，也要有利于本方所采用的进攻战术。同时，还要根据对方发球的特点，采取不同的阵型。通常多采用五人接发球和四人接发球。

1. 五人接发球站位阵型

除 1 名二传员站在网前或从后排插上准备二传不接发球外，其余 5 名队员都担负一传任务的接发球站位阵型，如图 7-21 所示。其优点是队员均衡分布，每人接发球的范围相对减小；接发球时，已站成了基本的进攻阵型，组织进攻比较方便，适合接发球水平不太高的球队。其缺点是一传队员从 5 号位插上时距离较长，难度大；3 号位队员接球时，不便组成快攻战术；不利于队员间的及时换位；队员之间地带较多，配合不默契时，容易互相干扰。

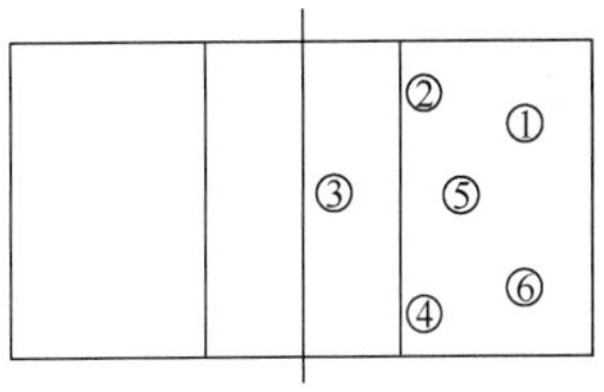

图 7-21 五人接发球站位示意图

2. 四人接发球站位阵型

插上二传队员与同列的前排队员均站在网前不接发球，其他 4 人站成弧形接发球的站位阵型。其优点是便于后排插上和不接发球的前排队员及时换位。其缺点是对接发球的 4 人要求有较高的判断、移动能力和掌握较好的接发球技术。

3. 三人接发球

三人接发球，是前两排两名队员和后排插上的二传手不参加接发球，或是前排 3 名队员都不参加接发球，而是由后排队员负责全场接发球任务的站位方法。

（二）接扣球的防守战术

接扣球的防守与组织反攻是密不可分的，只有防守成功才能有富有成效的反攻。接扣球的防守战术是前排拦网与后排防守的整体配合，根据对方进攻情况、本队队员特长、防守后的反攻打法，一般可分为无人拦网、单人拦网、双人拦网和三人拦网的防守阵型。

1. 无人拦网的防守战术。

它是排球比赛中初级、简单的防守战术。在对方进攻较弱，没有必要进行拦网时，可以采用不拦网的防守阵型。这种阵型与5人接发球站位阵型相似，前排进攻队员要撤到进攻线后，准备防守和防守后的反攻；后排队员后退，准备防后场球；二传队员留在网前，准备接吊到网前的球和组织进攻。

2. 单人拦网的防守战术

当对方扣球威胁不大、扣球路线变化不多、轻打中吊球较多时，可以主动采用单人拦网的防守阵型。拦网队员拦扣球人的主要进攻路线，不拦网队员及时后撤防守前区或保护拦网人，后排队员后撤加强后场防守。

3. 双人拦网的防守战术

这是接扣球防守中最常用的战术。当对方扣球威胁不大、扣球路线变化不多、轻打中吊球较多时，可以主动采用单人拦网的防守阵型。拦网队员拦扣球人的主要进攻路线，不拦网队员及时后撤防守前区或保护拦网人，后排队员后撤加强后场防守。双人拦网防守的形式有以下两种。

（1）“边跟进”防守。即当对方进攻时，本方前排两人拦网，另一名不拦网者后撤、同后排三名队员组成半弧形防守阵式，也称马蹄形防守，如图7-22所示。若遇对方吊球，则由后排同列队员（1号位或5号位）跟进，同时6号位队员要根据情况灵活补位。这种战术形式的优点是有利于防止对方的重扣，便于组织反攻；缺点是场中间空隙较大，对方吊球时较难保护。

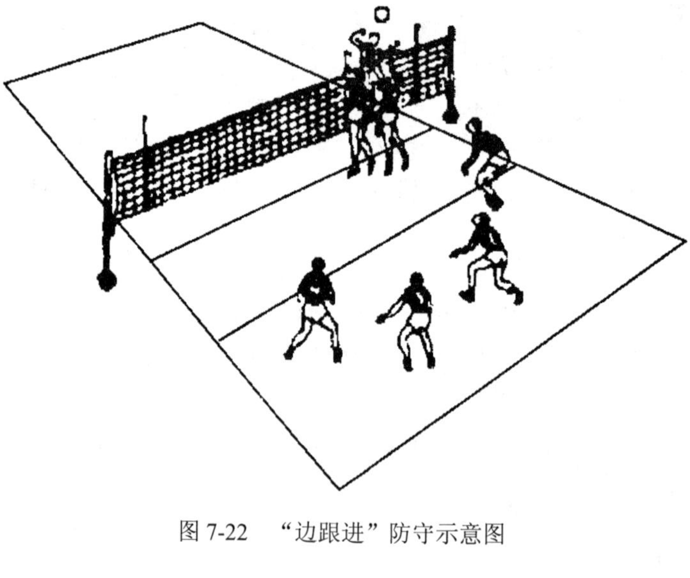

图7-22 “边跟进”防守示意图

（2）“心跟进”防守。采用这种形式，前排队员在布局上同“边跟进”的形式一样，6号位队员先站在离网4m左右的位置上，若遇到对方吊球，则向前跟进；若对方向后排进攻，则迅速后退，协同1号位和5号位队员进行防守，如图7-23所示。20世纪60年代“边跟进”形式被广泛采用后，“心跟进”形式就用得少了。由于“边跟进”防守有中间空隙较大的缺点，随着拦网的加强，“心跟进”防守形式有被采用的趋向。一个高水平的排球队，一般都要熟练掌握这两种形式，根据场上的变化灵活运用。

图 7-23 “心跟进”防守示意图

4. 三人拦网的防守战术

在对方主要扣球手进攻实力很强、不善吊球的情况下，可采用三人拦网、三人后排接球的防守阵型。这种阵型加强了网上力量，但后防的空隙也相对增大。三人拦网时，后排防守的 6 号位队员可以跟进到进攻线附近保护，也可以退至端线附近防守。

（三）接拦回球的防守战术

本方扣球时必须加强保护，积极防起被拦回来的球，并及时组织继续进攻。拦网人可以将手伸过网拦网，拦回的球通常速度快、角度小，因此接拦回球的保护阵型应形成多道防线的弧形状，且第一道防线紧跟在扣球人身后。以我方 4 号位队员进攻，其他 5 人保护为例，5 号位队员向前移动和向左后方移动的 3 号位队员形成第一道防线，1 号位队员保护后场，为第三道防线。其他位置进攻时，保护的阵型也可按同样道理布阵。

（四）接传、垫球的防守战术

当对方无法组织进攻，被迫用传、垫球将球击入本方时，我方的防守便称为接传、垫球的防守。这种情况在初学者中出现较多，由于来球的攻击性小，我方的防守阵型与不拦网情况下的防守阵型相同，即前排除二传队员外，其他的队员都迅速后撤到各自的位置，准备接球后组织进攻。需要注意的是，在后撤和换位的过程中，动作要迅速并随时做好接球的准备。

（五）防守战术的练习方法

（1）教师站在网前高台上抛、扣球，学生2人或3人一组进行拦网、跟进保护的练习。

（2）将学生分开成两组在2、4号位扣球，再派3名学生进行拦网、后排“心跟进”或“边跟进”保护的练习，防守起球3～5次后，再换人练习。

（3）教师在网前高台前用口令、手势做球示意进攻的位置，场上6名防守队员根据教师的示意徒手进行各种防守的拦网和跟进练习。

（4）六对六防守与进攻练习。由教师在场外抛球或扣球，一方组织进攻，另一方练习防守。

第八章　乒乓球运动

第一节　乒乓球运动概述

一、起源与发展

乒乓球运动于 19 世纪末起源于英国，最初只是一种活动性游戏。球是用轻而富有弹性的材料制成的，拍子是雪茄烟盒盖之类的木质板，像打网球一样在桌上打，故称为“桌上网球”。1900 年左右，由于轻工业的发展，球才改成用赛璐珞制成的空心球。此后，乒乓球运动便逐步发展起来。第一次大型乒乓球比赛于 1900 年 12 月在英国伦敦举行，参加比赛的有三百多人。

1926 年，国际乒乓球联合会正式成立，并决定举行第一届世界乒乓球锦标赛。五十多年来，乒乓球运动的发展大约经历了三个阶段。初期，运动员使用的球拍虽形状各异，但都是木制的，击出的球的速度慢，力量小，谈不上什么旋转；打法也单调，只是把球推来推去。

1903 年，英国人古德发明了胶皮球拍，因此有力地促进了乒乓球技术的发展。1926～1951 年，世界各国选手大都使用表面有圆柱形颗粒的胶皮拍。击球时增加了弹性和摩擦力，可以使球产生一定的旋转，因而出现了削下旋球的防守型打法。这一打法在欧洲流行长久，不少运动员采用这种打法获得了世界冠军。这一时期乒乓球运动的优势在欧洲，其中匈牙利队成绩最突出，在 117 项次世界冠军中，他们获 57 项次，占欧洲队的一半。20 世纪 50 年代初，奥地利人发明了海绵球拍，日本运动员道德在世界比赛中使用，并一举夺取第十九届世界锦标赛的四项冠军，打破了欧洲运动员的垄断地位。由于日本运动员利用这种球拍创造的远台长抽进攻型打法，具有正手攻球力量大、速度快、发球抢攻威胁大等优点，因而速度慢、旋转弱、攻击力不强的欧洲防守型打法逐渐被取代，使日本夺得了 50 年代乒乓球运动的优势。1952～1959 年，在 49 项次世界冠军中，日本队夺得 24 项次，占 49%。这是乒乓球运动水平的第一次大提高。

1959 年，容国团获得了第二十五届世界乒乓球锦标赛男子单打冠军后，中国运动员开始登上了国际乒坛。逐渐形成了以“快、准、狠、变”为技术风格的直拍近台快攻打法。在 1961 年第二十六届世界锦标赛中，中国队既过了欧洲关，又战胜了远台长抽加秘密武器——“弧圈球”打法的日本选手，第一次夺得了男子团体世界冠军，并连续获得第二十七届、二十八届男子团体冠军。中国近台快攻的优点是站位近、速度快、动作灵活、正反手运用自如，比日本远台长抽打法又大大前进了一步。20 世纪 60 年代，中国乒乓球技术水平位于世界最前列，乒乓球运动的优势由日本转移到中国。这是乒乓球运动水平的第二次大提高。

在日本、中国乒乓球运动发展的同时，欧洲运动员从失败中总结经验教训，经过近二十年的努力，终于取日本弧圈球技术和中国近台快攻打法之长，创造出适合他们的先进打法，即以弧圈球为主结合快攻的打法，代表人物是匈牙利的克兰帕尔和约尼尔。以快攻为主结合弧圈球的打法，是以正反手快攻为主要技术，用反手快拨快攻力争主动，以正手拉弧圈球寻找机会扣杀为得分手段，代表人物是瑞典的本格森、捷克的奥洛夫斯基等。这两种打法的特点是放置较强、速度快、能拉能打、低拉高打、回旋余地较大。乒乓球运动又推进到放置和速度紧密结合的新高度。这是乒乓球运动水平的第三次大提高。

20 世纪 70 年代以来，由于国际交往和学习研究的加强，各种打法互取长短，使乒乓球技术得到了更快的发展和提高。例如，我国近台快攻、直拍快攻结合弧圈球、横拍快攻结合弧圈球等打法和技术均有所发展与创新，在国际比赛中取得了优良的成绩。现在，乒乓球已发展成为各国人民喜爱的运动项目之一。国际乒乓球联合会也已拥有 127 个会员协会，是世界上较大的体育组织之一。由国际乒乓球联合会和各大洲乒乓球联合会举办的世界锦标赛、世界杯赛、洲际比赛及各种规模和形式的国际比赛不胜枚举。1982 年，国际奥林匹克委员会关于从 1988 年起把乒乓球列为奥运会正式比赛项目的决定，激起了世界各国对乒乓球运动的进一步重视，推动了乒乓球运动更快地发展。

二、乒乓球运动的特点

（1）乒乓球运动设备简单，容易开展，运动量可大可小，参加者不受年龄、性别等条件的限制，同时它还具有很强的竞争性，可以培养人的心理素质。

（2）乒乓球小而轻，击球时要求有比较高的技巧性。

（3）比赛时乒乓球运动速度快、变化多，所以要求参加者具有较强的应变能力。

第二节　基 本 技 术

一、握拍方法

（一）不同球拍的性能

1. 胶皮拍

正胶短齿胶皮拍球拍底板上贴一块胶皮，颗粒向外，颗粒高度在 1.5mm 之内。

性能：弹力均匀，击球稳健，易于控制球，但其弹性差，击球速度慢，力量也不够强，可以产生强烈旋转。

2. 海绵拍

（1）正胶海绵拍在海绵上贴一块颗粒向外的胶皮，颗粒的高度一般在 0.8～1mm，颗粒比较硬，缺乏黏性。

（2）反胶海绵拍在海绵上贴一块颗粒向内的胶皮，表面平整柔软，有较大的黏性。

性能：摩擦力大，能击出强烈的旋转球，但反弹力差，回球速度不如正胶海绵拍快，且不易控制转球。

3. 不同球拍的性能

（1）长胶球拍颗粒高度在 1.5～1.7mm，颗粒向外、柔软，可直接在底板上贴一块长齿胶皮，也可在薄海绵上加贴一块长齿胶皮。

性能：用长胶拍击球产生的旋转变化，往往使对手难以适应，并引起惧怕心理。它主要依靠来球的旋转或冲力增加回球的旋转强度或旋转变化。用削球回击拉过来的弧圈球，则球更加旋转；对方拉过来的上旋球用挡球回击，则变为下旋球；若来球下旋，用搓或推（拱）回击则变为上旋转；回削一般拉球或对搓时，回球不转；发球多为不转球；控制球能力需要通过长期的训练才能形成，同时击球速度较慢，难以发力攻球。

（2）生胶海绵拍这种球拍是在较薄的海绵上贴一块生胶皮，其胶体的含胶量比正贴胶皮大，故颗粒比较柔软，弹力较大，颗粒的高度一般在 0.8～1mm。

性能：弹性强，摩擦力较小，击出的球速度较快，略下沉，能减弱对方拉弧圈球的威力，在控制球方面有一定的成效；但不易制造差异较大的旋转变化，击球时要更多地依靠运动员本身发力。

（3）防弧海绵拍是在一块结构松、弹力差的海绵上反贴一块厚而硬、黏性小、有些发涩的胶皮。

性能：这种球拍缓冲性能强，可减弱强旋转球的作用，常用于控制对方拉出的弧圈球，但减弱了回球的速度和旋转强度。

（二）握拍法

握拍法即指手持球拍的方法。世界上流行着直式和横式两种握拍方法，两种握拍方法各有千秋，实践时应因人而异，扬长避短。

1. 直式握拍法

正面拇指第一指节和食指第二指节握拍，拍柄压住虎口（两指间距离适中），背面中指、无名指和小指自然弯曲斜形重叠，中指第一指节顶住球拍的后上部使球拍保持平稳，如图 8-1 所示。

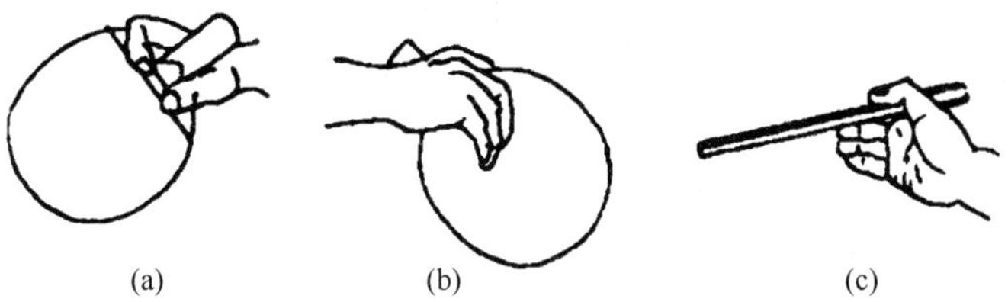

(a)　(b)　(c)

图 8-1　直式握拍法示意图

直式握拍法的特点：出手快，正手攻球快速有力，攻斜、直线球时，拍面变化不大，对手难以判断，且易于控台内球。总体上来说，直式握拍法反手的攻击性不如横式握拍法。

2. 横式握拍法

中指、无名指和小指自然地握住拍柄，拇指在球拍正面轻贴在中指的旁边，食指自然伸直斜放于球拍的背面，虎口轻微贴拍，击球时拇指和食指帮助手腕调节拍形和加力挥拍作用。正手攻球时食指向上移动，反手攻球时拇指向球拍中部移动帮助手腕下压加大击球力量，如图 8-2 所示。

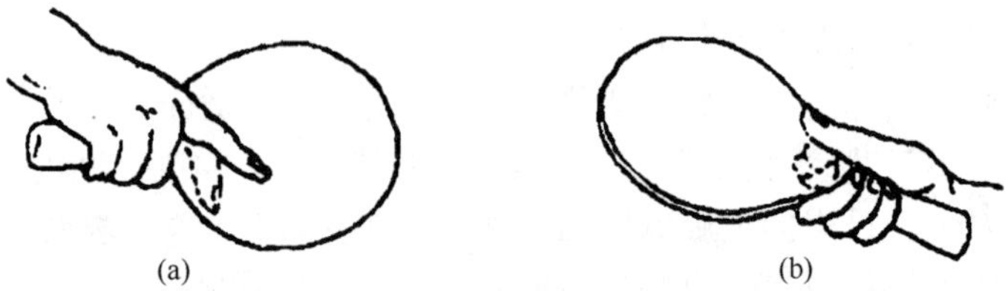

图 8-2　横式握拍法示意图

横式握拍法的特点：正反手攻球力量大，攻削球时握法变化小，反手攻球容易发力也便于拉弧圈；但正反手交替击球时，需变换击球拍面，攻斜、直线时调节拍形的幅度大，易被对方识破，在用手腕有灵活性上比直式握拍法稍差，台内球的处理上不及直式握拍法。

（三）握拍的注意事项

（1）无论哪种握法，握拍都不应过紧或过松。过紧会使手腕僵硬，影响发力时的手腕动作，过松则影响击球力量和击球的准确性。

（2）握拍不宜太浅。直握时，食指和拇指构成的钳形不能过大或过小，以免影响手腕动作的灵活性。

（3）在变换击球的拍面、调节拍面角度时，要充分利用手指的作用。

（4）握拍的手法不宜常变换，否则会影响打法类型及风格的形成。

二、准备姿势

击球前后，身体保持的合理姿势即准备姿势。合理恰当的准备姿势有助于判断来球，及时移动到位，运用各种基本技术完成击球动作。

动作要点：两脚开立约与肩宽，两膝微屈稍内扣以前脚掌内侧着地，身体重心在两脚中间，上体微前倾，下颌微收，两眼注视来球，持拍手臂自然弯曲，手腕放松，球拍自然后仰置于腹前，左手自然弯曲抬起高于台面。准备姿势的重点难点是两脚前脚掌内侧着地，屈膝提踵放松微动。

易犯错误：全脚掌着地，上体过直，重心偏高。

纠正方法：提踵屈膝略内靠，上体前倾。

三、步法

（一）单步

在来球距离身体一步以内的较小范围、角度不大的情况下、台内球及在还击追身球时采用此种步法。

1. 动作要领

以一只脚为轴，另一只脚向前、后、左、右不同方向移动，身体重心随之落在移动脚上，如图 8-3 所示。

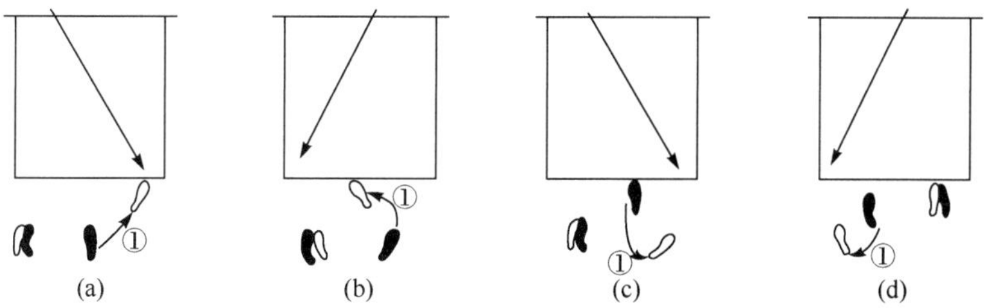

图 8-3　单步移动示意图

2. 实际运用

（1）接近网小球。

（2）削追身球。

（3）单步侧身攻击在来球落点位于中线稍偏左或对推中侧身突袭直线或对搓中提拉球时常用。

（二）跨步

1. 动作要领

一脚蹬地，另一脚向移动方向跨一大步，蹬地脚随后跟上半步或一小步，身体重心即移到跨步脚上，如图 8-4 所示。

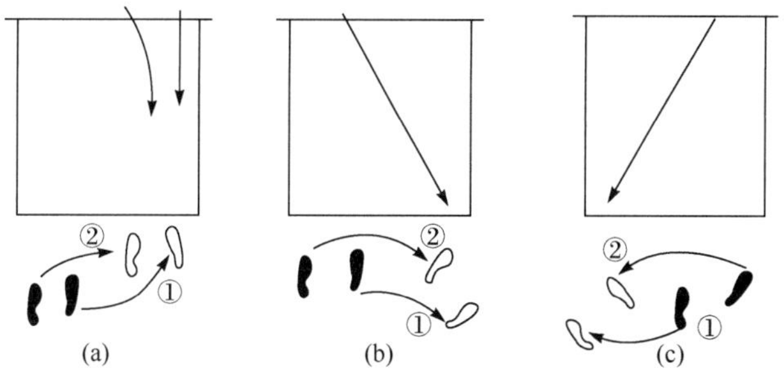

图 8-4　跨步示意图

2. 实际运用

（1）近台快攻打法，用来对付离身体稍远的来球。

（2）削球打法，左、右移动击球。

（3）跨步侧身攻，当来球速度较慢，但离身体稍远时，左脚向左前上方跨一大步，右脚随即跟上一小步，同时配合腰部右转动作，完成侧身移动。

（三）并步

两面攻打法当从基本站位向左右移动时多采用“换步”。

1. 动作要领

一脚先向另一脚并半步或一小步，另一脚在并步脚落地后随即向来球方向移动一步。

2. 实际运用

（1）快攻选手在左右移动中攻或拉球。

（2）削球选手正反手削球。

（3）并步侧身攻，多用于拉削球，右脚先向左脚后并一步，以便转体，随之左脚向侧跨一步。

（四）跳步

1. 动作要领

以来球异侧脚用力蹬地，两脚同时离地向来球方向跳动，如图 8-5 所示。

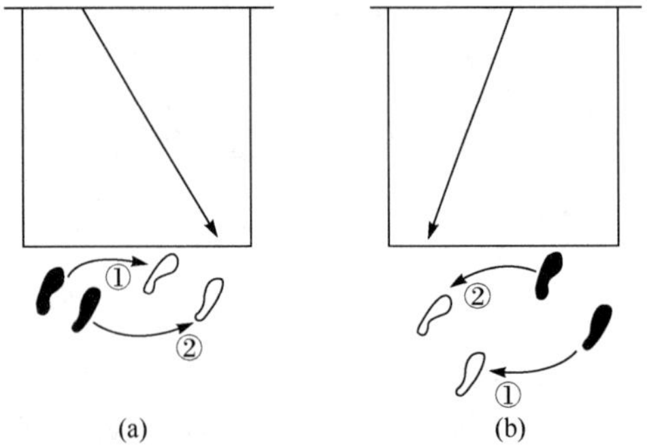

图 8-5　跳步示意图

2. 实际运用

（1）快攻选手左右移动击球，常与跨步结合起来使用。

（2）弧圈类打法由中台向左、右移动时常用。

（3）跳步侧身攻或拉，但在空中需完成转腰动作。

（4）削球选手在接突击球时常采用，但以小跳步来调整站位用得较多。

（五）交叉步

在来球较远的情况下多采用“交叉步”。

1. 动作要领

以靠近来球方向的脚作为支撑脚，该脚的脚尖调整指向移动方向，远离来球方向的脚在体前交叉，向来球方向跨出一大步，身体随之向来球方向转动，支撑脚跟着向来球方向再迈一步，这是前交叉步。后交叉步是在体后完成交叉动作，如图 8-6 所示。

2. 实际运用

（1）快攻或弧圈打法在侧身攻、拉后扑打右角空当，或从右大角变反手击球。

（2）在走动中拉削球。

（3）削球打法接短球或削突击以小跳步调整站位。

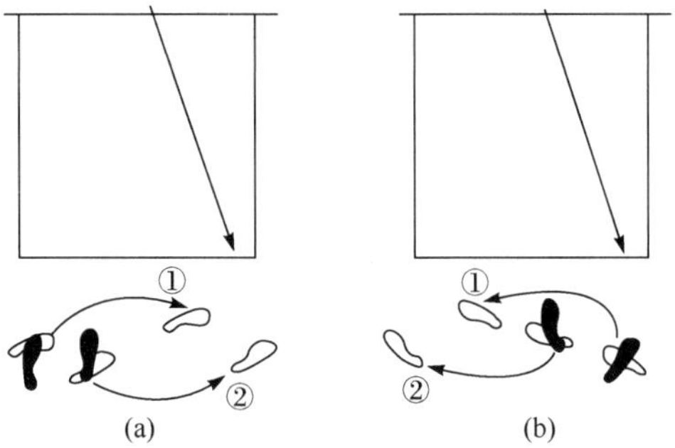

图 8-6　交叉步示意图

四、发球

发球在比赛中对于扬己之长、攻彼之短均有着技术和战术上的意义。它是连接整个乒乓球技、战术的重要环节。发球、接发球、发球抢攻称为前三板技术，这是我国乒乓球的强项技术。下面选择几种基本的发球技术进行介绍。

（一）平击发球

平击发球有正手平击发球和反手平击发球两种，是最基本的发球技术，也是初学者掌握发球的入门技术。

动作要领如下。

（1）正手平击发球：左脚稍前，抛球的同时转体，手臂向身体右后方引拍，当球下降稍高于球网时，手臂向左前方发力，挥拍击球中上部，顺势还原。

（2）反手平击发球：右脚稍前或平站，抛球的同时转体，手臂向身体左后方引拍，当球下降稍高于球网时，手臂向右前方发力，挥拍击球中上部，顺势还原。

（二）正手发左侧上、下旋球

正手发左侧上、下旋球指发球员在正手位由右向左挥拍摩擦球，球速较慢但左侧上（下）旋转力较强。对方平接回接时，球向发球员的左侧上方（即接发球员的右侧上方）飞出，称为正手发左侧上旋；若球向发球员的左侧下方（即接发球员的右侧下方）下网，称为正手发左侧下旋球。

（1）正手发左侧上旋球时，手臂自右上方向左下方挥摆，球拍从球的右侧中下部向左侧面摩擦，如图 8-7 所示。

图 8-7　正手发左侧上旋球

（2）正手发左侧下旋球时，手臂自右后上方向左前下方挥摆，球拍从球的右侧中下部向左侧下部摩擦，如图 8-8 所示。

图 8-8　正手发左侧下旋球

（三）反手发右侧上、下旋球

反手发右侧上、下旋球指发球员在身体的反手位由左向右挥拍摩擦，球速较慢，但右侧上（下）旋转力较强。对方平挡回接时，球向发球员的右侧上方（即接球员的左侧上方）飞出，称为反手发右侧上旋球；若球向发球员的右侧下方（即接球员的左侧下方）下网，称为反手发右侧下旋球。

（1）反手发右侧上旋球时，执拍手由左上方经身前向右下方挥摆，触球的拍面从球的左中下部向左侧上部摩擦。

（2）反手发右侧下旋球时，执拍手由左后上方向右前下方挥摆，触球时拍面从球的左侧中下部向右侧下部摩擦。同时，应注意配合转体动作使腰、臂协调用力，有利于增大发球的速度和力量，增强球的旋转。

（四）反手发急下旋球

球速快、弧线低，前冲大，迫使对方后退接球，有利于抢攻，常与发急下旋球配合使用。

（1）击球点应在身体的左前侧与网同高或比网稍低。

（2）注意手腕的抖动发力。

（3）第一落点在本方台区的端线附近。

（五）正手发奔球

球速急、落点长、冲力大，发至对方右大角或中左位置，对对方威胁较大。

（1）抛球不宜太高。

（2）提高击球瞬间的挥拍速度。

（3）第一落点要靠近本方台面的端线。

（4）击球点与网同高或稍低于网。

（六）正手发转与不转球

正手发转与不转球指发球员正手用相似的动作发出下旋强弱差异较大的球，球速较慢，前冲力小。

（1）发加转球时，手臂由后上方向前下方挥摆，前臂做旋外转动使拍面后仰，手腕用力使球拍下部靠左的一侧去摩擦球的底部。

（2）发不转球时，前臂做旋外转动应稍慢使拍面的后仰角度小些，用球拍下部偏右的一侧碰击球的中下部，故球的旋转较弱。

（七）高抛式发球

利用抛球高，待球下落时的加速度增大对球拍的压力，从而加快了发球的速度和增加了对方接发球的难度，为抢攻或抢拉创造有利条件，具有出手快、飞行急、旋转强、变化多的特点，如图 8-9 所示。

图 8-9　高抛式发球

高抛式发球站位一般在左半台，侧身正手高抛发球。击球的要点和低抛基本相同，发球时应注意除有旋转变化外，还应有长、短落点和斜、直线变化。

（八）发短球

发短球指发球到对方球台后，第二跳不出台。它具有动作小、出手快、落点短的特点。

发球时，击球瞬间主要以手腕发力为主。摩擦球的部位与发力方向、发左（右）侧下旋球及下旋长球相同。球的第一着台点应在本方球台靠近球网的中区附近。

提示：触球点应高，应有长球配合，方可起到短球的干扰作用。

五、接发球

在比赛中，接发球者具有被动转主动、技术难度大、判断反应快、心理素质要稳定的特点。第一板回接球是由被动转入主动进攻的第一步。回接球的质量，直接影响自己战术的发挥和是否能将对手控制在被动状态，同时也直接影响自己的心理状态。接发球好，可直接得分或为抢攻创造有利条件。

接发球的基本手法是由点、拨、带、拉、攻、推、搓、削、摆短、撇侧旋等多种综合技术组成的。所以，接发球技术是各项基本技术的综合运用。

采用哪一种方法接发球，应根据对方发球的旋转、落点及双方打法特点等诸因素而定。首先是站位的选择：站在球台左半台，在离球台端线的远近距离视来球的落点而定，便于前后移动接长、短球，离台 30～40cm。

其次是对来球的判断；判断是接好发球的前提。如何才能准确无误地判断出对方发球的旋转性质、旋转程度或缓、急、落点变化，主要应依据对方球拍在接触球的一瞬间的挥动方向和掌握球的部位与用力方向来判断球的旋转性能。

（一）回接对方左侧下旋球

球触拍后向自己的右侧下方弹出。接这种球一般采用推挤、搓、削为宜。搓球回接时拍面稍后仰，并略向左偏斜以抵消来球的左侧旋；若采用攻球方法回接，宜用拉抽（拉攻），拍触球时向上向前摩擦球。

（二）回接对方左侧上旋球

球触拍后向自己右侧上方弹出。接这种球一般采用推、攻回接为宜。回接时，拍面触球的中上部，适当下压，拍面所朝方向向左偏斜以抵消来球的左侧旋；要调节好拍面方向和用力方向。采用攻、拉球方法回接时，同样道理，应向对方挥拍方向相反的方向回接，以抵消来球的侧旋性能；同时也应调节拍形适当下压，防止球飞出界外。

（三）回接对方右侧下旋球

球触拍后向自己的左侧下方弹出。回接时拍面略向右偏斜，可采用搓、拉、点、削等方法。

（四）回接对方右侧上旋球

球触拍后向自己的左侧上方弹出。拍面也应根据来球旋转程度适当向右偏斜，用推、拨、攻、拉、削等手段回接。触球时，调节拍面，使拍形前倾击球中上部。若上述两种发球为近网短球，则上前移动步法采用推、拨、点、搓、攻、拉、摆短等手段回接。

（五）回接对方低（高）抛发的急下旋球

采用推、搓、拉方法回接。若用推接，拍面应略后仰，触球瞬间前臂旋外压球；用下旋推挡直接切球中下部，用前臂和手腕力量向前上方去摩擦球。若用搓球、向后移动步法，则应击来球下降期，引拍比接一般下旋球稍高些，加长球在拍面上的摩擦时间。用攻球回接，应注意适当向上用力提拉，又要调节拍形前倾角度。

六、推挡

推挡球包括平挡、快推、加力推、推挤、推下旋、减力挡等。它是控制球速、落点和稳定球性的有利手段，是初学者首先应该学习的技术，因此要想学好打乒乓球，必须打好该项技术的基础。

动作要领：两脚平行或左脚稍前站立。身体离球台40～50cm，两脚开立约与肩宽，两膝微屈。球拍置于腹前，上臂带动前臂沿台面做平行挥动。击球拍形呈半横状，约与台面垂直，在击球的上升期击球的中部，以借助对方来球的反弹力将球击回。

（一）快推

站位靠近球台，击球时，小臂前推，手腕外旋，食指压拍，拇指放松，使拍前倾，在球上升期击球中上部，如图8-10所示。

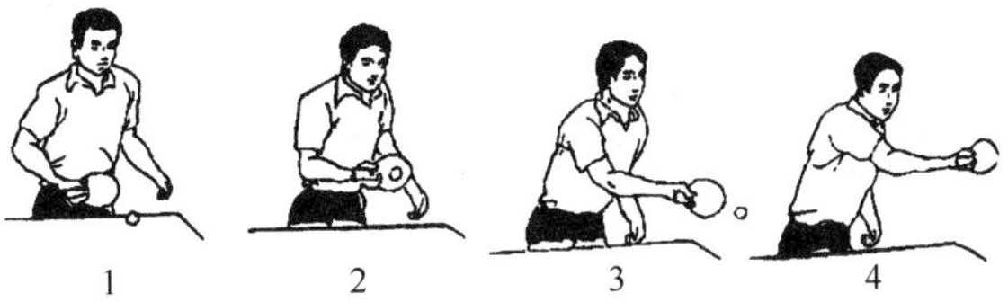

图8-10 快推

（二）加力推

站位离台30～40cm，小臂后收，使球拍稍提高，推球的上升后期或高点期，击球中上部。

（三）减力推

在触球瞬间，球拍前移的动作骤然停止，也可将球拍稍微后移，以减弱来球的发弹力。

提示：减力推以借力碰击球为主，球的落点应在球台面的中区。加力推适用于对付来球的速度较慢、旋转较弱的上旋球或力量较轻的攻球、推挡球。

七、攻球技术

乒乓球的攻球技术分为正手攻球、反手攻球、侧身正手攻球三大类。每种技术中又分为快攻、快点、快带、快拨、快拉、突击、扣杀、杀高攻、中远攻等各种技术。每种技术的特点不同，所起的作用与运用也不同。

（一）正手攻球

特点：站位近、动作小、速度快。比赛中能以攻守对付对方进攻，是近台快攻打法使用最多的一种攻球技术，如图8-11所示。

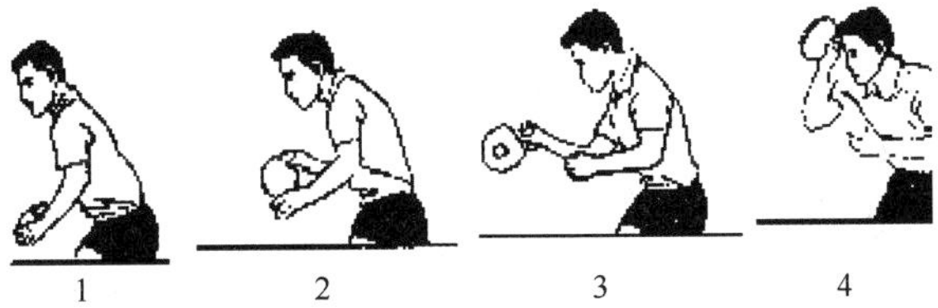

图8-11 正手攻球

动作要领：判断来球，选好站位，引拍于身体右侧方。击球时，右脚蹬地，转腰并向前移动重心至左脚；同时，上臂带动前臂向左前上方挥拍，手腕配合前臂旋内转动做内收，在来球的上升期击球的中上部。击球后，执拍手及身体各部位迅速放松，随势挥拍至前额，立即还原，应用60%左右的力量击球。

（二）反手攻球

特点：动作特点同正手攻球，它是横拍打法常用技术之一，如图8-12所示。

图8-12　反手攻球

动作要领：站位近台偏左，两脚平行站立，身体前倾，上臂自然地靠近身体，前臂迅速伸入台内迎球。击球前，肘关节自然弯曲，引拍至腹部左侧前，拍柄稍向下。击球时，前臂做旋外并稍加用力带动手腕向右前方挥动，肘略往后，拍形稍前倾，在来球的上升期击球中上部。拨球后，球拍随势前送迅速还原。

提示：击球时，手腕应使拍面角度相对固定，多借力少发力。

八、搓球

搓球是近台和台内回击下旋球的一种比较稳定的技术。它与削球的主要区别是站位近、动作小。由于具有旋转、速度、落点变化，常用于接发球或搓球过渡，为进攻创造机会。搓球动作特点：动作较大，击球节奏和球速较慢，带下旋，较为稳定，如图8-13所示。

图8-13　直拍、横拍搓球示意图

1. 慢搓

动作要领：近台站位右脚稍前，持拍手臂自然弯曲。击球时，用前臂和手腕向前下方用力，拍面后仰，在下降期击球中下部。

2. 快搓

动作要领：站位及击球方法与慢搓相同，击球时拍面稍横，避免出界或回球过高。

3. 搓转与不转球

动作要领：慢搓或快搓均可搓加转球或不转球。搓加转球，手腕加速用力向前下方切球，用球拍的下半部摩擦球。搓不转球时，手腕向前用力，用球拍的上半部或中部碰撞球。

提示：加强对来球的落点和反弹路线的判断，保持合适的球触拍部位。

九、弧圈球

弧圈球是以旋转为主要特征的进攻性技术，它弧线曲度大，落台后前冲力大，攻击力强，是乒乓球比赛中进攻得分的主要手段。

弧圈球技术可分为正手弧圈球技术和反手弧圈球技术。根据弧圈球技术的旋转特征，可将弧圈球技术分为加转弧圈球、前冲弧圈球和侧旋弧圈球。

（一）正手拉弧圈球

特点：站位稍远，动作大，速度稍慢，弧线曲度大；落台后前冲并向下滑落，一般用于拉下旋球。

动作要领：两脚左右开立，稍大于攻球时距离，右脚在后，身体重心较低。执拍手沉肩垂臂，引拍至身体后下方，拍面稍前倾，身体重心移至右脚。大臂带动前臂向前上方挥拍，逐渐加快挥拍速度。根据来球旋转程度控制好拍形角度并找准击球时间。身体重心向左脚移动。拍触球时，右脚蹬地转体向左侧转动，迅速收缩前臂，发力要以腰、手为主，在来球下降期击球的中部或中上部。拉球后，球拍随势挥至头部高度，身体重心移至左脚上，如图 8-14 所示。

图 8-14　正手拉弧圈球

（二）反手拉弧圈球

特点：动作小，突然性强，具有一定的攻击力，是主动上手的有效技术。

动作要领：两脚平行或左脚稍后，准备击球时，身体重心下降，右肩下沉，球拍向下后方引至大腿内侧，球拍适当前倾，肘关节略向前顶出，持拍手要适当放松，手腕稍外展。球拍向上前方挥动，击球点在腹前方，触球时，身体向前方顶起，前臂以肘关节为轴，快速发力带动手腕的扭动发力，摩擦球的中下部，拉球的高点，迅速还原。

第三节　基本战术及练习方法

乒乓球各类型打法的基本战术一般可分为发球抢攻、接发球、搓攻、对攻、拉攻、削中反攻和弧圈球等几种战术。下面逐一进行介绍。

（一）发球抢攻战术

发球抢攻是我国直板快攻打法的“杀手锏”，是力争主动、先发制人的主要战术。各种类型打法的运动员都普遍采用发球抢攻来抢占每个回合的上风。发球战术运用的效果主要取决于发球的质量和第三板进攻的能力。发球抢攻战术因打法的类型不同而有所差异，但常用的发球抢攻战术主要有以下几种。

（1）正手发转与不转球。

（2）侧身正手（高抛或低抛）发左侧上（下）旋球。

（3）反手发右侧上（下）旋球。

（4）反手发急球或急下旋球。

（5）下蹲式发球。

（二）接发球战术

接发球战术与发球抢攻战术同样重要，从某种意义上讲，接发球水平的高低可以反映运动员的实战能力以及各项基本技术的应用程度。事实上，接发球者只是暂时处在被控制状态，如果你破坏了发球者的抢攻意图或者为他制造了障碍，减弱了对方抢攻的质量，也就意味着你已经脱离被控制状态，变被动为主动了。常用的接发球战术如下。

（1）稳健保守法。

（2）接发球抢攻。

（3）盯住对方的弱点处，寻找突破口。

（4）控制接发球的落点。

（5）正手侧身接发球。

（三）搓攻战术

搓攻战术是进攻型打法的辅助战术之一，其主要利用搓球旋转的变化和落点的变化为抢攻创造机会，这一战术在基层比赛中被普遍采用。搓攻战术也是削球型打法争取主动的主要战术之一。常用的搓球战术有以下几种。

（1）慢搓与快搓结合。

（2）转与不转结合。

（3）搓球变线。

（4）搓球控制落点。

（5）搓中突击。

（6）搓中变推或抢攻。

（四）对攻战术

对攻战术是进攻型打法在相持阶段常用的一项重要战术。快攻类打法主要依靠反手推挡（或反手攻球）和正手攻球（或正手拉弧圈球）的技术，充分发挥快速多变的特点来调动对方。常用的对攻战术有以下几种。

（1）紧逼对方反手，伺机抢攻或侧身抢攻、抢拉。

（2）压左突右。

（3）调右压左。

（4）攻两大角。

（5）攻追身球。

（6）变化击球节奏，加力推和减力挡结合，发力攻、拉与轻打轻拉结合，也可造成对手的被动局面。

（7）改变球的旋转性质，如加力推后、推下旋，正手攻球后，退至中远台削一板，对方往往来不及反应，可直接得分或创造机会球。

（五）拉攻战术

拉攻战术是以攻为主的选手对付削球的主要战术。为了发挥拉攻的战术效果，首先要具备连续拉的能力，并有线路、落点、旋转、轻重等变化；其次要有拉中突击和连续扣杀的能力。常用的拉攻战术主要有以下几种。

（1）拉反手后，侧身突击斜线或中路追身球。

（2）拉中路杀两角或拉两角杀中路。

（3）拉一角或杀另一角。

（4）拉吊结合，伺机突击。

（5）拉搓结合。

（6）稳拉为主，伺机突击。

（六）削中反攻战术

这种战术主要靠稳健的削球，限制对方的进攻能力，为自己的反攻创造有利条件。它不仅增强了削球技术的生命力，也促进了攻防之间的积极转化，常用的削中反攻战术主要有以下几种。

（1）削转与不转球，伺机反攻。

（2）削长短球，伺机反攻。

（3）逼两大角，伺机反攻。

（4）交叉削两大角，突击对方弱点。

（5）削、挡、攻结合，伺机强攻。

（七）弧圈球战术

由于弧圈球战术把速度和旋转有效地结合起来，稳健性好，适应性强，许多著名选手已用它去替代攻球或扣杀，常用的战术有以下几种。

（1）发球抢攻。

（2）接发球果断上手。

（3）相持中的战术运用。

第九章　羽毛球运动

第一节　羽毛球运动概述

一、起源与发展

现代羽毛球运动诞生于英国，大约在 1800 年，由网球派生而来，可以注意到现今的羽毛球场地和网球场地仍非常相似。1870 年，出现了用羽毛、软木做的球和穿弦的球拍。1873 年，英国公爵鲍弗特在格拉斯哥郡伯明顿镇的庄园里进行了一次羽毛球游戏表演。从此，羽毛球运动便逐渐开展起来，“伯明顿”即成了羽毛球的名字，英文的写法是“Badminton”。那时的活动场地是葫芦形，两头宽中间窄，窄处挂网，直至 1901 年才改成长方形。1875 年，世界上第一部羽毛球比赛规则出现于印度的浦那。三年后，英国又制定了更趋完善和统一的规则，当时规则的不少内容至今仍无太大的改变；1893 年，世界上最早的羽毛球协会——英国羽毛球协会成立，并于 1899 年举办了全英羽毛球锦标赛；1934 年，由加拿大、丹麦、英国、法国、爱尔兰、荷兰、新西兰、苏格兰和威尔士等国家发起了国际羽毛球联合会，总部设在伦敦。从此，羽毛球国际比赛日渐增多；1978 年 2 月，世界羽毛球联合会于香港成立。1981 年 5 月，国际羽毛球联合会和世界羽毛球联合会正式合并。

目前，国际羽毛球联合会已拥有一百多个会员国。国际羽毛球联合会管辖的世界性比赛有：汤姆斯杯羽毛球赛（世界男子羽毛球团体锦标赛），从 1948 年开始，每三年举办一次（1984 年起改为每两年举行一次）；尤伯杯羽毛球赛（世界女子羽毛球团体锦标赛），从 1956 年开始，每三年举办一次（1984 年起改为每两年举行一次）；世界锦标赛（单项比赛），从 1977 年开始；全英锦标赛（非正式传统单项比赛），早在 1899 年开始，每年举办一次。

二、羽毛球运动的特点

（一）一种全身运动项目

无论是进行有规则的羽毛球比赛还是作为一般性的健身活动，都要在场地上不停地进行脚步移动、跳跃、转体、挥拍，合理地运用各种击球技术和步法将球在场上往返对击，从而增大了上肢、下肢和腰部肌肉的力量，加快锻炼者全身血液循环，增强心血管系统和呼吸系统的功能。据统计，大强度羽毛球运动者的心率可达到每分钟 160～180 次，中强度羽毛球运动者的心率可达到每分钟 140～150 次，低强度羽毛球运动者的心率也可达到每分钟 100～130 次。长期进行羽毛球锻炼，可使心跳强而有力、肺活量加大、耐久力提高。此外，羽毛球运动要求练习者在短时间对瞬息万变的球路作出判断，果断地进行反击，因此它能提高人体神经系统的灵敏性和协调性。

（二）可调节运动量

羽毛球运动适合于男女老幼，运动量可根据个人年龄、体质、运动水平和场地环境的特点而定。青少年可作为促进生长发育、提高身体机能的有效手段进行锻炼，运动量宜为中强度，活动时间以 40～50min 为宜，适量的羽毛球运动能促进青少年身高的增长，能培养青少年自信、勇敢、果断等优良的心理素质。老年人和体弱者可作为保健康复的方法进行锻炼，运动量宜较小，活动时间以 20～30min 为宜，达到出出汗、弯弯腰、舒展关节的目的，从而增强心血管和神经系统的功能，预防和治疗老年心血管与神经系统方面的疾病。儿童可作为活动性游戏方法来进行锻炼，让他们在阳光下奔跑跳跃，并要求他们能击到球，培养他们不畏困难、不怕吃苦、不甘落后的品质。

（三）简便性

1. 不受场地的限制

羽毛球活动对设备的基本要求比较简单，只需两个球拍、一个球和一条绳索即可。正规羽毛球场地长 13.4m、双打宽 6.1m、单打宽 5.18m、双打球场对角线长 14.723m、单打球场对角线长 14.366m。平时进行羽毛球活动只要有平整的空地就可以了。因此，它不仅可以在正规的室内运动场进行，也可以在公园、生活小区等处广泛地开展。

2. 集体、个人皆宜

羽毛球运动既可单兵作战练习（两人对练），又可集体会战（双打练习或三人对三人对练）。单人对练时，练习者可以随心所欲地打出任何弧线、任何远度、任何力量、任何速度与任何落点的球；集体会战则可以使练习者养成协调配合的习惯，培养集体主义精神。

3. 不受年龄、性别的限制

羽毛球运动游戏性较强，运动量可大可小，不同年龄、不同性别以及不同体质的人都能在羽毛球运动中找到乐趣。

第二节　基 本 技 术

羽毛球的基本技术主要由手法和步法两大部分组成。手法包括握拍、发球和击球；步法由起跳腾空、前场上网、中场左右和后场后退等步法组成。

一、基本手法

（一）握拍

有人曾进行过这样的比喻：“羽毛球的球拍是选手手臂的延伸。”正确的握拍可使其与人的手有机地融为一体，选手可用这只“延长的手”随心所欲地迎击不同方向、不同速度的来球，达到手与球拍之间完美的结合。羽毛球的握拍分为正手握拍和反手握拍。但对于一名高水平的选手来说，握拍又不是一成不变的。在实战中为了更好地控制球的落点，应视具体情况，因时、因地细微调整握拍，但所有这些调整都是建立在正、反手两种基本握拍技术的基础上的，正确的握拍姿势如图 9-1 所示。

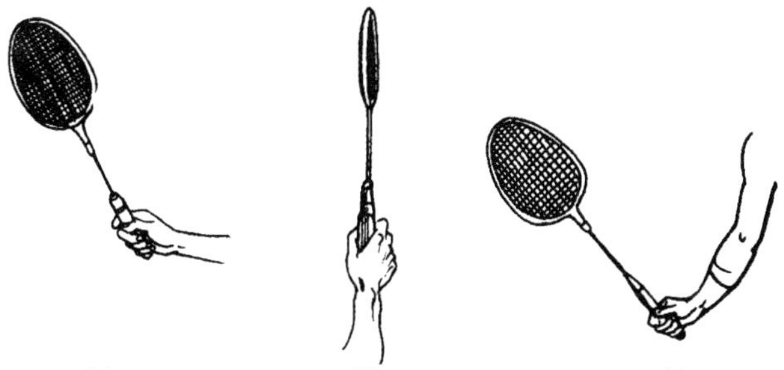

(a) (b) (c)

图 9-1 正确的握拍姿势

1. 正手握拍

先用左手握住球拍的中部，使拍框与地面垂直。张开右手，使虎口对准拍柄斜棱上的第二条棱线，拇指和食指贴在拍柄两侧的宽面上，其余的三指自然握住拍柄。拍柄与掌心不要握紧，应留有空隙，握拍力度适宜。

2. 反手握拍

一切在身体左侧的反手反拍面击球都用反手握拍法。

反手握拍技术的动作要领是：在正手握拍的基础上，将球拍柄稍向外旋，拇指顶贴在拍柄第一斜棱旁的宽面上，也可将大拇指放在第一、二斜棱之间的小窄面上，食指稍向下靠。击球时，靠食指以后的三指紧握拍柄，同时拇指前顶发力击球。为了便于发力，掌心与拍柄间要留有充分的空隙。

3. 常见的握拍错误

（1）握拍方法不固定。

（2）如同握拳头一样地将拍柄紧紧攥住。

（3）食指按在拍柄宽面的上部，而仅用其余四指攥住球拍。

（二）发球

发球是羽毛球运动最基本的技术之一。在羽毛球比赛中，发球质量高，可有效地陷对手于被动，为得分创造条件，甚至可直接得分。

就发球的姿势而言，发球有正手发球和反手发球之分。人们可视自己的习惯或战术的需要来选用正手发球或反手发球。一般情况下，单打中多采用正手发球（腕关节内旋运动），而在双打、混合双打中常用反手发球（腕关节外旋运动）。

就球飞行的角度和距离而言，可将其分为后场高远球、后场平高球、后场平射球和网前小球四种。无论用何种方式发球，在把握好发球时机的同时，还要注意发球动作的隐蔽性、突变性、落点多样性等特点。

1. 正手发网前小球

正手发网前小球是用正手握拍以正拍面击球，使球轻轻擦网而过，落在对方前发球线附近的一种发球。由于它的飞行弧度低、距离短，可以有效地限制对方直接进行强有力的进攻，是单、双打中较常见的一种发球，如图 9-2 所示。

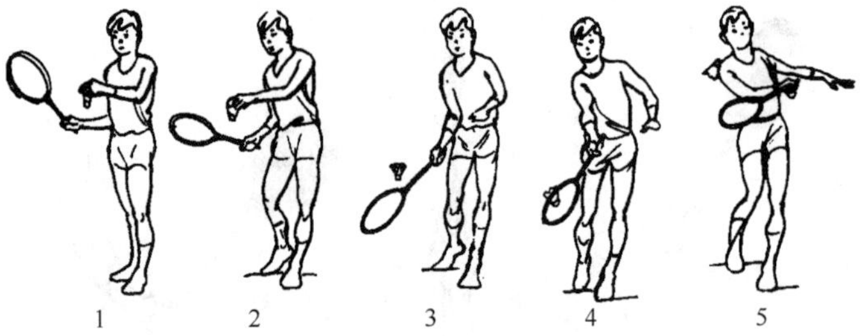

图 9-2　正手发网前小球

动作要领：准备姿势、引拍动作和发球后的动作与正手发后场高远球相似。击球时握拍保持放松，靠手指控制力量。手腕收腕发力，用斜拍面往前推送击球，使球轻轻擦网而过，落入对方前发球区。

2. 正手发高远球

正手发高远球是用正手握拍法，以正拍面将球击得又高又远，球飞行到对方的端线上空后突然改变其方向，垂直落至端线（底线）附近的一种发球。由于球处于对方端线，可有效地调动对方并削弱其进攻的威力，在单打中这种发球被普遍采用。

动作要领：两脚自然分开，左脚在前，脚尖对网，右脚在后，脚尖稍向右侧，重心放在右脚上；用左手拇指、食指和中指夹持住羽毛球中部，自然抬举于胸前方；右手正手握拍自然屈时举至身体的右后侧，呈发球前的准备姿势。击球动作持球手松开，使球自然下落，右手持拍臂自下而上沿半弧形做回环引拍动作，同时开始转体，当拍挥至身体右侧前下方击球点上的瞬间，前臂迅速内旋带动手腕闪动展腕发力，用正拍面将球击出，身体重心随转体动作逐渐由右脚移至左脚上。击球后的动作为身体重心完全移至左脚上，持拍手随击球动作完成后的自然惯性向左上方挥动。在发球的过程中，双脚均不能离开地面或移动。

3. 反手发网前小球

用反手握拍，以反拍面击出与正手发网前小球飞行弧度一样的球，称为反手发网前小球。

动作要领：准备姿势、引拍动作和击球后的动作均与反手发后场平高球相同。击球时靠手腕和手指控制发球的力量，以斜拍面向前轻轻推送切击球托，使球尽可能低地沿网上方飞过并落入对方前发球线内。

4. 反手发后场平射球

用反手握拍，以反拍面发出与正手发后场平射球同样飞行弧度的球，称为反手发后场平射球。

动作要领：击球时，尽可能地提高击球点，利用拇指的力量，拍面与地面呈近似于 90°角迅速向前推进击球。

5. 常见错误

（1）正手发后场高远球时，击球点在右肩下方，以肘为轴，前臂提拉屈腕发力击球。

（2）发球过程中双脚出现任何形式的脚步移动。

（三）击球

发球仅是击球的开始，而真正激烈的争夺是在发球后的接发球或发球抢攻以及这之后的对拉击球上。因此，合理、协调、有力、有效地击球将是运动员夺取最后胜利的最基本的保证。

1. 正手击高远球

击球前，重心下降准备起跳。起跳的同时右臂后引、胸舒展。当球落至额前上方击球点时，上臂往右上方抬起，肘部领先，前臂自然后摆，手腕尽量后伸、前臂急速内旋往前上方挥动，手腕向前鞭打发力（握紧球拍）击球托的后部，球即朝直线方向飞去；若手腕控制拍面击球托的右侧下部，球则向对角方向飞行。击球后，手臂随惯性自然回收至胸前，如图 9-3 所示。

图 9-3　正手击高远球

2. 击平高球

击平高球与击高远球一样，平高球也可以分别用正手、头顶或者是反手技术去击打。无论是用正手、头顶或者是反手技术击打平高球，其击球前的准备动作与用正手、头顶或者是反手技术击打高远球的准备动作相似，只是在击球的一刹那，手腕是向前使劲而不是向前上方使劲。

3. 反手击高远球

看准对方的来球落向左后场区时，迅速把身体转向左后方，移动到适合的击球位置，背对球网，并用反手握拍法握拍，最后一步右脚跨向左后方，球拍由身前举到左肩附近，以大臂带动前臂转动，击球时前臂由左肩上方往下绕半弧形，最后一刹那时手指紧握球拍，击球点应在右肩上方为好，以手腕往右后上方或者根据还击的需要掌握好球拍的角度鞭打进行击球，把球击向后上方。击球后，转身手臂回收至胸前。

4. 扣杀球

扣杀球是把高球用力向前下方重击、重切或重“点”击球。这种球速度快、力量大。比赛中，杀球可以直接得分，也可以使对方处于被动防守的地位。这一技术是羽毛球进攻中的主要技术之一，如图 9-4 所示。

1　2　3　4

图 9-4　扣杀球

扣杀球根据从击球点距身体的位置，可分为正手扣杀、头顶扣杀和反手扣杀；根据击球力量的大小，可分大力杀、轻杀、劈杀、点杀、开网大力杀等。

5. 正手杀球

击球前动作同正手击高球。击球的一刹那，前臂突然减速，用手腕的闪动向前下轻轻切击球托的右侧后下部。关键是用力向前下，使球越网后即下落。击球后，手臂随惯性自然回收到胸前。

6. 反手球

击球前的动作同反手击高球。不同点是前臂上摆，拇指内侧顶住拍柄，手腕向后“甩腕闪动”（由屈到后伸外展）轻击球托的后下部位，使球的受力向前下方，球沿直线方向落到对方网前。

二、基本步法

常用步法有跨步、蹬步、垫步和交叉步。

（一）跨步

当判断来球是网前时，两脚轻轻向上弹跳将重心调至右脚，左脚迅速蹬地向前迈出一步，当左脚刚着地时，右脚加速蹬地向前跨出，左腿用力使右脚向前大跨一步，着地时，以右脚跟、脚掌外侧的顺序着地。上体前倾，右腿成弓箭步，前腿用力缓冲，制动住身体，保持正确的击球姿势。

（二）蹬步

蹬步适于离网较近、击球员争取高点击球时采用。

动作要领：当判断来球是网前球时，两脚轻跳将重心调至左脚，同时左脚用力蹬地，右脚向来球方向大步跨出，使身体迅速向来球方向移动，击完球后，右脚先着地，左脚紧跟着着地，并迅速制动，返回球场中心位置（也可以根据当时的具体情况调整身体的位置），准备下一次击球。

（三）垫步

当判断来球是网前球时，两脚轻轻上跳将重心调至左脚，右脚迅速向来球方向迈出一步，紧接着左脚迅速跟上右脚并用力蹬地使右脚向前迈出一大步。脚跟、脚掌外侧先着地，然后全脚着地立即缓冲，右腿成弓箭步，控制住身体，保持下一次击球的正确姿势。

（四）交叉步

动作要领：当判断来球是后场球时，两脚向上轻跳将重心调至右脚，紧接着右脚蹬地，身体右转，右脚向来球方向迈出一步；随着右脚的着地，左脚经体后交叉移至右脚外侧；然后右脚迅速向后再移动一步，当右脚着地时，迅速向上蹬，使击球点增高，同时左脚向身后伸出。当击球完成时，左脚以前脚掌先着地，然后右脚着地，左脚着地时要缓冲、制动、回蹬连接紧凑，使身体迅速返回球场中心位置。

三、练习方法

（1）徒手或持拍在场地上进行各种移动步法的练习。

（2）两人一组，一人抛弧线、落点变化球，另一人采用各种移动步法击球练习。

（3）学生原地做各种握拍练习，教师逐一检查，或两人一组，一人练习，另一人观摩学习、纠正，相互交换进行。

（4）学生原地握拍站立，并做各个方位的击球动作，体会握拍是否正确、便于用力。

（5）用绳子拴住球，固定吊好，反复进行发球与接发球挥拍击球动作练习。

（6）在场内连续发各种球，练习弧线和落点。

（7）持拍结合移动步法进行各种击球练习。

（8）两人对抗赛，要求正确运用各种击球姿势。

第三节　基本战术及练习方法

羽毛球的运动战术，是指在羽毛球比赛中为实现攻防目的，比赛者根据其运动的特点和规律，有目的地采用特定组织形式的方法。当今世界羽毛球运动水平越来越高，一些高难度技术的出现，使羽毛球比赛更加精彩，比赛的胜负往往仅一二分之差。因此，要想在强手如林的比赛中战胜对手，除充分发挥技术的优势和体能的特长外，还须正确合理地运用战术。只有这样才能掌握主动权，控制局面，取得比赛最终胜利。

一、单打打法类型

单打打法是根据比赛者的个人技术特点、身体素质、心理素质等条件而形成的技术打法，常见的大约有以下五种。

（一）控制后场，高球压底

从发球开始就运用高远球或进攻性的平高球压对方后场底线，迫使对方后退，当对方回球不够后时，以扣杀球制胜；或当对方疏于前场防守时，就可以以轻吊、搓球等技术在网前吊球轻取。轻吊必须在若干次高远球大力压住后场，对方又不能及时回到前场的基础上进行。这种打法主要是力量和后场的高、吊、杀技术的较量。对于初学者，这是一种必须首先学习的基础打法。

（二）打四角球，高短结合

在后场，以高远球、平高球和吊球，在前场则以放网前球、推球和挑球准确地攻击对方场区前后左右四个角落，调动对方前后左右奔跑，顾此失彼，待对方来不及回中心位置或回球质量差时，向其空当部位发动进攻制胜。这种打法要求进攻队员具有较强的控制球落点的能力和灵活快速的步法，有速度，否则难占上风。

（三）下压为主，控制网前

主要通过后场的高远球、扣杀、劈杀、吊球等技术，先发制人，然后快速上网以搓、推、扑、勾等技术，高点控制网前，导致对方直接失误，或被动击球过网，被进攻队员一举击败的一种打法，通常也称“杀上网”的打法。这种打法是进攻型的打法，能够快速上网高点控制网前，速度耐力和力量耐力也要求较高。这种打法，体力消耗较大，如果碰上防守技术好的对手，体力就往往成为成败的关键因素。

（四）快拉快吊，前后结合

以平高球快压对方后场两底角，配合快吊网前两角（或运用劈杀）引对方上网，当对方被动回击网前球时，即迅速上网控制网前，以网前搓、勾球结合推后场底线两角，迫使对方疲于应付，为前场扑杀和中、后场大力扣杀创造机会。这也是一种积极主动、快速进攻的打法。这种打法，要求运动员身体素质好，特别是速度耐力要好，技术全面熟练，而且具备突击进攻的特长技术。

（五）守中反攻，攻守兼备

以平高球和快吊球击向对方前后左右四个角落，以调动对方。让对方先进攻，针对进攻方打的高远球、四方球、吊球等，加强防守，以快速灵活的步法、多变的球路和刁钻准确的落点，诱使对方在进攻中匆忙移动，勉强扣杀，造成击球失误，或当对方回球质量较差时，抓住有利战机，突击进攻。这种打法要求队员具有攻中有守、守中有攻的控球和反控球能力，不仅应具备优良的速度耐力、灵活的步法、准确快速的反应和判断应变能力，更应具有顽强的拼搏精神和心理素质，这样才能在逆境和被动中保持沉着冷静，并奋起反击。

二、双打打法类型

双打打法是根据双方的技术水平、身体素质和心理素质以及伙伴的配合特点，经过长期训练而形成的。常见的大致有以下三种。

（一）前后站位打法

此打法基本上是本方处于发球时所采用。发球的队员站位较前，当发球员发球后立即举拍封堵前场区，另一名球员则负责中场或后场的各种来球。前后站位法可充分运用快攻压网前搓、吊、推、扑技术，寻找空隙，一举打乱对方站位；或通过后攻前扑，后场连续大力扣杀，前场积极封堵，当回球在网附近时，一举给以致命打击。

（二）左右站位打法

本打法基本上为本方处于接发球状态和受到下压进攻时所采用。对方发球或打来的平高球处于后场，接球方可从原来的前后站位立刻转换为左右站位，两人各负责左右半场区的防守，以平抽、平打压住对方后场底线两角，在对方扣杀球时也能以平抽反击或挑高远球至两底角，造成对方回球无力，一举扣杀或吊球成功。

（三）轮转站位打法

在比赛中，攻守双方总是根据比赛的情况而不断地在前后站位和左右站位间相互变换。站位的变换通常具有如下特点。

（1）发球或接发球时前后站位。当对方回击高球至后场偏一侧进攻时，位于前面的队员要直线后退，后方的队员看情况向侧移动，改换成左右站位。

（2）发球或接发球时处于左右平行站位。在发球后或在对击球过程中，一旦有机会进行下压进攻时，一名球员便快速上网封堵，另一人则快速移动到后场进行大力扣、吊、杀球，导致对方处于被动地位。

三、单打战术

（一）发球战术

发球不受对方干扰，只要在规则允许的范围内，发球者可以随心所欲地以任何方式发到对方接球区的任何一点。采用变化多端的发球战术，常常能起到先发制人、取得主动的作用。因此，发球在比赛中占有重要地位。

1. 发后场高远球

这是单打中常用的发球，要求把球发到对方端线处，迫使对方后退还击，给对方进攻制造难度。发高远球虽然弧线高、飞行时间长，但由于离网距离远，球从高处垂直下落，后场进攻技术差的对手较难下压进攻。把球发到对方左、右发球区的底线外角处，能调动对方至底线边角，便于下一拍打对方对角网前，拉开对方的站位。特别是左场区的底线外角位是对方反手区，更是主要攻击的目标。但发右场区的底线外角时要提防对方以直线平高球攻击自己的后场反手区。如果把球发到对方接发球区底线的左、右半区的内角位，则能避免对方以快速的直线攻击自己的两边。

2. 发平高球

发平高球，球的飞行弧线较低，但对方仍然必须退到后场才能还击。由于球的飞行速度快，对方没有充裕的时间考虑对策，回球质量会受到一定的影响。对于球的飞行弧线的控制，应视对方站位的前后和人的高矮及弹跳能力而定，以恰好不给对方半途拦截机会为宜。落点的选择基本与发高远球相同。

3. 发平快球

发平快球（或者平高球）和网前球配合，争取创造第三拍的主动进攻机会。发平快球属于进攻性发球，球速很快，作为突袭手段若运用得当，往往能取得主动。但当接球方有所准备时，也能半途拦截，以快制快，发球方反而会处于被动。发平快球时球的落点一般应在对方反手区，或直接对准接发球人的身体，使对手措手不及。

4. 发网前球

发网前球能减少对方把球往下压的机会，发球后立即进入互相抢攻的局面。把球发到前发球线内角，球飞行的路线较短，容易封住对方攻击自己后场的角度。发球到前发球线外角位能起到调离对方中心位置的作用。特别是在右场区发前发球线外角位，能使对方反手区出现大片空当，但对方也能以直线推平球攻击发球者的后场反手。如果预先提防，可用头顶球还击。发网前球也可以发对方的追身球，造成对方被动。发网前球时最好配合发底线球，这样能有较好的效果。

（二）接发球战术

接发球虽然处于被动、等待的状态，但由于发球时受到诸多规则的限制，发球者不能给接发球者带来太大的威胁。发球者发球只能发到对角线的接发球区内，而接发球者只需防守半个不到的区域，却可还击到对方整个场区。所以，接发球者若能处理好这一拍，也可取得主动。

1. 接发高远球、平高球

一般可用平高球、吊球或杀球还击。但若对方发球后站位适中，则进攻时要注意落点的准确性。若用杀球、吊球还击，则自己的速度要跟上；如果对方发球质量很好就不要盲目重杀，可用高远球、平高球还击，伺机再攻，或者用点杀、劈杀、劈吊下压先抑制对方。

2. 接发网前球

可用平推球、放网前或挑高球还击。当对方发球过网较高时，要抢先上网扑杀。接发网前球的击球点应尽量抢高。

3. 接发平快球

要观察对方的发球意图，随时做好准备。借用对方的发球力量快杀空当或追身都能奏效，也可借助反弹力拦吊对角网前。

（三）逼反手

就所有的运动员而言，后场的反手击球总是或多或少地弱于正手击球，相对进攻性不强，球路也较简单（由于生理解剖结构的限制），有的运动员还不能在后场用反手把球打到对方端线，所以对于对方的反手要毫不放松地加以攻击。

1. 调开对方位置

使对方反手区露出空当，然后把球打到反手区，迫使对方使用反拍击球。

2. 对反手较差的对手

后场反手较差的人，经常使用头顶击球、侧身击球、侧身弓击球来弥补反手的不足。当头顶、侧身击反手区时，身体重心、身体位置要偏向左场区的边线，因此可以重复攻击对方的反手区，使其身体位置远离中心。这样本来是对方优点的正手区就出现大片的空当，成了被攻击的目标。当对方打来半场高球时，扣杀落点的选择应是：若对方移动慢，扣杀落点应在其刚离开的位置。因为在快速移动中要马上停住再回转身来接杀球是很困难的。迫使对方在后场用反拍击球时，要主动向前移动位置，封住网前，当对方在后场用反手吊直线或对角网前球时，就可以很快上前扑杀或搓、勾，为下一拍创造主动的机会。

（四）平高球压底线

用快速、准确的平高球打到对方后场两角，在对方不能拦截的前提下尽量降低球的飞行弧线，把对方紧压在底线，当对方回击半场高球时，就可以扣杀进攻。使用平高球压底线时，如配合劈吊和劈杀可增加平高球的战术效果。一般情况下，平高球的落点和杀、吊的落点拉得越开效果越好。

（五）拉、吊结合杀球

此战术是把球准确地打到对方场区的四个角上，使对方每次击球都要在场上来回奔跑。使用这种战术时，对不同特点的对手要采用不同的拉、吊方法。对后退步法慢的可以多打前、后场；对盲目跑动满场飞的可使用重复球和假动作；对灵活性差的应多打对角线，尽量使对方多转身；对后场反手差的仍通过拉开后攻反手；对体力不好的可用多拍拉、吊来消耗其体力，然后战胜之。

若能熟练地使用平高球、劈吊和网前搓、推、勾技术，快速拉开对方，伺机突击扣杀，则这一战术能收到更好的效果。

（六）吊、杀上网

先在后场以轻杀、点杀、劈杀配合吊球把球下压，落点要选择在场地两边，使对方被动回球。对方还击网前球时，迅速上网以贴网的搓球，或勾对角，或快速平推创造半场扣杀机会；若对方在网前挑高球，可在其向后退的过程中把球直接杀向他的身上。

（七）过渡球

首先要明确过渡球是为了摆脱被动，为下一拍的反攻积极创造条件。怎样才能变被动为主动是比赛中的重要一环。被动时要做到：首先，争取时间调整好自己的位置和控制住身体的重心。从网前或后场底线击出高远球是被动时常用的手段。当处于不停地跑动追球的状态时，或身体重心失去控制时，都可以打出高远球，以赢得时间，恢复身体重心，调整自己的处境。其次，利用球路变化打乱对方的进攻步骤。在接杀球或接吊球时要把球还击到远离对方的地方，以破坏对方吊、杀上网的连续快速进攻。如果对方吊、杀球后盲目上网，而自己的位置较好，则可把球还击到对方底线。

（八）防守反攻

这一战术是对付那种盲目进攻而体力又差的对手。比赛开始，先以高球诱使对方进攻，在对方只顾进攻而疏于自己的防守时，即可突击进攻；或者在对方体力下降、速度减慢时再发动进攻。这种开始固守、乘虚而入、以逸待劳、后发制人的战术有时效果也较好。

四、双打战术

双打比单打每方增加一名队员，而场地宽度仅增加 92cm，接发球区还比单打缩短了 76cm。因此，双打从发球开始就形成短兵相接的局面。由于进攻和防守都加强了，这就更加要求运动员技术全面，能攻善守，反应灵敏，特别是对发球、接发球、平抽、挡、封网、扑、连续扣杀、接杀挑高球及防守反击等诸多技术，要求更高。两名队员配合默契，相互信任，打法上攻守衔接及站位轮转协调一致，是打好双打的关键。

（一）发球

由于双打的后发球线比单打短，在双打中若发高远球，接发球方可以大力扣杀，直接争取主动，同时又较少有后顾之忧。因此，站位往往压在靠近前发球线处，对发球者造成很大的心理上和技术上的威胁。所以，发球质量、路线的配合、弧线的制造、落点的变化对整个双打比赛的胜负意义极其重大。可以毫不夸张地说，若比赛双方水平差不多，则胜负取决于发球质量。

1. 发球站位

发球的站位不同，对发球的飞行路线、弧线、落点和第三拍的击球都有关系。

（1）发球者紧靠前发球线和中线。

（2）发球者站位离前发球线 0.5m，靠中线。

（3）发球者站在离中线较远处。

2. 发球路线

发球路线和落点的选择需注意如下几点。

（1）调动对方站位，破坏对方打法。

（2）避实就虚，抓住对方弱点发球抢攻。

（3）发球要有变化。

3. 发球时间的变化

接发球方在准备接发球时，思想虽然高度集中，但因受到发球方的牵制，要等球发出后才能判断、启动、还击。所以，发球动作的快、慢也应在规则允许的范围内有所变化，不要让接球方掌握规律。

（二）接发球

接发球虽然受发球方的牵制，属于被动等待，但由于规则对发球进行了击球点不能过腰、球拍上沿必须明显低于手、动作必须连续向前挥动（不许做假动作）、不能迟迟不发等的诸多限制，所以发球者发出的球不能具有太大的威胁。接发球方如果判断准确、启动快、还击及时，就能在对方发球质量稍差时杀、扑得手或取得主动；反之，也会因接发球失误或还击不利使自己陷入被动。

（1）接发内角位网前球。以扑或轻压对方两边中场及发球者身体为主要攻击点，配合网前搓、勾等其他线路。

（2）接发外角位网前球。除了以上打的点外，还可以平推对方底线两角以调动对方一名队员至边角，扩大对方另一队员的防守范围。

（3）接发内角、外角位后场球。应以发球者为攻击点，力争扣杀追身球。若启动慢，则可用平高球打到对方底线两角。一般发球者在后场球发出后，后退准备接杀的情况居多，这时可用拦截吊球，落点可选择在发球者的对角。

（三）攻人

这是双打中常用的一种战术，就是以人为攻击目标。对付两名技术水平高低不一的对手时，一般都采用这种战术。对付两名实力相当的对手时也可采用这一战术。它集中攻势于对方一名队员，常能起到“集中优势兵力打歼灭战”的作用；在另一队员过来协助时，又会暴露出空当，可在其仓促接应、立足不稳时偷袭他。

（四）攻中路

（1）守方左右站位时把球打在俩人的中间。这种战术可以造成守方两人抢接一球或同时让球，彼此难以协调；限制对手在接杀球时挑大角度高球调动攻方；有利于攻方的封网，由于打对方中路，对方回球的角度也小，网前队员封网的难度就小了。

（2）守方前后站位时把球下压或轻推在边线半场处。这种战术多半是在接发网前球和守中反攻抢网时运用。这种球守方前场队员拦截不到，后场队员又只能以下手击球放网或挑高球，后场两角便会露出很大空当，因而有机可乘，攻击他的空当或身体位。

（五）攻后场

这种战术常用来对付后场扣杀能力较差的对手，把对方弱者调动到后场后也可以使用此战术。此战术多采用平高球、平推球、挑底线把对方一人紧逼在底线，使其在底线两角移动击球，在其还击出半场高球或网前高球时即可大力扣杀，取得该球的胜利或主动。若在逼底线两角时对方同伴要后退支援，则可攻击网前空当或打后退者的追身球。

（六）后攻前封

后场队员积极大力扣杀创造机会，在对方接杀放网、挑高球或企图反击抽球时，前场队员以扑、搓、勾、推控制网前，或拦截吊、点封住前半场，使整个进攻连贯而又有节奏变化，使对方防不胜防。

（七）防守

1. 调整站位

为了摆脱被动，伺机转入反攻，首先要调整好防守时的站位。如果是网前挑高球，那么击球者应该直线后退，切忌对角后退。直线后退路线短、站位快、对角后退路线长，也容易被对方打追身球。另一名队员应根据同伴移动后的情况补到空当位。双打防守时的站位调整，都是一名队员在跑动击球时，另一名队员根据同伴的移动情况填补空当。

2. 防守球路

（1）攻方杀球者和封网队员在半边场前后一条直线上，接杀球应打到另半边前场或后场。

（2）攻方杀球者和封网者在前后对角位上，接杀球可还击到杀球者的网前或封网者的后场。

（3）攻方杀球者杀对角后，另一名队员想要退到后场去助攻时，接杀球时可以还击到网前中路或直线网前。

（4）把攻方杀来的直线球挑对角，杀来的对角球挑直线以调动杀球者。

关于防守的方法还有许多，但目的都是破坏攻方的进攻节奏和势头，在攻方进攻势头减弱时即可平抽或蹲挡，若攻方站位混乱出现空当，守方即可抓住战机转守为攻取得主动。

第十章　健　美　操

第一节　健美操概述

一、健美操的概念

健美操是在音乐的伴奏下，运用各种不同类型的操化方法，融体操、舞蹈、音乐为一体的身体锻炼。健美操既是健身美体、陶冶情操的大众健身方式，又是竞技运动的一个项目。

根据健美操的目的和任务的不同，可以将其分为健身健美操和竞技健美操两大类。健身健美操是以健身为目的，旨在全面活动身体、发展身体；竞技健美操则是以竞技为目的，有特定的比赛规则和评分方法，对人的身体素质、技术技能和艺术表现能力有较高的要求。

二、健美操运动的锻炼价值

健美操除了具有增强体质的功能，还具有独特的锻炼价值。

（一）提高艺术素养

健美操是动态的健美运动，动作频率很快，跳跃动作较多，运动负荷较大，讲究力度，因此消耗身体能量较大，有利于消除体内多余的脂肪，在减少多余脂肪的同时还可以发展身体某些部位的肌肉，使人的形体按健美的标准得以塑造。另外，健美操是具有艺术性的项目，长期从事该项目的运动可以增强节奏感，提高音乐的素养，并有助于提高人们认识美、鉴赏美、表现美乃至创造美的能力。

（二）有利心肺功能

健美操运动是全身性的运动，跑跳、翻转频繁，身体活动量比较大，所以对心肺功能的提高作用比较明显，经常从事健美操运动的人，可以使心肺功能得到发展和提高。另外，健美操运动还可以提高中枢神经系统的协调能力。

（三）陶冶情操

健美操运动是在音乐的伴奏下进行的身体练习，音乐使健美操成为一项充满生机和活力的运动。人们在欢快的氛围下进行运动，心情比较愉快，不容易产生疲劳的感觉，同时可以排除精神的紧张。长期从事健美操的运动，可以净化锻炼者的心灵，陶冶锻炼者的情操，使锻炼者身心都得到全面协调的发展。特别是集体配合进行练习还可以增进友谊，增强集体的荣誉感。

三、健美操的特点

（一）健身美体的实效性

健美操是以健身为基础，根据人体解剖学、运动生理学、体育美学等科学理论，为使人体健康健美地发展而编排的。健美操运动讲究健美大方，强调力度和弹性，练习内容讲究针对性和实效性，不仅能使身体各部位的关节、韧带、肌肉都得到充分锻炼，使人体匀称和谐地发展，而且能增强体质，培养健美的体型和风度，塑造健美的自我。健美操运动对人的身心影响比较全面，因此参加这项运动锻炼可收到健身美体的实效性。

（二）鲜明的节奏感和韵律感

健美操是一种必须在音乐的伴奏下才能进行的身体练习，音乐是健美操的灵魂。它的音乐节奏鲜明，风格奔放。鲜明的节奏易于锻炼者随乐起舞，奔放的风格能激发锻炼者的情绪，使之不易产生疲劳感，并且同时产生一种轻松愉快的放松感，既得到了美的享受，又提高了协调性、节奏感和韵律感。

（三）广泛的群众性

健美操是一项富有趣味性的运动，能给练习者带来热情奔放的情感体验，适合现代人追求健美和自娱自乐的需求，而且健美操不受年龄、性别、形体、素质、个性和气质的限制，因此深受广大群众的喜爱。此外，健美操不受气候的影响，对场地、器材条件的要求不高，练习起来简便安全，适合不同地区、不同条件的单位和个人开展，因此健美操运动具有广泛的群众性。

第二节　健美操的基本动作

健美操的基本动作是健美操练习和进行群众性练习健身锻炼的基础。通过基本动作的练习，可以掌握正确的动作技术，加大动作幅度，培养良好的动作形态。基本动作练习是按人体生理解剖结构分部位进行的，是一项专门的练习，练习者根据需要加以选择。

健身健美操的基本动作是根据身体的各部位而确定的，它包括头颈动作、肩部动作、上肢动作、胸部动作、腰部动作、髋部动作和下肢动作。

一、头颈动作

头颈动作是由屈、转、绕、绕环等基本动作组成的，下面逐一进行简单介绍。

（1）屈：指头颈等关节角度的弯曲，包括前屈、后屈、左屈和右屈。

（2）转：指头颈部绕身体垂直轴的转动，包括左转和右转。

（3）绕和绕环：指头以颈为轴心的弧形转动和圆形的转动，包括左绕、右绕和左右绕环。

（4）动作说明：上体要注意保持平直，头颈转动的方向要准确，颈部被动肌要充分伸直。

二、肩部运动

肩部运动由提肩、沉肩、绕肩、肩绕环等基本动作组成，下面对其进行简单介绍。

（1）提肩、沉肩：指肩胛骨做上、下的运动，包括单、双肩同时提起、沉下和依次进行提起、沉下。

（2）绕肩：指身体以肩关节为轴做小于 360°的弧形运动，包括单肩向前、双肩同时和依次前、后绕。

（3）肩绕环：指以肩关节为轴做 360°及 360°以上的圆形运动，包括单肩向前、后绕环，双肩同时和依次前、后绕环。

（4）动作说明：提肩时要使肩部尽力向上，沉肩时要尽力向下，动作幅度大而有力，绕肩时上体注意不能摆动，颈与头不能前探。

三、上肢动作

上肢动作由举、屈、绕、绕环、振、旋等基本动作组成，下面进行简要介绍。

（1）举：指以肩为轴，臂的活动范围的角度不超过 180°而停止在某一部位的动作，包括单、双臂的前、后、侧、侧上、侧下举等。

（2）屈：指肘关节产生一定的弯曲角度，包括胸前屈、胸前平屈、肩侧屈、肩上侧屈、肩下侧屈、肩上前屈、腰间屈、头后屈，如图 10-1 所示。

(a) 胸前屈 (b) 胸前平屈 (c) 肩侧屈 (d) 肩上侧屈 (e) 肩下侧屈 (f) 肩上前屈 (g) 腰间屈 (h) 头后屈

图 10-1 屈体示意图

（3）绕：指单臂或双臂向内、外、前、后做 180°以上、360°以下弧形运动，如图 10-2 所示。

（4）绕环：指以肩关节为轴，单臂或双臂向前、向后、向内、向外做 360°圆形运动，如图 10-3 所示。

（5）振：指以肩为轴，臂用力摆至最大幅度，包括侧举后振、下举后振、上举后振，如图 10-4 所示。

(a) 单臂外绕　　(b) 双臂外绕

图 10-2　绕臂示意图

(a) 单臂绕环　　(b) 双臂绕环

图 10-3　手臂绕环示意图

(a) 侧举后振　　(b) 上举后振　　(c) 下举后振

图 10-4　振臂示意图

（6）旋：指以肩或肘为轴做臂内旋或臂外旋动作，如图 10-5 所示。

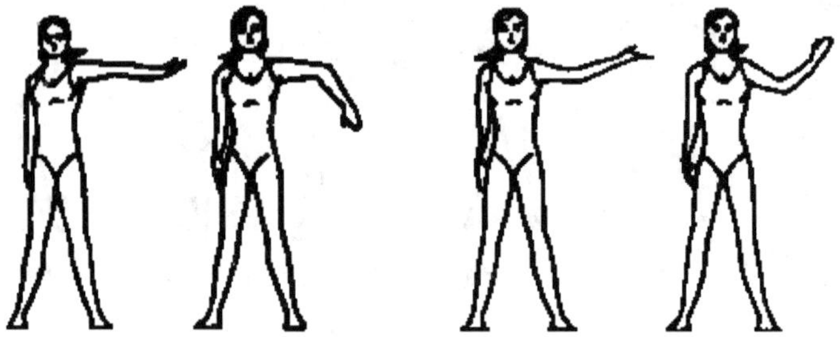

(a) 内旋　　(b) 外旋

图 10-5　旋臂示意图

（7）动作说明：上体要保持正直，位置要准确，幅度要大，使身体达到最远端。

四、常用手形

（1）掌：分掌，五指用力分开，手腕保持一定的紧张程度；合掌，五指并拢伸直，手掌自然平伸。

（2）拳：五指弯曲紧握，大拇指压在食指弯曲部位。

五、胸部动作

胸部动作由含胸、挺胸、移胸等动作组成，下面对其进行简要介绍。

（1）含胸：指两肩内合，缩小胸腔，如图 10-6 所示。

（2）挺胸：指两肩外展，扩大胸腔，如图 10-7 所示。

（3）移胸：指髋部固定，做胸向左、向右的水平移动动作，如图 10-8 所示。

图 10-6 含胸示意图

图 10-7 挺胸示意图

图 10-8 移胸示意图

（4）动作说明：含胸、挺胸、移胸时要使动作达到最大极限。

六、腰部动作

腰部动作是由屈、转、绕和绕环动作组成的，下面对其进行简要介绍。

（1）屈：指下肢不动、上体沿矢轴和水平轴的运动，包括前屈、后屈和左、右侧屈，如图 10-9 所示。

(a) 前屈　(b) 左侧屈　(c) 右侧屈

图 10-9 腰部屈体示意图

（2）转：指下肢不动、上体沿垂直轴的扭转，包括左转、右转，如图 10-10 所示。

（3）绕和绕环：指下肢不动、上体沿垂直轴做弧形、圆形运动，包括左绕、右绕和绕环，如图 10-11 所示。

(a) 左转　(b) 右转

图 10-10　腰部转体示意图

(a) 绕　(b) 绕环

图 10-11　腰部绕环示意图

（4）动作说明：身体远端要尽力向外延伸，绕环幅度要大，动作要连贯。

七、髋部动作

髋部动作由顶髋、提髋、摆髋、绕髋和髋绕环等基本动作组成，下面一一进行简单介绍。

（1）顶髋：指髋关节做急速的水平运动，包括左顶、右顶、前顶、后顶，如图 10-12 所示。

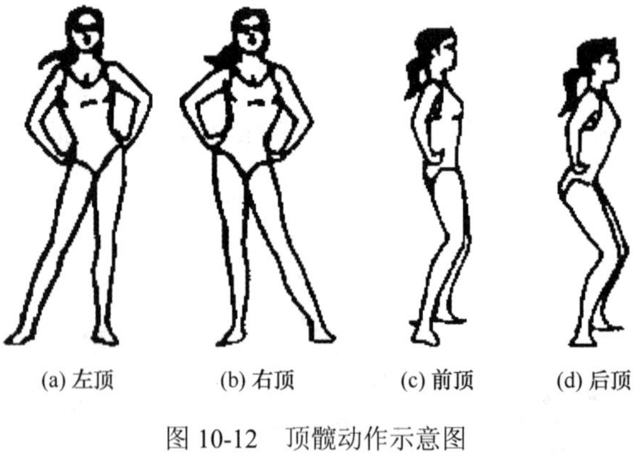

(a) 左顶　(b) 右顶　(c) 前顶　(d) 后顶

图 10-12　顶髋动作示意图

（2）提髋：指髋关节急速向身体一侧上提的动作，包括左提、右提，如图 10-13 所示。

（3）绕髋和髋绕环：指髋关节做弧形、圆形运动，包括向左、右的绕和绕环，如图 10-14 所示。

（4）动作说明：髋关节做顶、提、绕和绕环动作时应平稳、柔和、协调、稍带弹性。

图 10-13 提髋动作示意图

图 10-14 绕和绕环动作示意图

八、下肢动作

（1）开并腿跳：跳起分开落地，髋部、脚尖外开，膝关节在同方向弯曲。蹬地还原时，脚跟并拢，动作要有起伏、连贯并有弹性。

（2）高踢腿跳：一脚前踢，脚要抬得更高，膝盖伸直，收腹立腰。落地还原到位，两腿交替进行。

（3）膝腿跳：膝抬起，大腿平行地面，小腿垂直地面，脚面绷直，落地时由脚尖过渡到脚跟，两脚交替进行。跳起时，脚离地，身体保持正直。

（4）侧摆腿跳：单腿跳，同时另条一腿向侧摆动。

（5）弓步跳：一脚后摆由脚尖过渡到前脚掌（脚后跟不需要着地），脚尖方向向前。身体稍前倾，立腰收腹，还原时屈膝缓冲。换另一条腿做时，方向相反。

（6）动作说明：跳跃时身体动作要尽量放松，跳起时身体要舒展开，并要稍带弹性，还要注意与呼吸相配合。

九、基本步法

基本步法由屈伸步、滚动步、并步、交叉步、磋步、踏步、点弓步等动作组成，下面就几种常用步法进行简单介绍。

（1）滚动步：从前脚尖至全掌依次落地，两脚交替做。

（2）交叉步：一脚向另一脚前或后交叉行进。

（3）点弓步：一脚向侧成弓步，另一脚跟进并拢，交替行进。

（4）跑跳步：两脚交替行进，跑后支撑阶段有一次跳的过程。

第十一章　普拉提与瑜伽运动

第一节　普拉提运动概述

一、普拉提运动的概念

广义的普拉提运动概念：普拉提首先是一种运动，它主要是锻炼人体深层的小肌肉，维持和改善外观正常活动姿势、达到身体平衡、创展躯干和肢体的活动范围与活动能力、强调对核心肌群的控制、加强人脑对肢体及骨骼肌肉组织的神经感应及支配，再配合正确的呼吸方法所进行的一项全身协调运动。普拉提是由德国著名运动康复专家约瑟夫·普拉提（1883—1967年）创立并推广的一种加强肌肉力量、提高身体柔韧性和协调能力、改善姿态以及促进整体健康的锻炼体系。这种独特的锻炼体系强调核心的重要性，通过有意识地控制身体，保证正确的肌肉募集次序和骨骼排列，集中注意力于动作的细节，并配合针对性的呼吸模式来提高练习者的整体健康。普拉提运动体系的名称取自其创始人的名字Joseph Hubertus Pilates中的“Pilates”译音，目前其他常见的中文译法还有皮拉蒂、菩拉提、普拉提斯和彼拉提斯等。

按照传统，普拉提练习是采用一对一的形式针对性指导练习的，这些练习动作可以在垫上进行，也可以在一些特殊设计的器材上进行。普拉提体系既包括了身体每个部分的练习，也包括了针对各种运动的应用性功能训练。

普拉提作为一种新兴运动，在20世纪初传入中国，渐渐地被大家接受并喜爱。它带给人们的不仅是身体形态上的改变，更是身体功能、大脑神经系统的改变，因此，普拉提运用于大众健身，也在体育保健及运动康复的领域中广泛流传。目前，国内外学者对普拉提的关注度日益增加，其研究方向也更加多元化，这就促进了普拉提运动的发展。国内涌现出了很多普拉提培训机构，如李欣普拉提学院、中国左右普拉提培训学院等。

二、普拉提运动的六大原则

1. 专注

身体是由大脑控制的。身心投入、全神贯注到完成动作可以得到最大的益处。普拉提要求的思维的五部分为智力、直觉、想象力、意志和记忆力。

2. 控制

“控制学的艺术”是普拉提先生为他的运动系统定的名字，因为普拉提系统建立在肌肉控制的理念上。普拉提系统里没有任何动作是随意的。为了能控制动作的每一个层面，你必须全神贯注。身体没有任何部分被闲置，在每一个动作中，身体肌肉对抗地心引力和弹簧阻力，从而控制身体的运动和器械。

3. 中心

完成普拉提动作的力量源于身体的中心。普拉提将这个中心称为“powerhouse”（能量房）。普拉提核心包括腹肌、上下背肌群、髋部、臀部、大腿内侧或角斗士皮带。普拉提所有动作从核心出发，然后向外延续到四肢。核心有一条中心线，它在肚脐的后方，跨度从髋部到肋骨下缘；有两条线贯穿身体，肩到肩，髋到髋，我们将这个称为框架或盒子，盒子稳定可以让我们自由地从核心发力。

4. 呼吸

普拉提主张将肺部当成一个风箱，用它强有力地将空气彻底地吸进和排出身体。大部分普拉提动作需要和呼吸协调来完成，正确使用呼吸是普拉提动作整体所必需的。普拉提先生将它看成排除废物和振奋身心的过程。正确的深度呼气和彻底的呼气是其中的关键。正确的呼吸节奏要求练习者努力将氧气传送到所需的肌肉，呼气时，彻底将肺部排空。

5. 精准

每个普拉提动作都是为了完成一个“精准”的目的。为了完全达到每个动作的目的，身体的每一部分需要在正确的位置，整个身体需要正确对正。强调的是每一个动作的精准，而不是追求数量做些似是而非的动作。最终，精准应该成为第二本能，动作的简洁优雅被带到日常生活中。

6. 流畅

普拉提追求的是动作的优雅到位，用每个动作间正确的转换来创造动作的流畅性。Romana 将其称为“最少动作”，这是我们都在追求的。一旦动作的精准性达到，流畅应该贯穿在动作自身内部及动作之间，从而制造力量和耐力。

三、普拉提运动和瑜伽运动的异同

普拉提、瑜伽两者都具有各自完整的体系。若仅仅从健身的角度来看，两者各有侧重，下面列出两者的共同之处和区别，主要是从动作和体位练习的角度，把普拉提和目前较为流行的哈他瑜伽（Hatha Yoga）练习方法进行对比。

（一）“普拉提”运动与“瑜伽”运动的共同之处

（1）两者同属身心类健身课程，具备身心放松的功效。

（2）两者都需要注意力高度集中，专注合一，身心配合，部分普拉提动作改编来自瑜伽姿势。

（3）两者都非常强调呼吸配合的重要性。

（4）都要求尽可能赤足练习。

（5）都设有垫上课程和辅助器材课程。

（二）“普拉提”运动与“瑜伽”运动的区别

1. 普拉提

（1）百年历史，从康复和现代健身理论发展而来，整个运动体系都以解剖学和西方医学为基础。

（2）动态连接的周期性动作，很多动作模仿人类的活动（如行走、转身拿咖啡）。

（3）强调核心稳定和控制，骨骼的合理排列，侧重肌肉力量、柔韧以及协调性的平衡。

（4）强调专注，表现精确、流畅的动作，侧重现代人姿态纠正及体形的完美。

（5）最终目的是还原生活，拥有健康。

2. 瑜伽

（1）数千年的历史，从哲学思想和梵我灵修的法门发展而来，某些流派有宗教背景。

（2）每个体位主要是静态的停留，大量动作模仿自然界的花鸟虫鱼。

（3）练习侧重身体各个体位的拉伸伸展，兼顾平衡和放松。

（4）更专注心灵层面，在练习过程中进行内观，强调尽可能地放松身心。

（5）最终目的是达到“三摩地”（Samadhi）境界，即身、心、灵内外的统一联合，心灵回归真我。

第二节　普拉提运动无器械基本动作

一、一百次

（1）起始位置：仰卧，膝盖弯曲，双脚分开与臀部同宽，手臂在身体两侧，脖子伸长。

（2）小腿平行地面，从臀部和膝盖呈90°弯曲。你可以把腿放在桌面（请这样做，如果你的背部有问题，疼痛或虚弱）或延长双腿至45°，手悬停下垫几英寸（1in=2.54cm）。

（3）大力泵臂上下，保持肩膀和手臂的延长。

（4）吸气5拍，呼气5次。一次呼吸为一组，重复10组。

二、肩桥

（1）仰面躺在地面上，膝盖弯曲，双脚平放在地上，分开与肩同宽。

（2）双臂自然放在身体两侧，手掌朝下。

（3）做一个深呼吸，在收缩腹部的时候呼气，然后慢慢地弯曲髋关节，抬起臀部，用臀部和下背部（而不是手臂）抬起身体。用肩膀上部来支撑住上半部身体（而不是颈部），仅用手来保持平衡。

（4）保持这个动作10～15s，放松，然后再重复做一次。注意：如果有颈部疼痛问题，那么就不要做这个动作了。

图11-1为桥式示意图。

图11-1　桥式示意图

三、单脚环绕式

（1）仰面躺在地面上，双臂自然放在身体两侧，膝盖弯曲，双脚平放在地上。

（2）把右腿伸直朝向天花板，脚部紧绷。

（3）呼气，然后收缩腹部。

（4）慢慢地逆时针方向转动右腿，保持臀部不动。在向外转动腿的时候吸气，向内转的时候呼气。

（5）逆时针方向做 6 次，然后顺时针方向做 6 次，重复动作。

图 11-2 为单脚环绕式示意图。

图 11-2　单脚环绕式示意图

四、双腿伸展运动

（1）仰面躺在地上，把双腿拉向胸部。

（2）把双手自然放在膝盖上。在用腹部抬起肩膀离开地面的时候呼气。

（3）吸气，然后把身体伸展开来，手掌朝上，举过头顶，双腿伸直，抬离地面，保持这个动作 1s。

（4）吸气，然后把膝盖收回来，同时把双臂转向双腿，然后再伸展。重复做 5～8 次。

图 11-3 为双腿伸展运动示意图。

(a)　(b)

图 11-3　双腿伸展运动示意图

五、脊椎前伸运动

（1）双腿伸直坐在地上，双脚分开与肩同宽，双脚放松，膝盖轻微弯曲。

（2）把腹部吸向脊椎，向前伸开双臂，与胸部持平，保持肩膀放松。

（3）在身体向前弯曲的时候呼气，继续向前弯曲，放低头，颈部、肩膀和肋骨直到脊椎形成一个“C”字形。

（4）吸气，然后回到初始位置。重复做这个动作 3 次。

图 11-4 为脊椎前伸运动示意图。

图 11-4　脊椎前伸运动示意图

图 11-5　锯式示意图

六、锯式

（1）双腿伸直坐在地上，双脚分开与肩同宽，双脚放松，双臂向身体两侧伸开，与胸持平，把腹部吸向脊椎。

（2）在转动身体的同时把左手伸向右脚的时候呼气，就好像要用手指把脚锯掉一样。在用手碰到脚趾的时候，用力地收缩腹部。

（3）在回到初始位置的时候吸气，然后换另一侧做。依次做至少 2 次。

图 11-5 为锯式示意图。

七、进阶俯卧撑

（1）两脚分开同髋宽站立，收紧腹部肌肉，吸气，然后呼气向前屈体，放松肩膀及手臂。

（2）俯身向前，双掌着地，放在脚趾的前方。

（3）吸气，双手向前游走，保持腹肌收紧，手臂伸直但不超伸，与头部和躯干呈直线，腿也伸直不超伸。

（4）两手向前走，直到双掌正好在肩部的下面。从侧面看，头、肩、臀和腿呈直线，同时手臂伸直。

（5）呼气，然后屈臂，上身下降直到整个身体在水平面上，再吸气把手臂伸直。重复 5 次，然后呼气向上屈体，吸气双手向后走回到开始的姿势。

图 11-6　进阶俯卧撑示意图

图 11-6 为进阶俯卧撑示意图。

进阶俯卧撑可强化上肢肌肉，包括胸肌、上背部肌肉及腹横肌，同时提高腘绳肌的柔韧性。

第三节　瑜 伽 概 述

一、瑜伽的概念

瑜伽（英文：Yoga）由印度梵语“yug”或“yuj”而来，其含意为“一致”、“结合”或“和谐”。瑜伽源于古印度，是古印度六大哲学派别中的一系，探寻“梵我合一”的道理与方法。而现代人所称的瑜伽主要是一系列的修身养心方法。

瑜伽姿势运用古老而易于掌握的技巧，改善人们生理、心理、情感和精神方面的能力，是一种达到身体、心灵与精神和谐统一的运动方式，包括调身的体位法、调息的呼吸法、调心的冥想法等，以达到身心的合一。

二、瑜伽的益处

（1）瑜伽最显著的功效之一就是增强力量，其能以独特的方式在整体上改善肌肉的功能。

（2）瑜伽可以促进关节灵活性的提高。瑜伽中的伸展不仅能强健肌肉，还能让关节实现最大的活动范围，使其以最省力、轻松的方式移动。

（3）瑜伽可以促进心脏健康。研究表明，瑜伽改变了身体习惯应对压力的方式，使练习者不在处于时刻防备的状态，这意味着身体将释放较少的压力激素，如皮质醇，因此心脏也会更健康。

（4）瑜伽可以提高人体的呼吸功能。根据美国《补充和替代医学》杂志发表的证实瑜伽对健康作用的医学文献，有大量证据表明规律练习瑜伽呼吸能使人的最大耗氧量得到增加。

（5）瑜伽可以提高幸福感。美国威斯康星大学的博士所做的一项研究发现，冥想者的左侧前额皮质更加活跃，而这一区域与人对幸福感的体验密切相关。

（6）瑜伽可以强壮骨骼。瑜伽是一项负重运动，因此它能预防中年期开始出现的骨质流失，甚至还能在患上骨质疏松症后帮助增加骨量。一项发表于美国《老年病康复专题》杂志的研究发现，85%的瑜伽练习受访者脊柱和髋部的骨量有所增加。

（7）瑜伽可以减轻体重。瑜伽可以降低皮质醇水平，高水平的皮质醇可以导致肾上腺的不堪重荷以及肥胖症。

（8）瑜伽可以强化脑力。2014 年美国伊利诺伊大学的一项研究发现，运动过后练习瑜伽的女性比那些参加其他锻炼的女性在智力测试中表现更佳。

（9）瑜伽可以减少关节疼痛。瑜伽有助于预防退行性关节炎，减轻那些不尝试用的软骨由于被关节液浸泡而导致的僵硬。

（10）瑜伽可以缓解疼痛。根据几项研究报告，体式、冥想或两者的结合可减轻关节炎、纤维肌痛、腕管综合征和其他慢性疼痛性疾病。

三、初学者练习瑜伽的建议

（1）要尊重和接受自己的身体，不要追求幅度，保持“稳定而舒适”的原则。

（2）循序渐进地增加练习的时间与次数，最重要的是持之以恒。

（3）练习前保持空腹，也尽量在练习后的一个小时后就餐。

（4）穿不妨碍身体自由运动的衣服练习，最好不穿牛仔裤。

（5）不要在呼吸困难、太阳暴晒或感觉筋疲力尽之时练习，也不应该在其他身体锻炼之后马上开始练习，中间需要时间恢复，可适当练习一些修复体式。

（6）练习体式不要憋气，保持正常呼吸（鼻吸鼻呼），在体式中尽量专注头脑清醒，为体式注能量。

（7）尽量去记住体式的名字和形态，这对练习大有益处。

（8）开始练习时的质量比时间更重要，不要保持太长时间，可重复练习 2～3 次。

四、瑜伽垫上的礼仪

（1）不要迟到，守时是尊重老师和同学的表现。

（2）呼吸要保持安静，除非老师要求出声呼吸。

（3）注意个人卫生，勤换衣服，勤洗脚。

（4）注意空气清新，瑜伽是强调呼吸的，香水味如果太浓会影响其他人。

（5）注意你的脚，当需要踩到别人的垫子时，需要礼貌地问一句："我可以踩你的垫子么？"

（6）手机静音，瑜伽练习时是内心平静、意识内收的状态，如果这时手机突然响起会打扰大家。

（7）"装死"，瑜伽休息术是瑜伽体式练习结束时最重要的内容，如果忍不住想离开，请放松一点躺着不要动——装死，因为此时选择离开，不仅是对老师的不尊重，也会打扰其他同学。

第四节　哈他瑜伽初级拜日

哈他瑜伽初级拜日是瑜伽体位练习的初级入门方法，一般由十二个姿势组成，可用于热身，有利于舒展身体、平和内心，如图 11-7 所示。拜日十二式，即向太阳致敬的十二个姿势，也是古印度瑜伽师的一个练习方法。据说这是古印度人为感激太阳赐予人类光明和能量而创造的十二个姿势。

1. 祈祷式

动作：双脚自然并拢，身体直立，双肩放松，目视前方。双手合十胸前，正常呼吸。

功效：集中和宁静思绪。

2. 展臂式

动作：保持双腿伸直不要弯曲，深长缓慢地吸气，将双手上举过头顶，伸直手肘，脊柱向后缓慢弯曲到极限位置。

功效：伸展腹部脏器，促进消化，消除多余的脂肪。加强脊神经，开阔肺叶。

3. 前屈式

动作：慢慢呼气，双手臂带动身体向前弯曲，保持双腿伸直不要弯曲，双手掌尽量按在地面上，上身尽量靠近双腿。

功效：预防胃病，促进消化，缓解便秘，柔软脊柱，加强脊神经。

4. 骑马式

动作：双手控制力量，慢慢吸气，左脚向前一大步，抬起背部，再次吸气，脊柱向后卷起，胸部推向前方。

功效：按摩腹部器官，改善其活动功能。加强两腿肌肉，增强平衡能力。

5. 斜板式

动作：双手压实地面，双脚并拢保持肩膀及骨盆稳定不动。保持均匀呼吸。

功效：缓解精神压力，强化免疫系统。加强身体核心力量，锻炼核心稳定性平衡能力及专注力。

图 11-7 进入拜日式（引导词）

6. 八体投地式

动作：保持身体状态，慢慢弯曲手肘，双膝放在地面上，胸部下颌贴于地面。

功效：内脏倒置，促进内脏自我按摩和自愈，加强肠道蠕动。强化身体协调能力。

7. 眼镜蛇式

动作：再次吸气，头部带动身体向前向上，伸直手肘，大腿和耻骨尽量贴于地面，颈部上向扬起，带动脊柱后卷。

功效：这个姿势对胃病，包括消化不良和便秘非常有用。锻炼脊柱，让脊神经焕发活力。

8. 顶峰式

动作：呼气，放松背部，将右脚向后与左脚并拢，吸气，臀部上顶，伸直双膝，脚跟放在地面上，慢慢呼气，低头向下，肩背下压，尾骨转向天空的方向。

功效：强化四肢神经和肌肉。与前一姿势反方向弯曲脊柱，有助于脊柱柔软和脊神经供血。

9. 骑马式重复

动作：同“4. 骑马式”动作。吸气，右脚向前一大步，头部抬起，带动脊柱向后卷起。

功效：同“4. 骑马式”功效。

10. 前屈式重复

动作：同“3. 前屈式”动作。保持双手放在双脚两侧。吸气，收回右脚与左脚并拢，伸直双膝。上身靠近双腿。

功效：同“3. 前屈式”功效。

11. 展臂式重复

动作：同“2. 展臂式”动作。吸气，双手臂带动身体慢慢向上、向后，脊柱向后卷起。

功效：同“2. 展臂式”功效。

12. 祈祷式重复

动作：同“1. 祈祷式”动作。呼气，收回手臂，双手合十，放回胸前。正常呼吸。

功效：同“1. 祈祷式”功效。

（反方向练习）

第十二章 武 术 运 动

第一节 武术运动概述

一、武术运动的起源与发展

武术，是以踢、打、摔、拿、击、刺等技击动作为素材，遵照攻守进退、动静疾徐、刚柔虚实等矛盾的相互变化的规律编成徒手或器械的各种套路。武术是一种增强体质、培养意志、训练格斗技能的民族形式的体育运动。

1. 武术起源于生产

武术是我国传统的民族体育项目。武术起源于生产和生产劳动，早在五六十万年前的旧石器时期，人们为了生存，用些石器、木棍等打猎、捕鱼，又同野兽相斗，这样人们逐渐获得了使用武器和格斗的技能，这是武术格斗技术的萌芽。随着原始生产工具的进化，尤其是其实际效用，为后来的武术技术“劈、刺、砍、扎”等奠定了基础。

2. 原始战争对武术的促进

原始部落战争的实践，使武术在已有狩猎的格斗和捕杀技能的同时，又有了军事战斗技能的发展，后来的武术运动，其内容大都近于军事战斗技能而远于狩猎技能。

3. 武术开始成为一种体育手段

人们为了增强体质、减少疾病，逐渐就有了对体育的要求，在原始社会末期，人们已创造了一种称为“舞”的运动形式来锻炼筋骨，活动关节。唐朝和宋朝时，才开始有简朴的武术套路，如李白的剑舞。强身除病的客观要求使武术成为一种体育手段。

4. 中华人民共和国成立后武术运动的发展

中华人民共和国成立以后，党和政府十分关注人民的健康，以及重视民族体育文化遗产的继承和发展。1956 年国家体育运动委员会把武术列为竞赛项目并同时整理出版了《简化太极拳》《初级长拳》《初级剑术》《初级刀术》《初级枪术》《初级棍术》等书籍和挂图，并有了全国武术统编教材。1982 年召开了全国武术会议，1990 年将武术列入全国大学生运动会的竞赛项目，并多次举办国际武术邀请赛。从此，国内外武术发展得更快。

二、武术运动的特点和作用

（一）特点

1. 攻防技击性

中国武术的最大特点是：既有相击形式的搏斗运动，更有舞练形式的套路运动。武术是由军事技能发展为搏斗运动的体育项目。武术一直是循着相击的搏斗运动和舞练的套路运动这两种形式向前发展的。后来随着岁月的流逝，套路运动在发展过程中逐步占有了武术的主要地位，而且内容、形式、流派越来越绚丽多彩。

套路运动的练习，有利于发展人体的速度、力量、灵敏、协调和耐力素质，以及勇猛、顽强、坚忍不拔的意志。攻防技击是武术运动的主要特点，即使是套路运动，在它的动作和练法中，一般也都具有攻防技击的意义。人们通过武术锻炼，不仅能够增强体质，而且能够掌握一些格斗的攻防技术，为国防建设服务。

2. 具有内外合一、形神兼备的民族风格

所谓内，指的是心、神、意、气等内在的心志活动和气息运行。所谓外，指的是手、眼、身、法、步等外在的形体运动。这种练功方法，对内能够理脏腑、理经脉、调精神；对外能够利关节、强筋骨、壮体魄，使身心得到全面的锻炼。

3. 具有广泛的适应性

武术运动不仅锻炼价值高，而且内容丰富，形式多样，不同的拳术和器械有着不同的动作结构、技术要求、运动风格和运动量。武术运动不受年龄、性别、体质、时间、季节、场地和器材的限制，人们可以根据自己的需要和条件，选择适合自己的项目进行锻炼。

（二）作用

武术具有健身、防身、修身养性、娱乐观赏等多方面的作用，是人们增强体质、振奋精神的一种好手段。

1. 改善和增强体质

武术运动具有强体健身的作用，它不仅是形体上的锻炼，而且可使人体身心得到更全面的锻炼。对外能利关节、强筋骨、壮体魄；对内能理脏腑、通经脉、调精神，尤其是武术的许多功法注意调息行气和意念活动，对调节内环境的平衡、调养气血、改善人体机能、增强体质是十分有益的。

2. 提高防身自卫的能力

武术具有技击的特点，通过习武，不仅可以掌握各种踢、打、摔、拿、击、刺等技击方法，还可以提高身体的灵活能力和反应能力。持之以恒地练功，还能增长劲力、抗击摔打，克敌制胜，具备防身自卫的能力。若系统地训练、掌握技击术，可以为国防、公安建设服务。

3. 磨炼意志，培养道德情操

武术的学艺和练功，不仅要有吃苦耐劳的精神，还需要常年不懈、坚持有恒。武术不仅能培养坚忍不拔、勇敢无畏的意志品质，也是一种修身养性的良好手段。

武术在长期的延绵中，一向重礼仪、讲道德。“未曾学艺先学礼，未曾习武先习德”，培养武德是武术的传统。武德教育是培养共产主义精神道德的一个组成部分，通过练武习德可以培养尊师重道、讲礼守信、见义勇为、不凌弱逞强等良好的心理素质和高尚的道德性操，有益于社会主义精神文明建设。

4. 娱乐观赏，丰富文化生活

武术具有很高的观赏价值，赛场上无论是两人斗智较勇的对抗性搏斗，还是显现武术功力与技巧的套路演练，都会引人入胜，给人以美的享受，丰富人们的文化生活。此外，群众性的武术活动，可以成为人们切磋技艺、交流思想、增进友谊的良好形式。随着在世界上的广泛传播，武术将会为与世界各国人民的友好交往发挥更大的作用。

第二节　武术运动的基本功

武术基本功，是指为更好地掌握武术技法，发展某项专门素质的基础功法练习。武术功法练习内容丰富、形式多样，主要有腰功、腿功、臂功和桩功。武术基本动作，是指武术拳术中最基础、最具有代表性的动作，主要包括肩、肘、手、髋、膝、足的基本攻防方法与跳跃、平衡动作。

一、压肩

预备姿势：开步站立。

动作说明：两手抓握肋木，上体前俯并做下振压肩动作；也可以两人面对面站立，互相扶按肩部，做体前屈的振动压肩动作；也可由助手协助做搬压肩部的练习。

要点：挺胸、塌腰，臂、腿要伸直，振幅逐步加大，压点集中于肩部，增加外力时由小到大。

二、单臂环绕

预备姿势：成左弓步站立，左手按于左大腿上，右臂上举。

动作说明：右臂由后向前绕环一周为后绕环，如图 12-1 所示。

1　　2

图 12-1　单臂环绕示意图

要点：臂伸直、肩放松、划立圆，逐渐加速。

三、压腿

（一）正压腿

预备姿势：并步站立。

动作说明：左脚跟放在肋木上，脚尖勾紧，上体向前下做振压动作，如图 12-2 所示。

要点：直体向下振压，压至疼痛时，进行耗腿练习。

（二）侧压腿

预备姿势：同正压腿。

动作说明：左脚跟放在肋木上，脚尖勾紧，右臂上举，左掌附于右胸前，上体向左侧压振，如图 12-3 所示。

图 12-2　正压腿示意图

图 12-3　侧压腿示意图

要点：立腰、展髋，直体向侧下压振。

图 12-4　仆步压腿示意图

（三）仆步压腿

预备姿势：开步站立。

动作说明：右腿全蹲，左腿挺膝伸直，脚尖内扣，两脚全脚掌着地，两手分别抓握两脚外侧，如图 12-4 所示。

要点：挺胸、立腰、沉髋，臀部尽量贴近地面。

四、踢腿

（一）正踢腿

预备姿势：并步站立，两臂侧平举。

动作说明：左脚上步直立，右腿挺膝，脚尖勾起向前额处猛踢；目向前平视。

要点：挺胸、收腹、立腰。踢腿时，迅速收髋、收腹，脚尖勾起绷落，过腰后动作加快，要有寸劲。

（二）侧踢腿

预备姿势：同正踢腿。

动作说明：右脚上步，脚尖外展；左脚跟稍提起，身体略右转，两臂后举。随着，左腿勾脚向左耳际踢起，右臂上举亮掌，左脚立于右肩前；目向前平视。

要点：开髋、侧身、猛收腹。

（三）外摆腿

预备姿势：同正踢腿。

动作说明：右脚上步；左脚尖勾紧，向右侧上方踢起，经面前向左侧上方摆动，直腿落在右脚旁；目向前平视，可用掌在面前依次迎击脚面，如图 12-5 所示。

图 12-5　外摆腿示意图

要点：展髋，腿呈扇形外摆，幅度要大。

（四）里合腿

预备姿势：同正踢腿。

动作说明：同外摆腿，腿由外向内合，如图 12-6 所示。

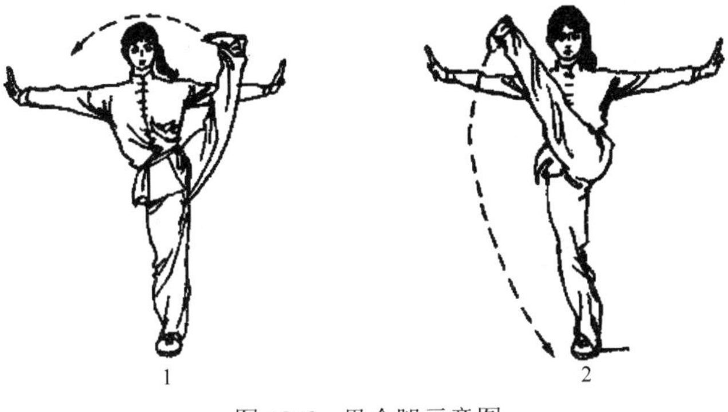

图 12-6　里合腿示意图

五、劈叉

劈叉主要是为了加大髋关节的活动弧度、增进腿部的柔韧性。劈叉可结合压腿进行。劈叉可分为竖叉和横叉两种，下面逐一进行简单介绍。

图 12-7　竖叉示意图

（一）竖叉

预备姿势：并步站立。

动作说明：两腿前后分开成直线。左腿后侧着地，脚尖勾起；右腿内侧或前侧着地，如图 12-7 所示。

要点：挺胸、立腰、沉髋、挺膝。

（二）横叉

预备姿势：并步站立。

动作说明：两腿左右分开成直线，腿内侧着地，如图 12-8 所示。

图 12-8　横叉示意图

要点：同竖叉。

六、伏地后扫腿

预备姿势：成左弓步，两掌向前推出，如图 12-9 所示。

图 12-9　伏地后扫腿示意图

动作说明：成右仆步，上体前俯，两掌撑地，左腿全蹲；右腿伸直，脚尖内扣，以左脚掌为轴贴地后扫一周，如图 12-9 所示。

要点：转体、俯身、撑地、扫转要连贯协调、一气呵成。

七、手形手法

（一）手形

1. 拳

各部位名称：拳眼、拳心、拳面、拳背、拳轮，如图 12-10 所示。

动作说明：五指卷紧，拇指压于食指、中指第二指节上。

要点：拳握紧、拳面平、直腕。

2. 掌

各部位名称：掌心、掌背、掌指、掌根、掌外沿，如图 12-11 所示。

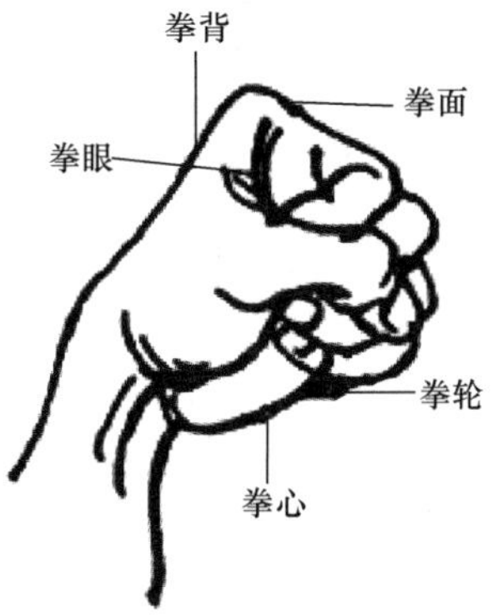

图 12-10　拳

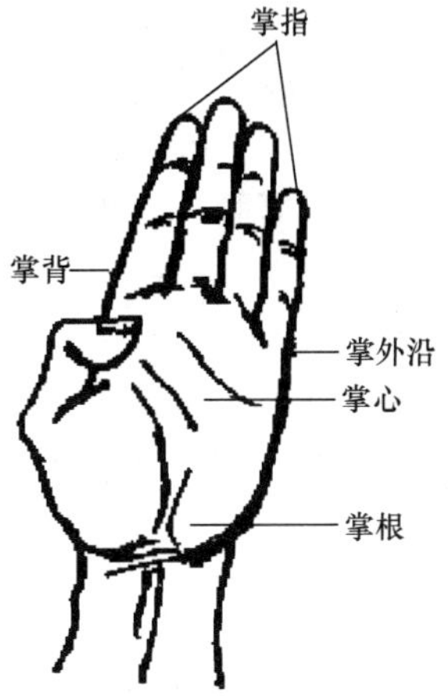

图 12-11　掌

动作说明：四指伸直并拢，拇指弯曲紧扣于虎口处。

要点：掌心开展、竖指。

3. 勾

各部位名称：勾尖、勾顶，如图 12-12 所示。

动作说明：五指撮拢成勾，屈腕。

要点：屈腕。

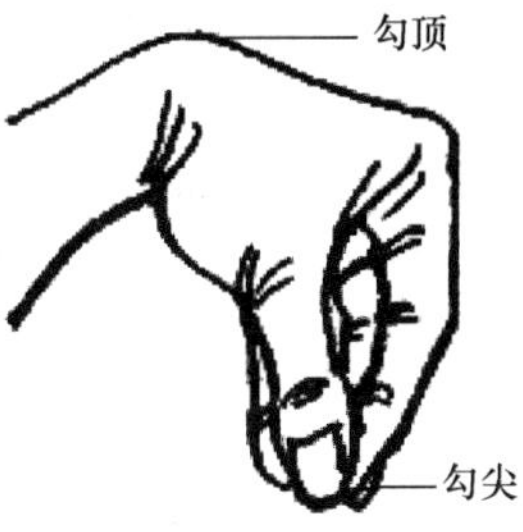

图 12-12　勾

（二）手法

1. 冲拳

预备姿势：两脚左右开立，两拳抱于腰间，拳心朝上。

动作说明：右拳从腰间旋臂向前猛力冲出，力达拳面，目视前方。

要点：挺胸、收腹、直腰、出拳快速有力，做好拧腰、顺肩、急旋前臂的动作。

2. 推掌

预备姿势：同冲拳。

动作说明：右拳变掌，以掌外沿为力点向前猛力推出，目视前方。

要点：同冲拳，注意沉腕、翘掌、力达掌外沿。

八、步型步法

（一）步型

1. 弓步

动作说明：前脚微内扣，全脚掌着地，屈膝半蹲，大腿成水平，膝部约与脚面垂直；另一腿挺膝伸直，脚尖里扣斜向前方，全脚掌着地，上体正对前方，两手抱拳于腰间。

要点：挺胸，立腰；前腿弓、后腿绷。

2. 马步

动作说明：两脚左右开立为脚长 3～4 倍，脚尖正对前方，屈膝半蹲，大腿成水平，眼看前方，两手抱拳于腰间。

要点：头正、挺胸、立腰、扣足。

3. 虚步

动作说明：后脚尖斜向前，屈膝半蹲，大腿接近水平，全脚掌着地；前腿微屈，脚面绷紧，脚尖虚点地面。

要点：挺胸、立腰、虚实分明。

4. 仆步

动作说明：一腿全蹲，大腿和小腿靠紧，臀部接近小腿，全脚掌着地，膝与脚尖稍外展；另一腿平铺接近地面，全脚掌着地，脚尖内扣。

要点：挺胸、立腰、开髋，全脚掌着地。

5. 歇步

动作说明：两腿交叉屈膝全蹲，前脚全脚掌着地，脚尖外展；后脚跟离地，臀部外侧紧贴后小腿。

要点：挺胸、立腰、两腿贴紧。

6. 丁步

动作说明：两腿半蹲并拢，一脚全脚掌着地支撑，另一脚停在支撑脚内侧相靠，脚尖点地。

要点：同虚步。

（二）步法

1. 击步

预备姿势：同插步，唯两脚前后开立，如图 12-13（a）所示。

动作说明：前脚蹬离地面，后脚向前以脚弓碰击前脚跟，如图 12-13（b）所示，后、前脚依次落地；目向前平视，如图 12-13（c）所示。

(a) (b) (c)

图 12-13 击步示意图

要点：跳起腾空时，保持上体正直并侧对前方。

2. 垫步

预备姿势：同击步预备姿势，如图 12-14 所示。

1 2

图 12-14 垫步示意图

动作说明：后脚提起向前脚处落步，前脚以脚掌蹬地前跳落步，目向前平视，如图 12-14 所示。

要点：同击步。

九、跳跃

（一）大跃步前穿

预备姿势：并步站立。

动作说明：左脚上一步蹬地向前跃出，两臂依次向上划弧摆起，如图 12-15（a）所示。

右、左脚随即落地成仆步，右掌变拳抱于腰间，左掌下落停于胸前成立掌；目视左掌，如图 12-15（b）所示。

(a)　(b)

图 12-15　大跃步前穿示意图

要点：跳得高、跃得远、步幅大。

（二）腾空飞脚

预备姿势：并步站立。

动作说明：右脚上步蹬地跃起，左腿前上摆踢，两臂向头上摆起，右手背迎击左手掌，如图 12-16（a）、（b）所示。

在空中，右腿向前上方弹（摆）踢，脚面绷直，右手迎击右脚面。左腿屈膝收控于右腿侧。左掌摆至左侧方变勾手，上体微前倾；目平视前方，如图 12-16（c）所示。

(a)　(b)　(c)

图 12-16　腾空飞脚示意图

要点：①踢摆腿脚高必须过腰，左腿在击响一瞬间，屈膝收控于右腿侧；②在腾空的最高点完成击响动作，拍击动作必须连续、准确、响亮；③在空中，上体正直、微向前倾、不要坐臀。

第三节 实用攻防动作

一、预备姿势和基本步法

（一）预备姿势（以左边为例）

动作要求：侧身，成前后开立步，两手握拳，拳眼斜朝上，两臂左前右后屈举于体前；左臂肘关节夹角在 90°～110°，右臂肘关节夹角小于 90°，垂肘紧护右肋；下额微收，闭嘴合齿；面部和左肩、左拳正对对方，如图 12-17 所示。

要点：身体侧向站立，姿势不可太低，重心控制在两脚之间，两手紧护躯体，暴露给对方打击的有效部位尽量缩小。

图 12-17 预备姿势示意图

（二）基本步法

1. 进步

动作说明：前脚（左脚）先向前进半步，后脚再跟进半步，如图 12-18 所示。

要点：进步步幅不宜过大，后脚跟进后保持实战姿势，进步后跟步衔接越快越好。

2. 退步

动作说明：后脚（右脚）先后退半步，前脚再退回半步，如图 12-19 所示。

要点：退步步幅要小，前脚后撤越快越好。

3. 上步

动作说明：后脚向前上一步，同时左、右拳前后变换成右架预备姿势，如图 12-20 所示。

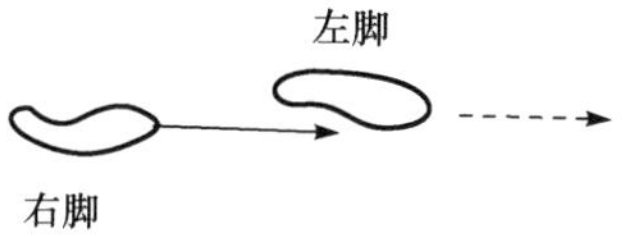

图 12-18 进步示意图

图 12-19 退步示意图

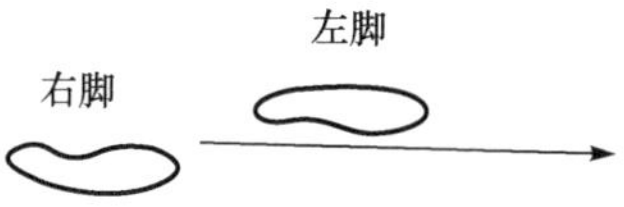

图 12-20 上步示意图

要点：上步时身体不能前后摆动，两手动作与上步要协调配合，同时进行。

4. 闪步

动作说明：左脚向左侧移半步，右脚随之向左滑步，同时身体向右移动约 90°。

要点：步法轻灵，转体闪躲敏捷。

5. 换步

动作说明：左脚与右脚同时蹬地并前后交换位置，同时两拳也前后交换成右架预备姿势。

要点：转换时要以髓关节带动两腿，身体不能明显向上腾空。

二、防守基本技术

（一）闪躲防守（非接触性防守）

1. 后闪

动作说明：预备姿势。重心后移，上体略后仰闪躲，目视对方，如图 12-21 所示。

图 12-21　后闪示意图

要点：后闪幅度不宜大，闭嘴合齿下颚收。

2. 下闪

动作说明：预备姿势。屈膝、沉胯、下蹲、缩颈、弧形向下躲闪，两手紧护胸部目视对方，如图 12-22 所示。

要点：下闪时膝、髋、颈部要协调一致。

3. 侧闪

动作说明：预备姿势。两腿微屈、俯身，上体向左侧或右侧闪躲（也可加步法侧闪，见闪步），如图 12-23 所示。

图 12-22　下闪示意图

图 12-23　侧闪示意图

要点：上体含缩，侧身转头，目视对方。

（二）接触性防守

1. 拍挡

动作说明：预备姿势。乙左手以拳心或掌心为力点向里横向拍挡对方进攻，如图 12-24 所示。

图 12-24　拍挡示意图

要点：左小臂要垂直，拍挡幅度小，用力短促。

2. 拍压

动作说明：预备姿势。乙左拳变掌，以掌心或掌跟为力点由上向前下拍压，如图 12-25 所示。

要点：拍压时臂内旋，手腕和掌指要紧张用力。

3. 上挂

动作说明：预备姿势。乙左臂屈肘，由前向后上左侧头部或肩部挂挡，如图 12-26 所示。

乙　　甲

图 12-25　拍压示意图

乙　　甲

图 12-26　上挂示意图

要点：大小臂叠紧，挂挡幅度小，用力短促，要注意合胸，暴露面小。

4. 提膝

动作说明：预备姿势。乙身体稍右转，右腿微屈独立支撑，左腿屈膝提起，目视前方，如图 12-27 所示。根据对方腿法进攻的路线、方位，膝关节分别有里合、外摆或垂直向外的变化。

要点：沉肩、含胸、收腹，提膝迅速并贴近腹部。

乙　　甲

图 12-27　提膝示意图

三、进攻的基本技术

（一）拳法

1. 左冲拳

动作说明：预备姿势。右脚微蹬地，重心微前移，同时左拳直线向前冲出，力达拳面，如图 12-28 所示。

要点：蹬地、拧腰、旋臂，出拳快，上体不前倾，回收迅速成实战势。

图 12-28　左冲拳示意图

2. 右冲拳

动作说明：预备姿势。右脚微蹬地内扣，转腰顺肩，右拳直线冲出，力达拳面；左拳（也可变掌）回至右肩内侧，如图 12-29 所示。

要点：充分利用转腰蹬地加大冲拳力量，经腰、肩、肘达于拳面。动作完成后以腰带肘主动回收。

3. 贯拳

动作说明：预备姿势。右脚微蹬地内扣，合胯向左转腰，同时右拳经外向前向里横掼，力达拳面或偏于拳眼侧，左拳变掌收护于下颌，如图 12-30 所示。

图 12-29　右冲拳示意图

图 12-30　贯拳示意图

图 12-31　抄拳示意图

要点：右脚扣膝，合胯转腰带动贯拳发力。动作幅度宜小不宜大。

4. 抄拳

动作说明：预备姿势。右脚蹬地，扣膝合胯，微向左转腰的同时，右拳由下、向前、向上抄起，大小臂夹角在 90°～110°，拳心朝里，力达拳面，左手回收至右肩内侧，如图 12-31 所示。

要点：右抄拳要借助蹬地、扣膝、合胯、转腰，发力由下至上，协调顺达。抄拳时右臂先微内旋再外旋，螺旋形运行。

（二）腿法

1. 蹬腿（以左腿为例）

动作说明：准备姿势。右腿直立或稍屈，左腿提膝抬起，勾脚，以脚跟领先向前蹬出，力达脚跟，如图 12-32 所示。

要点：屈膝高抬，爆发用力，快速连贯。

图 12-32　蹬腿示意图

2. 踹腿（以右腿为例）

动作说明：预备姿势。左腿直立或稍屈支撑，身体左转 180°，同时右腿屈膝前抬，小腿外摆，脚尖勾起，脚掌用力向前踹出，力达脚掌，上体可侧倾，如图 12-33 所示。

要点：踹出时一定以大腿推动小腿直线向前发力。

3. 侧踢腿（以右腿为例）

动作说明：预备姿势。左膝外展，上体左转、收腹，带动右腿，扣膝、收髋，向左上方横摆踢腿，踝关节屈紧，力达脚背至小腿下端，如图 12-34 所示。

图 12-33　踹腿示意图

图 12-34　侧踢腿示意图

要点：以转体带动摆腿，动作连贯快速。

（三）摔法

1. 抱腿前顶摔

动作说明：双方由预备姿势开始。当甲拳击乙头部时，乙下潜躲闪，上左步，两手抱甲双腿用力回拉，同时用左肩顶甲腹部，将其摔倒，如图 12-35 所示。

图 12-35　抱腿前顶摔示意图

要点：下潜敏捷抱腿紧，双手回拉与前顶肩同时进行。

2. 抱腿别腿摔

动作说明：当甲站立或用左侧弹踢腿时，乙避势趋进抱起甲左腿，并上左腿绊别甲支撑腿，随即上体右转用胸上压甲腿，使其倒地，如图 12-36 所示。

图 12-36　抱腿别腿摔示意图

3. 夹颈过背摔

动作说明：甲左直拳击乙头部，乙前臂格挡，左臂由甲右肩上穿过后屈臂夹甲颈部，同时右脚在向右转体时撤步至与左脚平行，两腿屈膝，以左侧髋部紧贴甲前身，继而两腿蹬伸，向下弓腰低头将甲背起后摔倒，如图 12-37 所示。

图 12-37　夹颈过背摔示意图

要点：夹颈牢，转身快，紧贴靠，低头弓腰、蹬腿协调连贯。

四、擒拿

1. 扣腕

动作说明：乙右手抓握甲右手腕时，甲左手抓握扣紧乙右手背，同时在拳变掌由下向上缠绕切压、抓拧回拉乙手腕紧贴于右侧；随即两腿稍屈，上体右转，以左肘用力下压乙右肘，迫使乙上体前俯，如图 12-38 所示。

图 12-38 扣腕示意图

要点：缠腕时两手不要握紧，回拉拧腰，切压要有力。

2. 别臂

当乙左抄拳攻击甲腹部时，甲右手拍挡抓握乙左手腕，同时左小臂用力上挑乙左肘内侧，迫其上抬，随即身体左转，右脚上步至对方身后，左臂由上向左下别住其左臂，左手掌抓压其左肩部，右手抓腕配合尽量向前拧压，如图 12-39 所示。

图 12-39 别臂示意图

要点：抓腕要紧，挑打有力，上步敏捷，别臂推腕两手同时用合力。

3. 锁喉

当乙用左冲拳或穿掌攻击甲胸部或面部时，甲迅速向右侧闪身，同时左手外拨并抓住乙小臂，同时右腿上步，身体贴住乙背部，左臂向前绕摆，屈肘夹颈，锁扣喉部，用力回拉，将乙拿住，如图 12-40 所示。

图 12-40　锁喉示意图

要点：摆臂夹颈幅度不宜太大，锁喉快、准、紧。

第十三章　柔力球运动

第一节　柔力球运动概述

一、柔力球运动起源

柔力球（也称太极柔力球）运动起源于山西省，创编人白榕副教授1984年毕业于山西大学体育系。1991年在体育教学实践中，由偶然的灵感，根据太极拳的拳理深入研究揣摩，请教了武术界、教育界的同行、专家和朋友，经一年的研究和不断改进，吸收了网球和羽毛球的一些竞技方法，创编了太极柔力球。

柔力球运动是一项内外兼修的运动。它追求的是一种人与自然、人与人、人与球的和谐统一，具有鲜明的民族特色，是一项民族性、健身性、娱乐性、趣味性、竞技性、优美性、适应性较强的群众体育。

对于这项新兴的民族体育项目而言，在短短的十几年时间里，柔力球由默默无闻到走出国门，正以它独有的魅力吸引着更多的爱好者，同时也吸引了世界上其他众多国家的柔力球爱好者练习。柔力球之所以存在这么大的魅力，正是因为它具有民族的特色，很强的健身性、观赏性、娱乐性和独有的民族“魂”。柔力球运动是一种全身性多方位的运动，它不受场地、年龄的约束，可以使颈、肩、腰、腿、眼、脑、内脏器官功能得到较全面的改善和发展。

二、柔力球的技术

柔力球的抛接方法与羽毛球和网球完全不同，它的特点是：球拍与球接触的瞬间是切线角度，进入球拍并带球做完整的弧形引化后顺势将球切线抛出。柔力球运动有四个基本要素。

（1）迎：迎是前提。球来时提前做好观察和判断，用球拍的侧面对着来球的方向，与球成切线的角度伸拍前迎。

（2）纳：纳是基础。纳是球拍与球成切线角度，将来球紧紧地纳入拍面。它是对来球惯性缓冲控制的开始，是弧形引化的开始阶段。

（3）引：引是核心。以肩为轴挥拍，球拍应在圆弧曲线上运动，以拍框边缘为先导，携球进行弧形引化，此间有速度、力量、方向的变化，也是由防御转为进攻的变化。

（4）抛：抛是结果。抛是弧形引化过程的出球阶段。球拍运行沿引化圆弧的切线方向，顺势而抛。“引”与“抛”是紧密连接、一气呵成的。球抛出时球拍的边框应对着出球方向。

以上四要素在接抛过程中，既要反映各环节的不同特点，又要连为一体，如行云流水，自然流畅。

三、柔力球运动的技术原理

柔力球运动是人们合理运用身体能力和动作，掌握和提高柔力球的技术水平，使其最大限度地达到球拍合一、心球合一的有效方法。柔力球运动的技术原理是该运动中带普遍性的基本规律，是广大爱好者正确掌握柔力球技术的理论依据，也是人们长期运动实践经验的总结。随着科学技术的进步和广大柔力球技术爱好者对这项新兴体育项目认识的提高，柔力球运动的技术原理也将不断得到丰富和发展。

1. 圆弧的形成与运用

根据柔力球运动本身特定技术的要求，练习着做任何动作，心中都要有“圆”的概念。既要以持拍臂的肩为轴，将球纳入球拍后，根据不同技术动作进行弧形引化，身体的移动和持拍臂屈伸的不同，形成了不等半径的圆弧，半径长弧形就大，半径短弧形就小。

不管弧的大小，它都是圆的一部分。认识了这个规律，在练习和比赛中就可根据实际需要，有意地改变半径的长短，使弧形引化的过程千变万化，迷惑对手，以达到取胜的目的。

2. 球与球拍、球速与拍速的对应关系

在柔力球运动中，球与球拍是一对主要的对映体，在运动过程中对球的控制是至关重要的。对来球的速度、力量、方向，要有正确的判断。球拍在迎纳球时，在速度、力量、方向上都应与来球符合，做到泄力化解，改变方向，使球悄无声息地切纳入拍，做到拍球合一，为弧形引化打下基础。

这个环节是变被动为主动的关键。如果对速度、力量、方向判断不正确，就会出现撞击、漏球等现象，造成失分。

3. 球入拍的角度

在“迎、纳”两个技术环节中，球入拍的角度是主要环节。以球拍的斜面对准来球，使球与球拍形成一个适度的夹角，这个夹角就称为球入拍的进入角。进入角的大小直接关系切纳入拍的质量好坏，过小易撞拍框或球从球拍对面框滑出，过大会产生撞击或漏球。正确的入拍角度会给正确的弧形引化打下良好的基础。图 13-1 为正确的入拍角度，从图中可以看出球入拍的角度为 22°～45°。

（1）准备接球时，取球中心点 O 作一条与地平面平行的线 AB。

（2）取球 AB 线上与球相交点 O 作垂直线 CD。$\angle AOC$ 就是 90°，其 $\angle FOC$ 为 45°。

（3）若球拍 1 与地面平行，球拍的中心点与球的外边相连，其点为 O_1 与 O 点连成直线 FO，$\angle FOC$ 为 45°。

（4）若球拍 2 与球斜面接触，球拍中心点 O_2 连成直线 GO，$\angle GOC$ 为 22°。

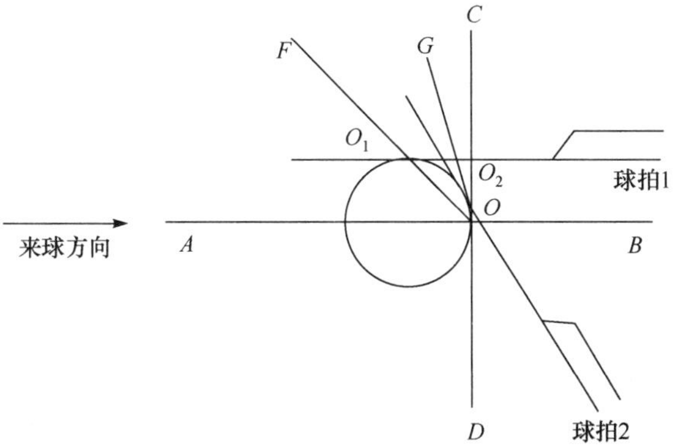

图 13-1　球入拍的角度

4. 对惯性力的理解与运用

在柔力球运动过程中，明确规定抛接球时不准用推、压、扇、托、挑、扣等不规范的动作，而要沿圆的切线方向将球抛出。离心力与向心力是一对矛盾，两者互相依存，失去任何一方，另一方都不能单独存在。在弧形引化过程中，拍面控球时，产生离心力和向心力，在弧形引化终了球拍将球抛出时，离心力和向心力同时消失，但因在弧形引化过程中产生的速度很大，球就会靠速度惯性按弧的切线方向飞出。练习者应将这种想象和规律，运用到技术实践中去。例如，球一入拍，立即以肩为轴加速做弧形引化，半径越大速度越快，抛球的力量、速度也就越大越快，使对方不易接球；反之，大半径划弧但不加速，就会产生慢速球，可迷惑对方，使对方判断错误。

第二节　基本技术

（一）握拍方法（以右手为例）

1. 正握

拇指和食指捏住与拍面平行的把柄的两个面，其余手指顺势扣握，手心空出。握拍不必过紧、过死，以免影响球拍在手中的自如运转。根据个人的臂力及握力大小，握拍可前可后，如图 13-2 所示。

2. 反握

将球拍旋转 90°，拇指和食指握在拍柄的侧面，对着边框的两个平面，其余手指顺势扣握，以便球拍在手中运转自如，如图 13-3 所示。

图 13-2　正握

图 13-3　反握

3. 基本站位

（1）正手基本站位：运动者接抛身体右侧来球位置，要求面向对方，左脚在前，右脚在后，两脚前后自然开立，略宽于肩，两膝弯曲略内扣，重心在两脚之间。右手持拍位于身体右前侧，如图 13-4 所示。

（2）反手基本站位：运动者接抛身体左侧来球的位置，要求面向对方，右脚在前，左脚在后或双脚开立，其他与正手基本站位相同，如图 13-5 所示。

图 13-4　正手基本站位

图 13-5　反手基本站位

（二）左右弧形摆动

左右弧形摆动是柔力球运动中最为重要的基本技术，它是各种基本动作和高难度动作的基础，也是弧形引化技术练习的重要手段。因此，初学者在开始打柔力球之前，必须正确、规范地掌握好这一基本动作。

（1）预备姿势。两腿左右分开站立成马步，上体正直稍向前，右臂微屈侧前举，右手正握拍置于身体右前，与肩同高，拍尖向前，左边框向下，拍面与地面垂直，如图 13-6 所示。

（2）左手持球将球抛起，右手持拍主动将球切纳入拍，接着在体前做向下向左的弧形摆动，置身体左侧，与肩同高，拍尖向前，右边框向下，拍面与地面垂直，上体稍向左转动，身体重心随之移至左腿成左弓步，左臂自然向左摆动，如图 13-7 所示。

图 13-6　预备姿势

图 13-7　左右弧形摆动

（3）接着向右做弧形摆动，置身体右侧，与肩同高（即预备姿势），身体重心随之向右移动成右弓步，拍尖向前，左边框向下，拍面约与地面垂直，左臂自然右摆。要求摆动时，以肩为轴，持拍臂微屈，拍尖始终向前，拍柄始终与地面平行，左右摆动高度对称，动作协调放松连贯。

（三）左右小抛

该动作是接抛球基本技术迎、纳、引、抛的重要练习手段，在正确掌握左右弧形摆动的基础上练习该动作。在左右弧形摆动过程中，当球拍向左摆动置身体左侧约肩高时，右臂发力，顺势将球沿球拍左边框上切线抛出（高度稍过头）。接着，右手持拍主动迎球切纳入拍，随之向右做弧形摆动。当球拍向右弧形摆动置身体右侧约肩高时，右臂向上发力，顺势将球拍沿拍的右边框向上切线抛出（高度稍过头）。接着，主动迎球切纳入拍，做向左的弧形摆动，如图 13-8 所示。

图 13-8　左右小抛

（四）正手连续接抛球

该动作是高接低抛和发球等技术动作的主要练习手段，在正确掌握左右弧形摆动、左右小抛动作的基础上，可开始学习该动作。在球拍向左弧形摆动置身体左侧约肩高时，将球沿球拍的左边框向右上方切线抛出（球高稍过头）。接着，右手持拍顺势置身体右侧，主动迎球，并将球切纳入拍，准备下一次的抛接，如图 13-9 所示。

图 13-9　正手连续接抛球

（五）反手连续接抛球

该动作与正手相反，在球拍向右弧形引化置身体右侧时，将球沿球拍的右边框向左上方抛出（球高过头）。接着，右手持拍顺势绕置身体左侧主动迎球，并将球切纳入拍，准备下一次抛接，如图 13-10 所示。

图 13-10　反手连续接抛球

（六）正手接抛球

1. 正手接抛高球

正手接抛高球是接球者以正手握拍，接抛身体右侧上方来球的方法。接抛球时，根据来球的方向、速度，及时调整站位，将接球点置于身体右侧前上方，持拍臂向右前方伸出迎球。球纳入拍后，迅速顺势向右后下发做弧形引化，经前下方将球抛出，如图 13-11 所示。

2. 正手接抛低球

正手接抛低球是接球队员以正手握拍，接抛身体右侧前下方来球的方法。接抛球时根据来球的方向、速度，及时调整站位，将接球点置于身体右侧前下方，持拍臂向右前下方迎球，当球纳入拍后，迅速顺势向右后上方做弧形引化，经前上方将球抛出，如图 13-12 所示。

图 13-11　正手接抛高球

图 13-12　正手接抛低球

（七）反手接抛球

1. 反手正握接抛高球

以正手握拍方法，在身体左侧按逆时针方向，以拍子的正面接球，完成弧形引化动作，为反手正握接抛高球。接球时根据来球的速度和落点，及时调整站位，将接球点置于身体左侧前上方，持拍臂向左前上方伸拍迎球。纳入后，迅速顺势向左侧后下方做弧形引化后，将球抛出，如图 13-13 所示。

2. 反手正握接抛低球

正手握拍，在身体左侧用拍正面，按顺时针方向完成弧形引化后将球抛出，即反手正握接抛低球。根据来球的方向、速度，及时调整站位，将接球点置于身体左侧前下方，持拍臂向左侧前下方伸出迎球，纳入球拍后，迅速顺势做弧形引化，将球抛出，如图 13-14 所示。

图 13-13　反手正握接抛高球

图 13-14　反手正握接抛低球

3. 反手反握接抛高球

反手握拍，接抛身体左侧前上方的来球，以球拍的反面迎球，并按逆时针方向完成弧形引化后将球抛出。接球方法与反手正握接抛高球相同，如图 13-15 所示。

4. 反手反握接抛低球

反手反握接抛身体左侧来球的方法，与反手正握接抛低球相同，如图 13-16 所示。

图 13-15　反手反握接抛高球

图 13-16　反手反握接抛低球

（八）体前平弧球

体前平弧球指接球员在体前，用水平弧形引化的方法接抛球，可分正拍和反拍两种。

1. 正拍右拉球

正手握拍，将接球点置于体前偏左侧，肘关节自然弯曲，向左前下方伸拍迎球纳入后，肘关节外展，拍尖朝下，迅速向右侧做弧形引化，同时身体重心向右腿移动，并将球在身体右侧，沿球的切线方向抛出，如图 13-17 所示。

图 13-17　正拍右拉球

2. 正拍左拉球

正手握拍，接抛球时将接球点置于身体右侧，肘关节自然弯曲，向右前下方伸拍迎球。纳入后，肘关节内收，拍尖向下带球，迅速向左做弧形引化，同时重心向左腿移动，将球在身体左侧，沿球的切线方向抛出，如图 13-18 所示。

3. 反拍右拉球

反手握拍，接抛球时将接球点置于身体偏左侧，小臂内旋用球拍的反面，拍尖朝下向左前下方伸拍迎球。纳入后，肩、肘关节外展，迅速向右做弧形引化，将球在身体右侧，沿球的切线方向抛出，如图 13-19 所示。

图 13-18　正拍左拉球

图 13-19　反拍右拉球

4. 反拍左拉球

反手握拍，接抛球时将接球点置于身体右侧，小臂内旋，用球拍的反面，拍尖朝下，

图 13-20　反拍左拉球

向右前下方伸拍迎球，纳入后迅速向左做弧形引化，小臂外旋，将球在身体左侧，沿球的切线方向抛出，如图 13-20 所示。

（九）隐蔽接抛球

隐蔽接抛球是指接抛球时，用身体做掩护的接抛球方法。

1. 腿下接抛球

（1）右腿下接抛球：正手握拍，接抛球时将接球点置于身体的右前方，持拍臂在出拍迎球时，左脚支撑，提起右脚，将纳入球拍的球经右腿的外侧，做弧形引化，至腿下抛出，如图 13-21 所示。

（2）左腿下接抛球：正手握拍，接抛球时，将球置于身体的右前方，持拍臂在出拍迎球时，右脚支撑，提起左脚，将纳入球拍的球经左腿的内侧，做弧形引化，至腿下抛出，如图 13-22 所示。

图 13-21　右腿下接抛球

图 13-22　左腿下接抛球

2. 背后接抛球

背后接抛球可采用原地或上步做动作，将接球点置于身体右前方。持拍臂迎球纳入后，前移左腿半步，重心移至右腿上，身体向右后方转动，以左肩对准前方，做弧形引化，经身后置身体左侧抛出，如图 13-23 所示。

图 13-23　背后接抛球

第三节　基 本 战 术

1. 发球

发球（图 13-24）是指比赛开始或两人对抛时，把球抛向对手的动作。发球时左脚在前，右脚在后，双膝略弯曲，双脚前后自然开立，稍宽于肩，重心平稳地放在两脚之间。右手握拍于体前上方，大臂外展约 45°；左手持球在身体右前方将球向后上方抛出。球（最少要）抛起 20cm 后，右手持拍向前迎球，纳入球拍做完整的弧形引化后，将球顺势抛出。发球时不得双脚移动，出球时球拍不得过肩。发出的球按其在空中的飞行路线，分为高远球、平快球和网前球。

图 13-24　发球

（1）发高远球。发出的球，运行轨迹高而远，落点在对方底线附近的球，称为高远球。发球时，将球迎纳入拍做弧形引化后，运用手臂继续挥摆的力量，将球向前上方抛起。

（2）发平快球。发弧形较低、速度较快、具有一定攻击力的球，称为平快球。抛球时的挥摆动作，以向前用力为主，抛球后球拍顺势向前送出。双打时运用，由接近网口的高度，直奔对方的死角或追身。

（3）发网前球。发球时用力适度，最好贴近网而过，使球在过网之后，立即坠落在对方限制线内的近网处（双打才能发这种球）。

2. 柔力球运动的常用战术

在竞技比赛中，娴熟的技术是运用战术的基础，在运用战术时必须注意技术的合理性，战术是技术的灵魂，两者在比赛中密不可分，相依共存。战术是克敌制胜的方法，柔力球爱好者在掌握技术的情况下，要认真学习柔力球的基本战术，才能在瞬息万变的比赛中，打出柔力球运动的特点，体现出柔力球运动的魅力。柔力球运动的常用战术有以下十种。

（1）追身球：人的腰部到头部之间，是正手、反手接抛球感觉最困难的部位，是防守中的薄弱点。用追身球直指对方心窝，可使对方接抛球困难或直接造成失误。

（2）空当球：将球抛到距对手最远的位置，让对方接抛球时长距离移动，或根本接不到球，造成对方失误，特别是打到对方的反手或空当处。

（3）打结合部：这是双打中空当球的一种，将球抛到两人接合部，这个部位接球往往造成误会，配合起来容易失误。

（4）四方球：在单打中打四角的球是调动对方东奔西跑的有效手段，可加大对方奔跑距离，让其难以应付，既增加其接触球的难度，又造成其体力的大量消耗。

（5）示前击后：在对手站位靠前时使用。这时常以小球为钓饵，引化前一段动作小而慢，让对方以为要吊近网球，当对手把注意力放在网前时，顺势将球抛向端线。

（6）示后吊前：在对方攻远网球时，应及时主动变线，突然减力，吊网前小球，使其无法防范，造成失误。

（7）示右（左）攻左（右）：接抛球时，攻自己目光相反方向，误导对方，造成对方失误。

（8）二打一：双打中选择对方的弱者，两者轮流连续地攻击。这种战术称为避强打弱。

（9）拉开掩护：双打中一人接抛球，另一人积极拉开跑位，掩护同伴的出球方向，使对方难以防守。

（10）伺机抛球：这种打法是技术，也是战术。充分利用身后抛球、腿下抛球的隐蔽性，或利用转体 360°抛球的随机性，让对方难以判断，择其弱点，攻其不备。

第十四章　毽 球 运 动

第一节　毽球运动概述

一、毽球运动的起源

毽球运动具有深厚的民间基础，是从我国古代的民间踢毽子游戏衍生而来的，历史可追溯到汉代，是我国传统民族体育熠熠闪光的一颗璀璨明珠。“网毽”起源于广州，是后来发展成为现代毽球运动的雏形。1983 年国家体育运动委员会对我国民间流传较广的踢毽子活动进行了挖掘、整理和研究，并在总结各地开展踢毽子活动的基础上编写了《毽球竞赛规则》。1984 年 3 月国家体育运动委员会发布《关于把毽球列为全国正式比赛项目的决定》之后，毽球运动在全国范围内蓬勃发展。1987 年 9 月，中国毽球协会的成立标志着中国毽球运动进入一个新的发展阶段。目前全国性的毽球比赛有一年一度的全国毽球锦标赛，全国职工毽球赛，全国大、中学生毽球赛等。

毽球运动包括基本技术和战术两部分，基本技术包括准备姿势与移动、踢传球技术；战术分阵容配备、单人赛打法、双人赛打法和团体赛打法。

花毽即花样踢毽，是毽球运动中的一种，分规定动作赛和自选动作赛两项。规定动作有盘踢、磕踢、落、上头、交踢五个套路；自选动作则由运动员即兴发挥，花样更繁，难度更高。

二、毽球运动的意义和现实价值

从我国民间提供珍贵的毽球运动历史文献资料，以及从科学可行、普及健身、竞技娱乐、经济实效四个方面验证了开展现代毽球运动对全民健身计划与素质教育都具有重大的历史意义和现实价值。

1. 科学可行是毽球运动的基本特点

毽球运动符合人们的生理、心理和动作技能形成的客观规律。在毽球教学内容与及时动作的系统性方面，均反映由易到难、由简单到复杂，运动量由小到大、由弱到强的“循序渐进”的原则，使之更符合学生的认识、生理、心理与动作技能形成的三个客观规律；同时，又可以根据学生的不同年级、不同水平、不同程度的身心发展规律逐步提高技术水平。

2. 普及健身是毽球运动的基本功能

踢毽球不仅可促进身体的背、腿、躯干及骨骼肌肉的正常发育，还可以增强心脏、扩大肺活量、改善代谢能力，培养人们对时间、空间的立体感，更有助于提高踝、膝、髂和关节的灵活性，使身体的协调性、柔韧性进一步得到全面锻炼，以达到增强体质的目的。

3. 竞技娱乐是毽球运动的特有功能

毽球既可使娇态多姿的花毽毽飞人舞，显示出我国民间体育的独有特色，继承与发扬我国民族文化遗产；而且又将现代体育对民间体育进行充实与发展，调动了人们的积极性。毽球运动将个人技艺变为集体对抗，既不反对个人的献技，又把古老项目发展为隔网对抗的竞技项目，使之更有朝气、生机和青春的活力，给人们一种强烈的时代感，极大地刺激和调动了人们的参与意识。

4. 经济实效是毽球运动的明显特色

毽球运动的开展较切合我国目前的实际情况，符合校情和乡情，其设备简单、不受场地限制，投资少、受益高，可因人、因时、因地而宜，立竿为柱、以绳代网即可开展，四季皆宜，老少可行。毽球可以自制自作，自制的毽球既经济实惠，又成效明显，有较高的经济价值和实用价值。

第二节　毽球运动的基本技术

一、准备姿势与移动

在毽球比赛中任何技术和战术的应用，都是从准备姿势和移动开始的。

（一）准备姿势

准备姿势是运动员在场上使身体能随时在瞬间由静变动、由被动变主动的一种状态。准备姿势一般分以下两种。

1. 左右开立的准备姿势

这种姿势使运动员能从静止状态快速转向左右的移动状态，尤其用在比赛的防守过程当中。

2. 两脚前后开立的准备姿势

这种姿势使运动员能从静止状态快速转向前后的移动状态，较多应用在比赛过程中的接发球和防守当中。注意后脚跟离地，身体重心要向前移，随时保持静中带动的状态。

（二）移动

移动的目的就是调整好人与球的最佳位置，以利于更好地发挥传、接、攻、防等各种技术。因此，移动必须快速准确，一般情况下，移动有下列 8 种。

1. 前上步

前上步或者斜前上步时，踢球脚蹬地，支撑脚向前或斜前上方迈一步，踢球脚跟上成踢球准备姿势。

2. 后撤步

后撤时，支撑脚向后蹬，重心后移，同时踢球脚向后迈出一步，支撑脚跟上成踢球准备姿势。

3. 左右滑步

左右开立准备姿势，左（右）脚用力侧蹬，中心侧移，同时右（左）脚向侧迈出，左（右）脚迅速跟上，可连续滑步。

4. 交叉步

向右（左）交叉步移动时，左（右）脚向右（左）侧蹬地，将身体中心移到右（左）脚，左（右）脚从右（左）脚前往右（左）侧交叉迈出，同时右（左）脚向外侧蹬地迈出，成踢球准备姿势。

5. 跨步

支撑脚用力向前或者斜前方蹬地，中心前移，踢球脚跨出，成救球姿态。

6. 并步

（1）前并步时，右（左）脚向前蹬地，身体重心前移，左（右）脚向前迈一步，同时右（左）脚跟上并步，准备接球或起跳。

（2）左（右）并步时，右（左）脚向左（右）侧蹬地，重心向左（右）移，左（右）脚向左（右）侧迈出一步，右（左）脚并步跟上，成准备姿势。

7. 转体上步

左（右）转体时，以右（左）脚为中枢，左（右）脚向后蹬地，重心下降稍后移，以髋带动向左（右）转体 90°～180°，成踢球准备姿势。

8. 跑动步

跑步的第一步基本同前上步、后撤步、交叉步的第一步，第二步开始逐渐进入正常跑动，最后停止时重心稍下降，成踢球准备姿势。

（三）发球技术

发球是进攻的开始，既可直接得分，又能破坏对方一传，为防守和反击创造有利条件。

1. 发球方法

一般常用的发球方法有以下三种。

（1）脚内侧发球：用内足弓部位向前上方送髋推踢。

（2）正脚背发球：用正脚背向前上方发力挑踢。

（3）脚外侧发球：注意稍侧身站位，绷脚尖，用脚外侧发力扫踢。

2. 发球的练习方法

（1）单人练习用不同脚发球（以过网有效为目的）。

（2）以控制球为目的的低弧平快球，一般中速球和慢速落点球。

（3）以控制球的落点为目的的快速后场球，高弧后场球，一般中场球和小弧线近网球。

（4）练习时可一人多球，也可双人对法球练习；采用计数法或定时计数法，还可以任意编组，成套点发球练习。

3. 发球在比赛中的作用

（1）盯人发球：发给对方弱点较大的队员、一传技术差、主攻手两次球后不能攻击或刚上场的队员。

（2）找空发球：发三人的“中间地带”、网前球和两角的空位。

（3）破坏性发球：①发弧度平、速度快、直奔对方腰部和头部的追身球；②发长短结合、远近结合、快慢结合的突然变化球。

二、踢传球技术

（一）踢球（均以右脚踢球为例）

一般踢球方法有：脚内侧踢球、脚外侧踢球、正脚背踢球三种。

1. 脚内侧踢球

脚内侧踢球如图 14-1 所示。动作要领：左脚支撑身体，右大腿带动小腿屈膝上摆，同时以髋关节为轴，膝关节向外侧，小腿向上摆，击球的一刹那踝关节内屈端平，用脚弓内侧把球向上踢起。脚内侧踢球除一次性外接发球外，多用于第二人次传球或调整处理球，特点是击球稳、准，便于控制球。

(a) 正面　(b) 侧面

图 14-1　脚内侧踢球

2. 脚外侧踢球

脚外侧踢球如图 14-2 所示。动作要领：左脚支撑身体，右脚大腿带动小腿，髋关节为轴屈膝，膝内收向体外侧上摆，击球的一刹那勾足尖，踝关节外屈端平，用脚背外侧把球向上踢起。

3. 正脚背踢球

正脚背踢球如图 14-3 所示。动作要领：脚背上蹦，右腿膝微屈，脚微直，自然放松，当球下落到离地 10～15cm 时，脚插进球底部，小腿用力同时屈踝绷腿，用脚趾或脚趾根部位把球向上踢起。

图 14-2　脚外侧踢球

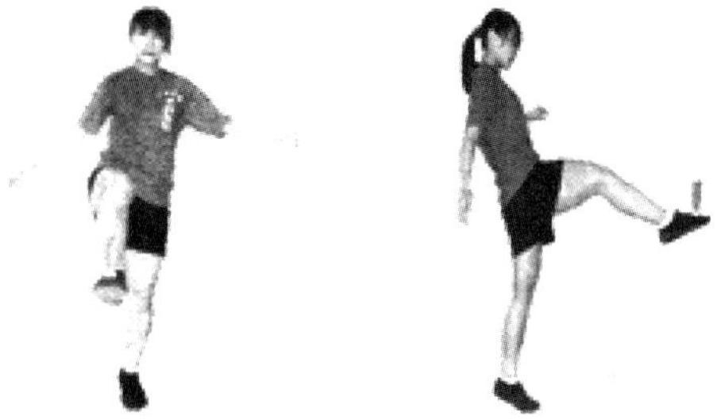

(a) 正面　(b) 侧面

图 14-3　正脚背踢球

上述三种踢球方法在练习时，一般可采用以下方法。

（1）单一练习，统一指挥，定时计数或定数计时的方法。

（2）三种基本脚法任意交叉编组，成套练习。

（3）单个练习还可以原地向行进间过渡。

(4) 当个人练习有一定基础后，即可进行双人对踢或一抛一踢，也可以接发球的方式进行练习，逐步掌握接踢来球的技巧。

(5) 不管采用哪种练习方法，都要强调踢球时的协调和放松时的柔和用力。

(二) 触球

触球方法有腿触球、腹触球、胸触球、肩触球和头触球五种。

1. 腿触球

腿触球如图 14-4 所示。动作要领：左脚支撑身体，右脚屈膝大腿带动小腿上摆，当球下落到略低于髋部时，用大腿的前半部分（靠膝部）触球。

2. 腹触球

腹触球如图 14-5 所示。动作要领：对准来球屈膝略向后蹲，稍含胸收腹，当腹部触球的一刹那稍挺腹，若来球过猛，也可不挺腹，使球轻轻弹出。

3.胸触球

胸触球如图 14-6 所示。动作要领：两脚自然开立，当球传到胸前约 10cm 时，两臂自然微屈，两肩稍用力向后拉、挺胸，同时两脚蹬地，身体挺起，用胸部触球。

4. 肩触球

肩触球如图 14-7 所示。动作要领：两脚自然开立对准来球，当球传到肩前约 10cm 时，肩稍后拉前摆，用肩部击球。

图 14-4　腿触球

图 14-5　腹触球

图 14-6　胸触球

图 14-7　肩触球

图 14-8　头触球

5. 头触球

头触球如图 14-8 所示。动作要领：两脚自然开立，当球传到头前 10cm 时，两脚蹬地，同时颈部稍紧张向前摆头，用前额触球。触球的练习方法有：①单人自抛自触练习；②双人互抛触球练习；③多球一抛二触（轮流进行）练习；④结合踢球进行上述练习；⑤双人踢球，触球练习。

(三) 传球

传球技术在接发球、一传和二传组织进攻及防守组织反击中，起着串联和纽带的作用，是组织各种进攻战术的基础。毽球的传球一般有三种。

（1）前面传球（脚内侧传球）。球点在体前，找好支撑点；大腿带小腿，将球托送前。

（2）背向传球。球点在体侧，找好支撑点；身体呈反弓，将球送后边。

（3）侧面传球。球点在体前，找好支撑点；身体向左晃，将球传右边。

在练习传球时，可采用下列方法：①单人自传踢不同高度、方向和落点的球；②双人互传踢不同高度、方向和落点的球；③三人或多人传踢不同高度、方向和落点的球；④对准不同高度和距离的特定标志踢球，可定时计数，也可定数计时，反复练习。

三、进攻技术

进攻是得分的重要手段，强有力和富有战术目的的进攻能使对方防不胜防。进攻技术一般有头部攻球、倒勾攻球和脚踏攻球三种。

1. 头部攻球

动作要领：面向来球单脚或双脚在限制线外起跳，在空中身体反弓，当球离头前 10cm 左右时，突然用力收腹甩头，用头把球击中。

2. 倒勾攻球

主攻队员在进攻采用脚的正面、内侧、外侧和凌空扣球动作将球击向对方球场区，从而得分。

动作要领：背向网两脚平行站立，右腿蹬脚起跳，左脚屈膝上摆，上摆到空中最高点时，左腿迅速下摆，同时右腿屈膝大腿带动小腿用力上摆，当球下落到头的右侧前上方时，小腿用力摆出，击球的一刹那，脚腕抖屈，以脚趾或脚趾跟位击球，随后左、右脚顺势依次缓冲着地，保持身体平衡。

3. 脚踏攻球

动作要领：面向网站立，左脚向前迈出一步支撑身体或跳起腾空，右腿大腿带动小腿迅速上摆，当摆到距球 10cm 左右时，以展髋、展腹、伸腿、压扣脚，用脚掌的前半部分击球过网。脚踏攻球用来打左右变向球、吊球、推球、压球、抹球等。

四、防守技术

防守是毽球比赛得分的关键技术，也是缓解对方进攻的最好方法，从而为反击得分创造有利条件。防守技术一般有拦网、踢防和跑防三种。

1. 拦网

拦网是在防守反击系统中最重要的技术，有效的拦网不仅能直接得分、削弱对方攻击的威力，还能组织强有力的反攻。

（1）单人拦网动作要领：面向球网，距 20～25cm 双脚平行开立，与肩同宽，双膝微屈，重心下降，自然收腹，上体稍前倾，两臂自然屈，置于体侧，目视攻球，准备起跳拦网。

（2）双人拦网动作要领：顶住对方接球点，双人网前滑步选准位，将球拦落对方处。

2. 踢防

踢防是当对方将球攻击过网后，防守队员利用脚的各部位将球击起以便调整进攻。

（1）内踢：球的落点在身体前边，快速移动到位，在向内侧横向摆动小腿的同时，脚腕向前侧端平，完成踢球动作。

（2）外踢：在腰和髋关节的带动下，向横外侧或后外侧摆动小腿踢球，踢球时脚侧面摆平，完成踢球动作。

（3）挑踢：看准来球，在踢球的瞬间，依靠髋膝踝关节带动，抖动上挑脚尖，脚面的角度适当，完成踢球动作。

3. 跑防

跑防就是在对方攻球落在守方较大的空当区域，而球速又不是太快的情况下使用的跑动防守。要求防守者首先要有必胜的信心，敢于去追任何一个有难度的球，其次就是根据来球的具体情况，采用准确的防守技术“起球”。要提高跑防效果，必须做到：判断准确，起动迅速，跑动积极，起球稳重。

第三节　毽球运动的攻防战术

一、阵容配备

毽球战术是指运动员在比赛中根据毽球的运动规律、双方的具体情况和临场的发展变化，正确地分配力量，合理地运用技术及有组织、有目的、有预见性地协调配合行动。毽球战术是一种有利于发挥己队所长、限制对方正常发挥、制胜的比赛艺术。

阵容配备是合理使用本队队员的一种组织形式，其目的是把全队力量有效地组织起来，最大限度地发挥每个队员的特长和作用。根据各队的具体情况，阵容的配备分为两种形式。

1. “主攻型”配备

“主攻型”配备也称“一、二”配备。当一个上场队员的进攻能力悬殊较大，二传队员和另一队员攻击力较差时采用，即安排一名主攻队员、一名二传队员和另一名防守队员。其优点是能充分发挥主攻队员的进攻威力，场上队员分工明确、配合简单；其弱点是一点进攻，战术变化少，易被对方适应并有效地组织封堵和防守；另外主攻队员在比赛中频繁地进攻，体力消耗大，会直接影响进攻的威力。因此，应注意对主攻队员体力的调节，减少主攻队员接起和防守后又要进攻的负担，最好其他队员也适当参加进攻。

2. “二传进攻型”配备

“二传进攻型”配备也称“二、一”配备。当二传队员脚弓能力较强时，即安排一名主攻队员、一名二传队员和一名防守队员。这种配备的优点是二传队员脚攻突然，隐蔽性强，进攻效果较为理想，同时可牵制对方的封堵队员，为主攻队员减轻压力。因此，如果二传助攻与主攻队员能巧妙地配合、交错进行，可使对方防不胜防，弥补“主攻型”配备的弱点。

二、单人赛打法

1. 进攻战术

进攻战术是进攻队员将接球、调球、攻球意识等个人行动综合体现的战术，有强攻打空位、推搓后场、搓吊前场、防守反攻四项。

（1）强攻打空位。接发球落点在接发球调整范围之内，进攻队员应用调整假动作避开对手的拦网、胸挡等防守方式，打对手空位，得分。

（2）推搓后场。接发球落点在接球调整范围之内，根据对手的站位，利用假动作向网前调整，然后突然推搓后场得分。

（3）搓吊前场。接发球落点在接球调整范围之内。根据对手的站位情况，利用假动作把防守队员骗向后场，然后搓吊对手前场两个角得分。

（4）防守反攻。进攻是要消耗体力的，控制不好容易失误，质量不佳，容易被对手反击，这样就产生了防守反击打法。它以逸待劳，后发制人，先以推、搓、吊四角，调动对方，在跑动中勉强进攻。在对手供求质量不高、回球位置不好、被动击球的情况下，抓住战机反击得分。

2. 防守战术

防守是反攻的重要环节，没有顽强的防守作为基础，进攻就无从发挥。防守的方式有拦挡结合、中后场判断选位两种。

（1）拦挡结合。防守队员根据进攻队员的进攻点，如“网前或网上”，经过判断进攻的线路、落点是向下强攻，在运用防守不起作用的情况下，迅速向前上步，采用拦网防守和胸挡防守方式进行防守。

（2）中后场判断选位。防守队员根据进攻队员的进攻点，如“开网或中场进攻”，经判断进攻是减力的处理球，以打区域为主的前提下迅速移动选位，进行有针对性的区域防守。

三、双人赛打法

双人赛为同世界毽球锦标赛接轨而新设的比赛项目，采用团体赛场地、规则，不同的是两人三次过网，可以三人次攻击球。双人赛是两个人同两个人之间的接发球组织、进攻、防守较量。其特点是：易攻难守、战术简单而实用，对运动员的判断、反应、基本技术、战术意识和体能要求很高，具有一定的观赏性。此项目的开设给毽球运动增加了新的活力。

（一）进攻动作

进攻是得分最重要的手段，也是完成战术配合的最后一击。成功的进攻动作必须有良好的一传和二传的密切配合。扣球的成败决定着这一战术配合的质量与效果。进攻动作的威力体现在速度、力量、高度、变化和目的性等诸多方面。

1. 倒勾的动作

（1）近网倒勾：球飞行路线在网前较近的位置上。攻球手背对网平行站立，原地或上步起跳用倒勾动作攻入对方场区。

（2）远网倒勾：进攻队员在限制以外采用原地或上步倒勾动作将球击入对防场区。

2. 脚踏进攻动作

面向网站立，左脚向前迈出一步支撑身体或跳起腾空，右腿大腿带动小腿迅速上摆，看准球的飞行路线，展髋、展腹、伸腿、压扣踝关节、压球、抹球。

（二）进攻战术

毽球双人赛战术就是各项技术在比赛实践中的组合运用。制定战术时，首先要根据本队队员的具体情况，进行恰当的阵容组合，经过一段时间的训练实践检验后，才能大致确定出一套或几套进攻战术。

1. 一名主攻、一名二传阵容

此阵容是上场的两名队员中，有一名是主攻手，一名是二传手的配备组合。它适用于球队在初级阶段时的需要。此战术打法虽然变化不多，比较单一简单，但分工明确，稳而不乱，往往也能打出较高水平。

2. 一名主攻手、一名副攻手

此阵容是上场的两名队员中，人人都是攻球手，同时又是二传手。该阵容对运动员的要求很高，除具有扎实的基本功外，特别是进攻技术比较全面、质量高。此阵容在任何一个位置上接发球后，随时都可以组织进攻。

四、三人赛打法

进攻战术的基础配合是指在组织战术的过程中只考虑一个点进攻的简单配合，它是整体配合的基础。比赛中，基础配合与整体配合往往是交替使用的，随着训练水平的提高，整体配合所占的比例越来越大。毽球有多种进攻方式和不同的进攻战术组织形式，也就派生出多种进攻战术基础配合。各队应结合本队的实际，认真筛选，精心设计，逐渐形成自己的进攻风格和特长。

（一）脚背倒勾的基础配合

脚背倒勾有外摆倒勾、里合倒勾和凌空倒勾等进攻手段。进攻时的共同特点是身体背向或侧向球网站位，因此它们在配合方法和要求方面都非常近似。但必须明确指出，这几种不同的进攻手段，必须进行专门的战术配合训练（例如，外摆倒勾要拉开传球，球的落脚点在身体右侧；里合倒勾和凌空倒勾则要求传球的落点在身体的左侧）。

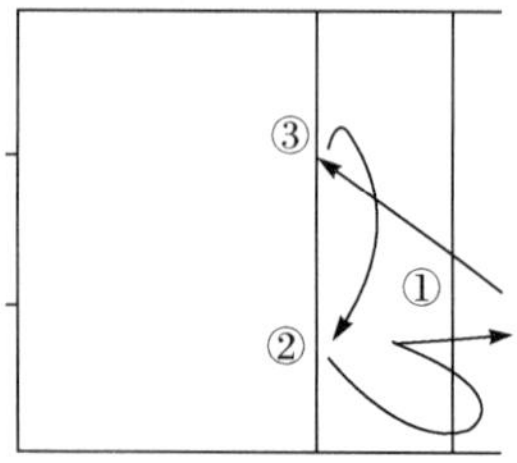

图 14-9　外摆倒勾配合

1. 配合方法介绍

（1）②号队员的外摆倒勾配合：如图 14-9 所示。当①号队员起球到位后，③号二传队员传给移动到网前的②号队员外摆倒勾进攻。

（2）封网队员里合倒勾的配合：如图 14-10 所示。在防反中，当③号队员两次击球防起，落点又在②号队员体前侧时，担任辅助二传任务的②号队员迅速把球传给完成封网落地后转身准备倒勾的队员里合倒钩进攻。

（3）②号队员一次传外摆倒勾的配合：如图 14-11 所示。当对方把球发给或推攻给③号队员时，②号队员迅速移到网前打一次传倒勾进攻，①号队员移到网前保护。

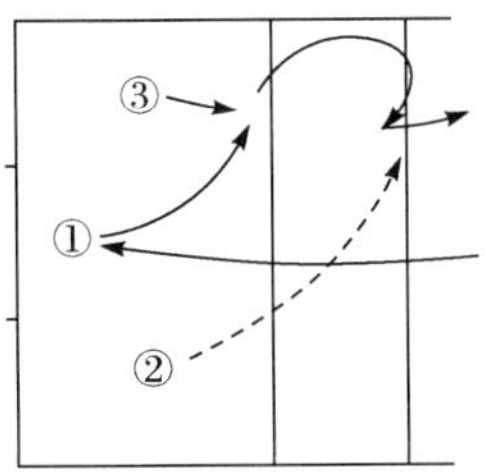

图 14-10　里合倒勾配合

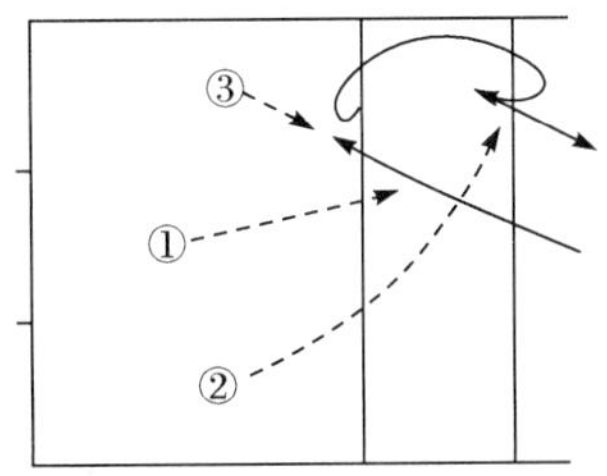

图 14-11　外摆倒勾配合

2. 配合的要求

（1）二传组织倒勾配合的要求：二传组织倒勾的节奏较慢，应以求稳为主，保证配合质量。起球应力争一次击球到位，当起球难度较大或二传准备不充分时，应采用两次击球。当起球的落点离网太远或太近时，二传第一次击球应把球调整到限制区内，与进攻队员保持适当的距离和角度，有利于传球的准确和弧度的控制。传球的高度可根据倒勾队员特点，传出高点强攻和小弧度快节奏球，在防守反击中一般不宜传球太高，以便加快进攻速度。

（2）一次传组织倒勾配合节奏快、突然性强，这就要求队员要有充分的思想准备，肯定自己没有起球任务后，迅速移动到网前打快速快攻。封堵队员应及时转身，站好位置，准备进攻。一次传队员应通过第一次和第二次击球的弧度和落脚点调整节奏，主动与进攻队员配合。如果进攻队员的位置还没有完全站好，则传球的高度可高些；如果准备充分可以传出平快球和小弧度球，则增加进攻的突然性。

（3）自传倒勾配合的要求：自传倒勾配合多为二人次四次击球过网。自传自攻时，可根据本方起球的落点、对方封堵和防守的具体情况，自传出不同方位、弧度和节奏的球，巧妙地应用多种倒勾方式进攻，而且传攻配合一定要协调、隐蔽，只有这样才能把定点进攻变为活点进攻，有效地突破对方的封堵路线。另外，自传自攻往往作为一次传进攻配合失误时的补救措施。例如，当队员移动不及时、球传得太低、离网太远时，可自传一次调整后再进攻等。

（二）正面前踏的基础配合

正面前踏是一种面对球网的近网进攻手段。其特点主要体现在以下两个方面：①进攻队员容易观察对方的封堵和后排的防守情况；②封回的球一般会落在进攻队员体前，便于自我保护起球。

为了突破对方的封堵，进攻队员可根据传球的具体情况，运用不同的技巧变化。例如，

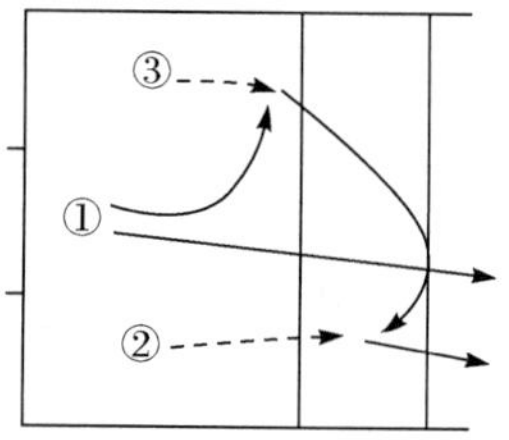

图 14-12　前踏二传球配合

可运用原地正面前踏直线球，跳起前踏高点进攻，也可采用转体改变身体的方向攻斜线球以及屈膝前踏或蹬地压踝的动作处理近网球等。

1. 配合方法的介绍

（1）②号队员前踏二传球的配合：如图 14-12 所示。①号队员起球到位后，③号队员迅速移动到网前担任二传，并把球拉开传到②号队员前上方，②号队员前踏进攻。

（2）②号队员一次传球组织进攻：如图 14-13 所示。当②号队员接球时，③号队员应迅速移动到位，准备进攻，②号队员变起球为拉开球，担任二传的③号队员突然改变节奏脚掌前踏进攻。

（3）③号二传队员自传前踏助攻：如图 14-14 所示。②号队员起球到位给③号队员第一次传小。

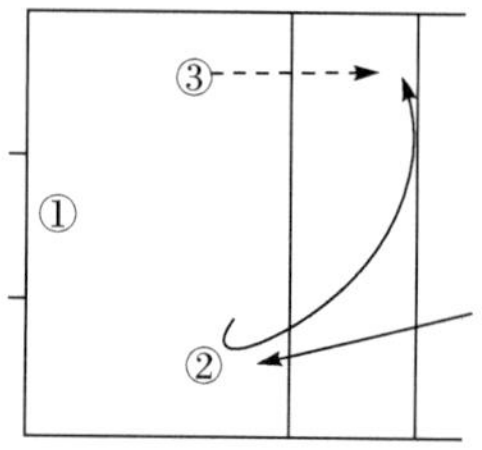

图 14-13　传球组织进攻

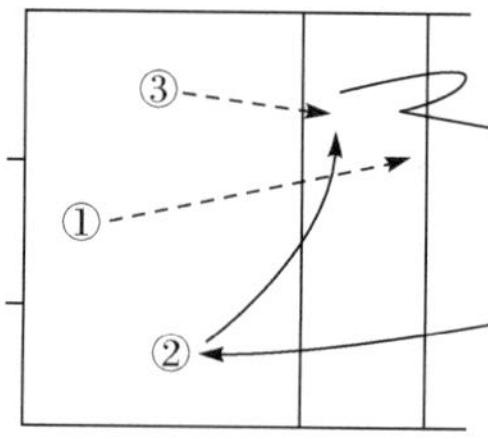

图 14-14　自传前踏助攻

2. 配合要求

起球应争取一次击球到位，弧度适中，球的落点靠右侧，离网 2～2.5m，传球队员应充分利用网长组织进攻，使头球队员的击球点在离网 1～1.2m 为好。进攻球员应充分利用起球、传球间的有限时间，选择合适的助跑路线和助跑距离，使自己的助跑路线与传球的飞行路线保持适当的夹角，及时助跑、前冲、起跳，把球攻入对方。

3. 接发球站位阵型

接发球站位阵型运用得好坏对接起的效果有较大的影响，这就要求各队必须根据本队的特点掌握多种站位方法，并落实到每一轮次，以适应对方不同的发球，特别是高水平的运动队员应有多种准备。

接发球站位阵型可分为“二一”三角站位和边“一二”站位。

（1）“二一”三角站位：如图 14-15 所示。它是由②号和③号两名队员平行站在前排，①号队员站在后排中间的接发球站位。这是毽球比赛中最基本的站位姿势，广为不同训练水平的队采用。当对方发球弧度较高、落点分散、发到后场两脚的机会较少时采用。

（2）边“一二”站位：如图 14-16 所示。这种站位常在以下情况中应用：①当对方发球弧度平、速度快、球的落点在后场时；②为了让主攻队员少接球、节省体力时；③为了让二传队员少接球以更好地组织进攻时；④为了让前排队员更好地发动一次传组织进攻时。

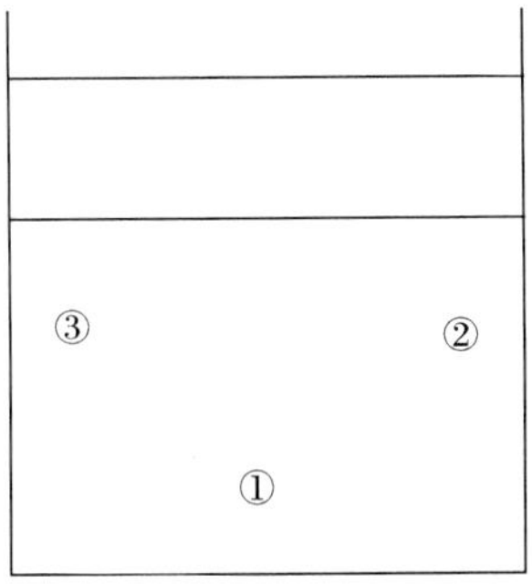

图 14-15　“二一”三角站位

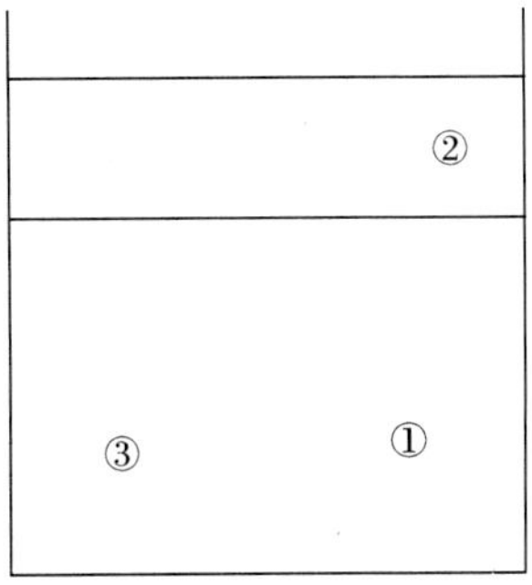

图 14-16　边“一二”站位

参 考 文 献

《大学体育与健康教程》编委会. 2006. 大学体育与健康教程[M]. 北京：人民出版社.
关宏来. 2006. 足球运动[M]. 北京：北京体育大学出版社.
胡振浩，张溪，田翔. 2008. 职业体能训练[M]. 北京：高等教育出版社.
林志超. 2007. 高职体育与健康规划教程[M]. 北京：北京体育大学出版社.
王永. 2006. 排球运动[M]. 北京：北京体育大学出版社.
张岳强. 2005. 篮球运动[M]. 北京：北京体育大学出版社.